KB204271

곽선희 목사 설교집

64

한 알의 밀의 신비

곽선희 지음

계몽문화사

머 리 말

　'복음은 들음에서'―이는 진리이며 우리의 경험입니다. 하나님께서 우리에게 주신 복 가운데 가장 큰 복은 말씀을 주신 것입니다. '말씀이 육신을 입어서 오신 것'입니다. 말씀을 주셨고 들을 수 있게 하셨고 마음문을 열고 받아 믿게 하신 것, 참 놀라운 은혜입니다.

　말씀은 단순한 지식이 아닙니다. 추상적인 이론이 아닙니다. 말씀은 선포되는 하나님의 계시적 능력인 것입니다. 말씀의 권능, 그 능력을 알고 체험하면서 비로소 '말씀 안에서 태어나는 생명적 기적'이 나타나게 됩니다. 오늘도 그 말씀이 증거되고 새롭게 선포되고 있습니다. 설교가 곧 말씀입니다. 성령의 역사와 함께 끊임없이 이루어지는 생명의 역사입니다. 이 선포되는 말씀, 증거되는 진리를 통하여 구원의 능력은 항상 새로워집니다. 말씀 안에서 새 생명이 탄생하고 말씀 안에서 영혼이 소생하며, 그 큰 능력 안에서 우리는 강건해집니다. 우상을 이기는 능력의 사람으로 성장해가는 신비롭고 놀라운 사건을 강단에서 늘 경험하고 있습니다.

　여기에 또다시 설교말씀을 모아 책자로 내어놓습니다. 예수소망교회 강단을 통하여 하나님께서 우리에게 주신 말씀입니다. 이제 그 말씀을 책자로 엮어 내어놓음으로써 우리가 시간과 공간을 초월하여 개별적으로 하나님을 만나게 되는 '말씀의 역사'에 귀중한 방편이 되고자 합니다. 책자라는 그릇에 담긴 이 말씀들은 읽는 자의 마음 안에서 또다른 '말씀의 신비한 기적'을 낳게 되리라 확신합니다.

　한 시간 한 시간의 설교를 위하여 간절히 기도해주신 모든 성도들과 이 책자를 출간하기까지 수고해주신 여러분께 진심으로 감사를 드립니다. 그리고 또다시 영광을 오직 하나님께 돌리면서……

곽 선 희

곽선희 목사

장로회 신학대학 졸업
프린스턴 신학석사
풀러신학 선교신학박사
인천제일교회 목사
장로회 신학대학 교수 역임
숭의여자전문대학 학장 역임
서울장로회신학교 교장 역임
소망교회 원로목사
예수소망교회 동사목사

곽선희 목사 설교집 제64권

한 알의 밀의 신비

인쇄 · 2020년 8월 15일
발행 · 2020년 8월 20일
지은이 · 곽선희
펴낸이 · 김정수
펴낸곳 · 계몽문화사
등록일 · 1993년 10월 11일
등록번호 · 제2016-2호
전화 · (02)995-8261
정가 · 23,000원
총판 · 비전북 / (031)907-3927
ISBN 978-89-89628-47-7   03230

* 잘못 만들어진 책은 바꾸어 드립니다.

한 알의 밀의 신비

나를 본받는 자 되라

내가 너희를 부끄럽게 하려고 이것을 쓰는 것이 아니라 오직 너희를 내 사랑하는 자녀 같이 권하려 하는 것이라 그리스도 안에서 일만 스승이 있으되 아버지는 많지 아니하니 그리스도 예수 안에서 내가 복음으로써 너희를 낳았음이라 그러므로 내가 너희에게 권하노니 너희는 나를 본받는 자가 되라 이로 말미암아 내가 주 안에서 내 사랑하고 신실한 아들 디모데를 너희에게 보내었으니 그가 너희로 하여금 그리스도 예수 안에서 나의 행사 곧 내가 각처 각 교회에서 가르치는 것을 생각나게 하리라

(고린도전서 4 : 14 - 17)

나를 본받는 자 되라

　성도 여러분, 이런 말 들어보셨습니까? '나쁜 개는 없다.' 요즈음 개를 훈련시키는 TV프로그램이 두 방송 채널에서 나오고 있습니다. 우리나라에도 개를 키우는 사람들이 아주 많은데, 지금 무려 천만 마리를 키운다고 합니다. 그러니까 네 사람 가운데 한 명은 개를 키우고 있는 것입니다. 그만큼 많은 개를 키우고 있는데, 이 또한 보통 문제가 아닙니다. 나쁜 개는 없다— 그럼 생각해보십시오. 그다음 말이 무엇이겠습니까? 나쁜 주인이 있을 뿐이라는 것이지요. 나쁜 개는 없고 나쁜 주인만 있다는 것입니다. 제가 그 프로그램을 보면서 깊은 깨달음을 얻은 적이 있습니다. 아주 예쁜 개 한 마리가 있는데, 문제는 이 개가 그 집안 식구들을 자꾸 문다는 것입니다. 여러 식구가 있는데, 이 개가 누구나 만나면 막 짖어대고, 또 사납게 물어뜯는 것입니다. 그래서 그들이 견디다 못해서 전문가를 불러와 물었습니다. "이 개가 왜 이러는 겁니까?" 그런데 놀랍게도 그 전문가가 채 5분도 안 되는 시간에 그 개를 조용하게 만든 것입니다. 기가 막히지 않습니까. 방법은 이것입니다. 이 개는 위계질서에 아주 민감합니다. 그래서 이 집의 주인이 누구인지, 누가 이 집에서 최고 서열에 있는 사람인지를 딱 알고, 그 사람에게만 붙어서 그 사람에게 사랑을 받는 것입니다. 그러니 나머지 다른 사람들은 다 자기 밑에 있는 것입니다. 이런 사정으로 지금 이 개가 이 집에서 주인행세를 하고 있다는 것입니다. 개의 생각에는 이 집의 주인은 마나님입니다. 이분에게 경제권이 있고, 능력이 있다는 것을 개가 알아차린 것입니다. 그래 그 주인에게 딱 붙어가지고 그 주인의 사랑만 받으려고 합니다. 그렇게 되니까 나머지 사람들은 다 자기 밑에 있다고 생각해서 보기만 하면 함부로 마구 짖어대는 것입니다. 이제 그 전문가가 이 집의 안주인 되는 분에게 말합니다. "이제는 이 개를 외면하세요. 절대 가까이하지 마세요. 그리고 나머지 사람들을 가까이하세요. 개가 가까이 오거든 물리치시고, 남편과 가까이 지내시고, 아이들하고 가까이 지내세요." 그래 그렇게 하면서 5분쯤 지나자 마침내 이 개가 다른 사람들하고도 가까이하더라는 것입니다. 이걸 제가 보고 생각했습니다. '이렇게 간단하구먼. 왜 이걸 우리가 모르고 사나?' 이런 말이 있습니다. '개는 주인을 닮는다.' 그렇습니다. 개도 주인을 닮고, 아이들도 주인을 닮고, 화초까지도 주인을 닮습니다. 그러면 이 사건 앞에서 우리는 엄중하고 정직해야 합니다. 여러분, 사나운 개를 볼 때 한번 생각해보십시오. '저 개가 날 닮았다.' 화초가 죽어 갑니다. '이것이 나를 닮았다.' 이웃이 가만히 보니까 나한테 반갑게 하지 않는 것 같습니다. 아닙니다. 그것이 다 내가 뿌린 결과로 오는 것입니다. '나를 닮았다.' 이렇게 생각할 수 있어야 합니다. 이 얼마나 중요합니까.

운동선수가 성공하려면 몇 가지 조건이 있어야 한다고 합니다. 첫째는 목적이 분명해야 합니다. 둘째는 열심히 해야 합니다. 여러분, 이번에 월드컵 축구경기를 보셨잖아요? 우리는 너무 일찍 탈락하는 바람에 관심이 많이 떨어졌지만, 월드컵은 4년에 한 번 있는 큰 행사입니다. 이 월드컵에서 이번에 프랑스가 우승을 했습니다. 20년 만에 프랑스가 1등을 한 것인데, 그다음 이야기가 중요합니다. 무엇인가 하니, 그 선수들의 90퍼센트가 이민자더라, 이것입니다. 프랑

스 사람이 아닙니다. 아프리카를 비롯하여 다른 나라 출신 선수들을
선발해서 프랑스 사람으로 키워 세운 것입니다. 그래서 이 사람들
은 죽기 살기로 뛰는 것입니다. 왜냐하면, 이걸 잘 해내면 자기 운명
이 바뀌니까요. 결국은 프랑스 사람이 이겼다고 하지만, 아닙니다.
90퍼센트가 다른 나라에서 온 이민자들이라는 것입니다. 그래서 그
들은 여기에 목숨을 걸고 열심히 뛰었다는 것입니다. 또 운동선수는
인내가 있어야 합니다. 오래 참고 견뎌야 합니다. 얼마나 참느냐—
운동경기자의 최고의 덕이 인내입니다.

그런가 하면, 가장 중요한 문제가 있으니, 그것은 모델을 잘 정하
는 것입니다. 내가 누구한테서 배우느냐가 중요합니다. Modelization,
내가 누구를 닮느냐가 중요한 것입니다. 그래서 운동선수에게 결정
적 승리의 비결은 코치를 잘 만나는 것입니다. 선생님을 잘 만나야
합니다. 그래야 성공합니다. 내가 아무리 능력이 많이 있고, 노력을
많이 하고, 희생을 많이 한다고 하더라도 바른 방향으로 뛰지 않으
면 성공할 수 없습니다. 그래서 존경하는 코치가 있다는 것이 중요
합니다. 모델이 대단히 중요한 것입니다. 그러면 모델과 나와의 관
계, 내가 표본으로 생각하는 내 아이콘과 나와의 관계, 그 바탕은 무
엇일까요? 믿음과 존경입니다. 스승에 대한 믿음, 스승을 존경하는
만남과 그 관계 속에서 내 운명이 좌우된다는 말입니다. 왜 이런 말
이 있지 않습니까? '저절로 배운다.' 생각 안 해도 배우고, 무엇을 배
우려고 하는 것도 아니지만, 저절로 배운다는 것입니다. 어떻게 보
면 참 고마운 것입니다. 무엇을 가르치려고 애쓸 필요가 없습니다.
그냥 놓아두면 배우게 되어 있으니까요. 하지만 무서운 말이기도 합
니다. 왜냐하면, 좋은 면만이 아니라, 배우지 말았으면 하는 것도 저

절로 배우게 되니까요. 그래서 고맙기도 하고, 무섭기도 한 것입니다. 그래서 이웃을 볼 때마다 내 얼굴을 보아야 합니다. 다른 사람들이 나한테 인사를 어떻게 하는지 가만히 보십시오. 나 하기 탓입니다. 저는 승강기를 탈 때마다 사람들에게 인사를 하곤 합니다마는, 어떤 분은 마치 며칠 동안 싸운 사람같이 나를 부라려보고 갈 때가 있습니다. 물론 답답한 무슨 일이 있었겠지만, 승강기에서 만날 때 저 사람들이 나를 어떻게 대하나, 하는 그것이 내 거울입니다. 내가 그들을 어떻게 대하는가에 달려 있습니다. 오늘 아침에도 그랬습니다. 승강기에서 좀 답답한 일이 있었나보다 싶은 생각에 "오늘도 좋은 하루 되십시오!" 하고 한마디 인사를 하면, 그제야 "예!" 하고 화답하는 것을 볼 때 정말 내 할 탓입니다. 작은 일이나 큰일이나 저절로 배운다, 또 그 사건 속에서 나 자신을 거울 보듯이 볼 수 있어야 한다, 하는 걸 잊지 말아야 합니다.

오늘 본문에서 사도 바울은 말합니다. 위대한 교육적 선언입니다. "나를 본받는 자가 되라(16절)." 참 어려운 이야기입니다. "나를 본받으라." 본받으라고 하든 말든 본받게 되어 있습니다. 그런고로 이 말은 중요합니다. 엄청난 의미가 여기에 있습니다. 나를 본받으라— 이 말씀의 깊은 배경은 무엇입니까? 사도 바울은 마음속에는 자기만족이 있습니다. 이 자기만족에 대한 고백입니다. 나를 본받으라— 나는 스스로 만족하고 있다, 이것입니다. 내가 만족하고 있는 이 마음 자체를 본받으라, 이것입니다. 이 얼마나 중요합니까. 내가 나라는 존재에 대해서 만족하지 못한다면 그 누구에게도 만족함을 줄 수 없습니다. 돈이 있다고 되는 것입니까? 건강이 있다고 되는 것입니까? 요즘 그런 것을 많이 느낍니다. 좋은 환경도 소용없습니다. 내 존재에 대한 실존적 고민은 누구도 해결해줄 수 없습니다. 사도 바울은 자기 존재에 대한 만족함을 느끼고, 그 만족함을 향유하면서 말합니다. "나를 본받으라."

그럼 바울은 어떤 의미에서 이런 말을 할 수 있었을까요? 먼저는 목적입니다. 방법에는 변화가 있을 수 있습니다. 심지어는 이런 말도 있습니다. '방법에 실수는 없다. 목적이 잘못된 것이다.' 왜냐하면, 목적이 방법을 만들어주니까요. 목적이 결과를 평가해주니까요. 문제는 삶의 목적입니다. 무슨 일을 하든지 '나는 무슨 목적으로 이 일을 하고 있는가? 아니, 내가 왜 존재하는가?' 하는 것입니다. 사도 바울은 고린도전서 11장 1절에서 말합니다. "내가 그리스도를 본받는 자가 된 것 같이 너희는 나를 본받는 자가 되라." 내가 그리스도를 본받으려고 한다, 다시 말해서 그리스도에게 목적을 두었다, 그리고 내가 전심전력하고 있다, 그것을 본받으라, 하는 것입니다. 내가 언제 일어나는지를 본받으라, 내가 어떻게 옷을 입는지를 본받으라, 나처럼 감옥에 가는 것을 본받으라…… 이런 이야기가 아닙니다. 생의 목적, 그 궁극적 목적을 그리스도에게 맞추었다고 하는 것입니다. 이런 의미에서 내가 그리스도를 본받는 자 된 것 같이 너희는 나를 본받으라, 하는 것입니다. 사도 바울의 유명한 말이 있지 않습니까. '사는 것이 그리스도요, 죽는 것도 유익함이니라.' 사는 것이 그리스도 되고 나면 죽는 것도 유익한 것입니다. 절대 손해가 아닙니다. 실패가 아닙니다.

특별히 사도 바울이 그리스도를 본받는다는 놀라운 신앙적 고백을 들어보십시오. 빌립보서 3장 10절은 말씀합니다. "내가 그리스도와 그 부활의 권능과 그 고난에 참여함을 알고자 하여 그의 죽으심을 본받아." 여러분, 생각해보십시오. 사도 바울은 생각합니다. 그리스도처럼 살고, 그리스도처럼 복음을 전하고, 그리스도처럼 능력을 행하고…… 그에게는 이런 것들이 가장 중요한 것은 아닙니다. 더 깊이 들여다보면 그는 그리스도처럼 부활하고 싶은 것입니다. 그리스도처럼 부활하려면 그리스도처럼 죽어야 되는 것이거든요. 본받는 것도 여러 가지가 있겠습니다마는, 사도 바울은 여기에 초점을 맞추었습니다. 그는 예수님처럼 죽으려고 했습니다. 그의 목적은 항상 거기에 있었습니다. 그리스도처럼 죽어야 그리스도처럼 부활할 것이라고 믿었기 때문에 그는 그리스도처럼 죽는 데에 초점을 맞추고, 그것을 생의 목적으로 삼고 살았다, 이것입니다.

더 나아가 사도 바울은 그리스도에 초점을 맞추고 사는 자신의 생의 자세를 이렇게 말합니다. 사도행전 20장 18절, 19절에서 에베소교회 장로들을 앞에 두고 하는 말입니다. "내가 항상 여러분 가운데서 어떻게 행하였는지를 여러분도 아는 바니 곧 모든 겸손과 눈물이며 유대인의 간계로 말미암아 당한 시험을 참고 주를 섬긴 것과." 이렇듯 바울은 당당하게 말하고 있습니다. 또 사도행전 26장 29절에서 사도 바울은 아그립바 왕 앞에서 아주 유명한 말을 합니다. 운명을 가를 만큼 중요한 재판을 받는 가운데 그가 복음을 전하며 마지막에 하는 말입니다. "오늘 내 말을 듣는 모든 사람도 다 이렇게 결박된 것 외에는 나와 같이 되기를 하나님께 원하나이다." 모든 사람이 나와 같기를 바란다— 여러분, 굉장한 말 아닙니까. 우리가 과연 자식에게 이 말을 할 수 있을까요? 나와 같기를 바란다— 얼마나 자기만족에 차 있는 말입니까. 이것이 사도 바울 안에 있는 위대한 생명력입니다. '나를 본받으라. 나는 행복하다. 나는 만족한다.' 이것이 본받는 자에게 있는 온전한 행복과 평안입니다.

배우는 것, 어렵습니다. 그러나 본받는 것은 쉽습니다. 존경하고 사랑하면 배우게 되니까요. 아주 쉽게 배우게 됩니다. 본받는다는 것은 종합적 인식입니다. 사랑하고, 믿고, 존경하고, 느끼고, 함께 행복하고…… 그러면 본받게 되는 것입니다. 같은 운명의 길을 가게 되는 것입니다. 새로운 용기가 그 속에 있는 것입니다. 현대인의 고민은 본받는 자가 없다는 것입니다. 요즘 아이들에게 "네가 존경하는 사람이 누구냐?" 하고 물어보면 없다고 대답한답니다. 정말로 없느냐, 하고 물으면 이순신 장군 외에는 없답니다. 우리 주변에 본받을 사람이 없다는 것입니다. 생각해보면 내가 본을 끼치지 못하고 있는 것입니다. 이걸 잊지 말아야 합니다.

우리 그리스도인들은 먼저 나 자신이 그리스도를 본받는 자가 되어야 합니다. 그러기 위해서는 Total Acceptance, 우선 전적으로 수용함이 있어야 합니다. 주의 말씀에 대해서 일절 토를 달지 않습니다. 그대로 받아들이는 것입니다. 아는 것은 아는 대로, 모르는 것은 모르는 대로요. 왜요? 주님의 말씀이니까 가슴을 열고 전적으로 받아들이는 것입니다. 또한, Total Discipline, 그가 나를 어디로 인도하시든지 제자 도를 따라가는 것입니다. 광야로 40년을 인도하시든지, 백 년을 인도하시든지, 그가 인도하시는 그 길을 양이 목자를 따라가는 것처럼 기쁜 마음으로 따라가는 것입니다. 여러분, 어디까지 왔습니까? 어떻게 살아왔습니까? 앞으로 남은 시간을 그분께 다 맡겨버리고, 어디로 인도하시든지 주께서 인도하시는 대로 기쁨으로, 감사함으로 주를 따라가는 것입니다. 그리고 Total Commitment, 전적으로 위탁하는 것입니다. 내 생명, 내 목적, 내 삶의 가치를 그리스도에게 완전히 위탁해버리는 것입니다. 그 속에 자유함이 있습니다. 완전히 그리스도를 본받는 자는 그리스도의 마음으로 삽니다. 완전히 그리스도의 뜻을 본받는 자는 그리스도의 능력과 지혜로 삽니다. 그리스도의 마음에 있었던 그 엄청난 평안을 가지고 사는 것입니다. "내 평안을 너희에게 주노라. 이것은 세상이 주는 것과는 다르다. 너희가 환란을 당하나 담대하라. 내가 세상을 이기었노라." 이렇게 말씀하시던 주님의 모습을 바라보며 그 말씀, 그 기쁨이 우리 자신의 것이 된다는 것을 잊지 말아야 합니다. 이제 잊지 마십시다. 그리스도를 본받아서…… △

한 알의 밀의 신비

  명절에 예배하러 올라온 사람 중에 헬라인 몇이 있
는데 그들이 갈릴리 벳새다 사람 빌립에게 가서 청하
여 이르되 선생이여 우리가 예수를 뵈옵고자 하나이
다 하니 빌립이 안드레에게 가서 말하고 안드레와 빌
립이 예수께 가서 여쭈니 예수께서 대답하여 이르시
되 인자가 영광을 얻을 때가 왔도다 내가 진실로 진
실로 너희에게 이르노니 한 알의 밀이 땅에 떨어져
죽지 아니하면 한 알 그대로 있고 죽으면 많은 열매
를 맺느니라 자기의 생명을 사랑하는 자는 잃어버릴
것이요 이 세상에서 자기의 생명을 미워하는 자는 영
생하도록 보전하리라 사람이 나를 섬기려면 나를 따
르라 나 있는 곳에 나를 섬기는 자도 거기 있으리니
사람이 나를 섬기면 내 아버지께서 그를 귀히 여기시
리라

(요한복음 12 : 20 - 26)

한 알의 밀의 신비

저는 세계 이곳저곳을 여행한 일이 많습니다. 여러 군데에서 초청을 받아 설교나 강의를 했고, 그게 끝나고 나면 잠깐씩 시간 여유가 생깁니다. 그 틈에 저는 꼭 박물관이나 미술관을 방문하곤 하였습니다. 언젠가는 미국의 시카고 신학대학에 특강을 맡아서 간 적이 있는데, 오전 강의를 끝내고 나니 오후에 시간이 남아서 택시를 타고 박물관에 갔습니다. 그때 참으로 귀한 경험을 했습니다. 이집트에서 가져온 3천 년 된 미라를 공개하여 보여주는 중요한 행사가 있었던 것입니다. 참 좋은 기회였지요. 예전에 제가 이집트에 갔을 때 그곳 박물관에서 많은 미라를 보았습니다마는, 그렇게 완전히 개방한 것은 보지 못했거든요. 그럴 수가 없는 일입니다. 한데, 시카고에서 뜻밖에도 그걸 보게 된 것입니다. 그래 가서 보니 3천 년 된 미라 다섯 개 가운데에서 딱 두 개를 개방해놓았습디다. 제게는 참 뜻밖의 경험이었고, 좋은 기회였습니다. 하지만, 그 3천 년 된 미라를 막상 보니까 실망이었습니다. 그때 제가 받은 인상으로는 딱 북어였습니다. 명태 말린 것이 북어 아닙니까. 이미 죽은 몸인 시체를 그처럼 바짝 말려서 북어처럼 만들어놓고는 헝겊으로 그걸 감아놓은 거였습니다. 저는 그걸 보면서 이렇게 생각했습니다. '이 사람, 참 불행하구나. 그냥 땅에 묻혀서 썩어버리면 좋았을 것을, 이렇게 3천 년 동안이나 미라로 남아 이곳 박물관까지 와서 누워 있구나. 당신, 참 불행하다.' 여러분, 그렇지 않습니까? 그리고 저는 그 미라에 대하여 설명해놓은 것을 읽어보고 깊은 인상을 받았습니다. 그 긴 설명의 마지막 말이 제게 큰 충격을 주었던 것입니다. 이런 내용이었습니다. 그 3천 년 된 미라를 조사해보니, 공교롭게도 그 죽은 미라의 손에 몇 알의 밀알이 쥐어져 있더랍니다. 그게 몹시도 신기해서 그 밀알을 조심스럽게 땅에 심어보았다는 것이지요? 그랬더니, 세상에, 거기에서 정말로 싹이 돋아났다, 이것입니다. 그때 제가 그 기록을 읽어보고 큰 충격을 받았습니다. 그리고 생명의 신비에 대한 귀중한 교훈을 얻었습니다.

미라의 손에 쥐어져 있던 그 밀알은 적어도 3천 년은 된 것입니다. 그게 썩지 않고 그 오랜 세월을 그대로 보존되어 있었던 것입니다. 그러나 그게 땅에 심어져서 죽으니까 그 속에서 새로운 생명이 싹터 나오더라, 이것입니다. 여기에 생명의 신비가 있습니다. 밀알은 3천 년이 지나도 그대로 있으면 결코 그 속의 생명력이 작동하지 않습니다. 그 속에는 엄연히 생명이 들어 있지만, 미라의 손에 쥐어져 있기만 하면 그 한 알의 밀알은 결코 자기 생명력을 발휘하지 못합니다. 참으로 깊은 생명의 신비 아닙니까.

이 생명의 신비에는 몇 가지가 있습니다. 첫째는 출생의 신비입니다. 도대체 우리는 세상에 태어날 때 어떻게 태어난 것입니까? 많은 사람이 연구하고 기도하고 애썼지만, 정확한 해답은 누구도 찾지 못했습니다. 한 가지 분명한 것은 성경말씀으로, 우리의 몸은 흙으로 만들어졌다는 것입니다. 흙으로 되었기 때문에 다시 흙으로 돌아가는 것입니다. "너는 흙이니 흙으로 돌아갈지니라." 우리는 흙입니다. 분명히 우리 몸은 흙덩어리입니다. 이것은 틀림없는 사실입니다. 그러나 우리의 영혼은 하나님의 형상을 닮았습니다. 창세기 1장을 자세히 읽어보면 인간 창조의 원리가 두 가지입니다. 하나는 하나님께서 흙으로 사람을 만드셨다는 것이고, 또 하나는 하나님의 형상으로 사람을 창조하셨다는 것입니다. 여기에서 우리는 깊이 묵상하고, 인간의 본질을 생각하게 됩니다.

둘째는 성장의 신비입니다. 참 놀랍습니다. 씨앗들 가운데에서 가장 작은 씨앗이 '겨자씨'라고 하지 않습니까. 그래서 성경은 이렇게 비유합니다. '겨자씨만한 믿음만 있어도……' 하지만 사실은 겨자씨보다 더 작은 씨앗이 있습니다. 바로 편백의 씨앗입니다. 이것은 겨자씨보다 더 작아서 마치 먼지와도 같습니다. 그렇게나 작은 씨앗인데, 이것이 땅속에 심어지면 우리가 아는 편백 나무로 자라는 것입니다. 저는 언젠가 브라질의 아마존에 갔을 때 아주 특별한 것을 보았습니다. 아마 여러분 가운에서도 이런 광경을 직접 보신 분은 많지 않을 것입니다. 정말 기가 막힌 경험이었습니다. 아마존의 밀림은 큰 나무들로 꽉 차 있습니다. 또 나무들이 다 특별합니다. 위로 40미터를 곧게 쭉 치고 올라가 거기에서부터 비로소 가지가 뻗어 나오는 것도 있습니다. 수많은 가지와 가지가 서로 연결이 되니까 하늘이 가려져서 낮에도 깜깜합니다. 땅이 보이지 않을 정도로 어둡습니다. 아마존의 밀림이 그렇습니다. 영화를 보면 타잔이 저 높은 위에서 드리워진 밧줄을 붙잡고 "아아아!" 하면서 마치 스파이더맨처럼 밀림 속을 날아다니지 않습니까. 참 희한한 광경이지요. 저는 그 밧줄을 볼 때마다 늘 이렇게 궁금했습니다. '저 길고 튼튼한 줄은 누가 만들어놓았을까? 누가 만들었기에 타잔이 저렇게 줄을 붙잡고 날아다니나?' 그 사정을 저는 아마존에 가서야 알았습니다. 아마존 유역에는 실제로 그런 밧줄들이 주렁주렁 늘어져 있습니다. 어떻게 그렇게 된 거냐 하면, 우선 그 40미터 높이의 나무들에는 열매가 열리는데, 그것들을 새들이 먹습니다. 그리고 그렇게 먹은 것을 그 나무 위에다가 배설해놓는 것입니다. 그 배설물에는 그 열매의 씨앗이 섞여서 나옵니다. 그것이 그 40미터 높이에서 싹을 틔우고, 그 뿌리가 아래까지 길게 내려오는 것입니다. 그러다가 더는 자라지 않고 중간에 딱 멎으면 그것이 바로 타잔이 붙잡고 날아다니는 밧줄인 것입니다. 저도 경험 삼아 그걸 한 번 붙들고 매달려봤는데, 굉장히 튼튼합디다. 참 기가 막히게 신기하지 않습니까. 생명이 성장하는 신비입니다. 그 작은 씨앗에서 어찌 그런 굉장한 사건이 이루어질 수 있을까요? 그 생명의 신비, 성장의 신비를 우리는 날마다 경험하고 있습니다.

셋째는 죽음의 신비입니다. 그렇게 잘 자라던 것도 언젠가는 죽어버립니다. 이것이 바로 죽음의 신비입니다.

넷째는 회생의 신비입니다. 죽어서 없어지는 줄 알았는데, 거기에서 다시 싹이 트고, 새로운 생명이 솟아오릅니다. 그런데 여기까지가 아니더라, 이것입니다. 성경을 믿고, 신앙을 고백하는 우리는 가장 중요한 신비를 알고 있습니다. 바로 부활의 신비입니다. 예수 그리스도의 십자가의 죽음─ 죽음으로 다 끝난 줄 알았는데, 아니더라, 이것입니다. 사망의 권세를 이기고 부활하신 그 신비, 그 부활생명의 신비를 우리는 신앙으로 고백합니다. 종말론적 의미가 있는 가장 소중한 진리입니다.

오늘본문의 배경을 살펴보면 흥미로운 것이 있습니다. 헬라인 몇이 와서 예수님을 만나고자 했다는 이야기입니다. 그 헬라인들이 누구일까 궁금합니다. 물론 그것은 아무도 모릅니다. 그러나 많은 학자의 연구로는 그 헬라인들은 에뎃사라는 나라에서 온 사람들이라는 것입니다. 에뎃사는 당시 평화롭고 조그만 왕국이었습니다. 한데 그 나라 왕의 아들이 그만 문둥병에 걸렸습니다. 그래서 점점 죽어갑니다. 그러니 그 모습을 보는 아버지의 마음이 얼마나 아팠겠습니까. 앞으로 그 나라의 왕이 되어야 할 아들이 죽어가고 있으니 걱정이 이만저만이 아니었을 것 아닙니까. 그러고 있던 차에 문둥병을 고치시는 예수님에 대한 소문이 들려온 것입니다. 그런데 그 예수님을 유대 사람들이 질투심으로 죽이려 한다는 소문을 그들이 또 듣게 됩니다. 그래 에뎃사 왕이 사신을 보내어 그 예수님과 교섭을 시도합니다. 오늘본문이 바로 그 배경에 해당하는 내용입니다.

이제 사신이 빌립을 만나고, 또 안드레를 만납니다. 그래서 안드레와 빌립이 예수님께 가서 말씀드립니다. 물론 그게 무슨 내용이었는지는 성경에 나오지 않습니다. 추정컨대 이런 내용이 아니었을까 하는 것입니다. "이렇게 핍박이 많고, 오해가 많은 곳에 계시지 말고, 저희와 함께 에뎃사로 가시지요. 거기에서 그 나라 왕의 아들이 걸린 문둥병을 고쳐주시기만 하면 아마도 종신토록 부귀영화를 누리며 왕의 고문으로 지내실 수 있을 것입니다." 바로 이 요청을 예수님께서 들으셨습니다. 그때 예수님께서 중요한 말씀을 하십니다. 오늘본문 24절입니다. "한 알의 밀이 땅에 떨어져 죽지 아니하면 한 알 그대로 있고 죽으면 많은 열매를 맺느니라." 그러니까 곧 이런 말씀입니다. "내가 지금 에뎃사로 가면 부귀영화를 누릴 것이다. 그러나 그것은 열매가 없는 것이다. 하지만 내가 이 땅에서 한 알의 밀이 되어 죽으면 많은 열매를 맺을 수 있다. 그런고로 나는 많은 열매를 바라보고 이 땅에서 죽을 것이다. 나는 에뎃사로 가지 않을 것이다." 참 깊은 말씀 아닙니까. 이 얼마나 귀한 말씀입니까. 한 알의 밀이 그대로 있으면 한 알 그대로 있지만, 죽으면 많은 열매를 맺는다—
생명의 진리에 대한 말씀입니다.

우리가 생명을 볼 때 놀라운 것은 생명은 성장하며, 언젠가는
죽는다는 것입니다. 이 죽는 단계를 거치지 않고는 많은 열매를 맺
을 수 없습니다. 그 자체만 가지고는 안 되는 것입니다. 죽을 때에
만, 죽음이라고 하는 단계를 거쳐야만 많은 열매를 맺게 됩니다. 예
수님께서는 이 놀라운 식물학적 진리를 가지고 예수님 자신의 생을
설명하고 계시는 것입니다. "내가 이대로 살고, 이대로 영화를 누리
면 그것으로 끝나지만, 한 알의 밀이 땅에 떨어져 죽는 것처럼, 내가
십자가에서 죽으면 그때 가서 많은 열매를 맺느니라." 예수님께서는
그렇게 말씀하시고, 그대로 사시고, 그대로 죽으시고, 그대로 부활
하셨습니다. 그래서 이것은 예언적인 말씀입니다.

그리고 예수님께서는 자신의 죽음에 대해 요한복음 10장 18절
에서 "내가 스스로 버리노라……" 하고 말씀하십니다. "누가 내 생
명을 빼앗는 것이 아니라, 나 스스로 버린다. 이것은 생명을 얻기 위
함이고, 살리기 위함이다." 이런 말씀입니다. 스스로 버리노라— 이
는 자발적인 것입니다. 약하셔서도 아니고, 무지하셔서도 아니고,
무능하셔서도 아닙니다. 스스로 버리시는 것입니다. 왜요? 많은 생
명을 구원하시기 위해서입니다. 썩어지는 것이 아닙니다. 죽는 것이
아닙니다. 사시기 위해서 죽으신 것이 아닙니다. 살리시기 위해서
죽으신 것입니다. 많은 생명을 살리시기 위하여 스스로 자기 생명을
버린다, 이것입니다. 이 얼마나 귀중한 말씀입니까. 그리고 오늘본
문 26절에서 예수님께서는 이렇게 말씀하십니다. "사람이 나를 섬기
려면 나를 따르라……" 나를 섬기려면 나를 따르라— 주님의 말씀입

니다. 이 신비로운 진리를 알고, 이것이 생명의 길임을 알고, 이것을 통하여 주님의 그 거룩한 생명력을 경험해야 할 것입니다.

우리는 사랑한다고 할 때 흔히 이런 말을 합니다. "사랑은 동정하는 것이고, 이해하는 것이다. 사랑의 최고는 함께 죽는 것이다. 네가 죽으면 나도 함께 죽을 것이다." 여기까지 생각을 해봅니다. 그러나 아닙니다. 사랑이란 함께 죽는 것이 아니라, 대신 죽는 것입니다. 저를 살리기 위해서 내가 죽는 것입니다. 내가 죽어서 저를 살리는 것입니다. 이것이 생명의 신비입니다. 썩어지는 밀알의 진리입니다.

옛날에 제가 미국에서 공부하고 있을 때 주일이 되면 이 교회 저 교회로부터 초청을 받아서 여러 교회에서 설교를 한 적이 있습니다. 그때 어느 한인교회에 가 설교를 했는데, 지금도 잊히지 않습니다. 그 교회에는 피아노 반주를 하는 한 자매님이 있었는데, 참 잘했습니다. 찬송가를 피아노로 바로 치는 게 참 어려운 일 아닙니까. 한데도 참 은혜롭게 잘 쳤습니다. 게다가 얼굴도 예쁩니다. 그래 제가 이렇게 생각했습니다. '이 교회 반주자 하나는 참 멋있다. 예쁘기도 하고, 피아노도 잘 치고, 보아하니 신앙도 좋은 것 같다.' 이렇게 칭찬하는 마음이었습니다. 그런데 예배가 끝난 다음에 목사님이 저를 만나자고 하시는 것입니다. 그래 왜 그러시느냐고 물었더니, 저더러 바쁘지 않으면 피아노 반주자를 좀 만나고 가라며 이러시는 거였습니다. "저 반주자와 점심을 함께 드시고, 충고 한마디 해주고 가주십시오." 그래서 무슨 까닭이냐고 물으니 이런 사연을 들려주셨습니다. 지금 저들 부부가 미국에 유학을 와서 공부도 잘하고, 서로 연애를 해서 결혼도 하고, 아이도 둘이나 낳았는데, 이제 와 이혼을 하려고 한다는 것입니다. 겉보기에는 참 좋은 신랑 신부요, 남편과 아내

로 행복해 보이는데, 지금 뭐가 틀어져가지고 별거한 채로 지낸다는
것입니다. 그리고 이제 며칠 뒤 이혼을 하겠다는데, 아무리 권고해
도 말을 듣지 않으니 제가 그들을 한번 만나서 도움이 되는 충고를
좀 해달라는 것이었습니다. 그래 제가 만났지요. 같이 식사를 다 하
고 나서 왜 그러느냐고 물었더니, 이런저런 이야기를 다 털어놓습니
다. 그 이야기를 한참 듣고 나서 제가 그랬습니다. "그래도 당신, 믿
는 사람 아니오? 하나님을 생각하고, 아버지 어머니를 생각하고, 이
교회를 생각하고, 저 아이들을 생각하면 어찌 그럴 수 있겠소? 어떻
게 이혼 안 할 수 없겠소? 그리고 무사히 사는 길이 없겠소?" 이렇
게 아주 간청하듯이 물었더니, 그분이 아주 간단하게 대답합니다.
"있지요. 잘 살 수 있는 비결이 있지요." "있으면 그렇게 하면 되지,
왜 이러는 것이오?" "제가 죽는 것이 비결입니다. 그러면 됩니다."
그래서 제가 그때 한 말입니다. "그럼 당신 오늘 죽으시오. 당신 한
사람 죽으면 많은 사람이 삽니다. 알았소?" 그 부부, 지금까지 잘살
고 있습니다. 나 하나 죽으면 많은 사람이 살 텐데, 나 하나 살겠다
고 많은 사람을 죽이겠다면, 그거 될 일입니까. 우리는 지금 하루하
루 살아가기가 참으로 어렵습니다. 그러나 가만히 보십시오. 생명의
역사, 그 위대한 역사는 내가 죽음으로써 이루어지는 것입니다. 아
니, 나를 죽여야 합니다. 십자가 앞에서 내가 죽어야 합니다. 그래야
생명의 역사가 나타나는 것입니다.

　　전도 많이 하는 분들이 가끔 이런 말을 합니다. "제가 전도도 많
이 하고, 구제도 많이 하고, 도와주기도 많이 했는데, 저 사람이 예
수를 안 믿어요." 여러분, 내가 장학금 조금 주고, 구제금 조금 냈다
고 바로 생명의 역사가 나타나는 줄 아십니까? 아닙니다. 예수님께

서 보여주신 것은 그런 게 아닙니다. 구제, 봉사, 이적이 아니라, 십자가입니다. 이걸 잊지 말아야 합니다. 오늘본문을 보면 예수님께서 이런 예언적인 말씀을 하십니다. "한 알의 밀이 땅에 떨어져 죽지 아니하면 한 알 그대로 있고 죽으면 많은 열매를 맺느니라(24절)." 위대한 말씀이요, 우주적인 교훈입니다. 하지만 우리의 가정생활에서나, 이웃 관계에서나, 조그마한 일에서나 한번 보십시오. 거기에 기적이 있습니다. 내가 죽을 때, 내가 손해 볼 때, 내가 희생될 때 거기에 기적이 있습니다. 이걸 잊지 말아야 합니다. 예수님께서 말씀하십니다. "나를 섬기려면 나를 따르라. 한 알의 밀이 썩어질 때 많은 열매를 맺느니라. 너희는 나를 따르라." 주님의 말씀입니다.   △

이 사람이 선택한 운명

아브람이 애굽에서 그와 그의 아내와 모든 소유와 롯과 함께 네게브로 올라가니 아브람에게 가축과 은과 금이 풍부하였더라 그가 네게브에서부터 길을 떠나 벧엘에 이르며 벧엘과 아이 사이 곧 전에 장막 쳤던 곳에 이르니 그가 처음으로 제단을 쌓은 곳이라 그가 거기서 여호와의 이름을 불렀더라 아브람의 일행 롯도 양과 소와 장막이 있으므로 그 땅이 그들이 동거하기에 넉넉하지 못하였으니 이는 그들의 소유가 많아서 동거할 수 없었음이니라 그러므로 아브람의 가축의 목자와 롯의 가축의 목자가 서로 다투고 또 가나안 사람과 브리스 사람도 그 땅에 거주하였는지라 아브람이 롯에게 이르되 우리는 한 친족이라 나나 너나 내 목자나 네 목자나 서로 다투게 하지 말자 네 앞에 온 땅이 있지 아니하냐 나를 떠나가라 네가 좌하면 나는 우하고 네가 우하면 나는 좌하리라 이에 롯이 눈을 들어 요단 지역을 바라본즉 소알까지 온 땅에 물이 넉넉하니 여호와께서 소돔과 고모라를 멸하시기 전이었으므로 여호와의 동산 같고 애굽 땅과 같았더라 그러므로 롯이 요단 온 지역을 택하고 동으로 옮기니 그들이 서로 떠난지라 아브람은 가나안 땅에 거주하였고 롯은 그 지역의 도시들에 머무르며 그 장막을 옮겨 소돔까지 이르렀더라 소돔 사람은 여호와 앞에 악하며 큰 죄인이었더라

(창세기 13 : 1 - 13)

이 사람이 선택한 운명

　　1960년대, 그러니까 아주 옛날이야기입니다. 저의 오랜 친구가 있었습니다. 제가 많이 부러워했던 친구입니다. 왜냐하면, 그가 워낙 영어를 잘했기 때문입니다. 그는 상하이에서 태어났습니다. 그래 중국에서 영어를 배웠고, 아버지 어머니로부터 교육을 받아서인지, 아주 천재적으로 영어를 잘했습니다. 그는 중학교 3학년 때「타임」지를 술술 읽었을 정도입니다. 그러다 보니 영어 선생님들도 그에게 꼼짝을 못 했답니다. 아무튼, 그는 어학의 천재였고, 공부도 잘해서 박사학위도 일찍 받았습니다. 또 믿음이 좋아서 북방선교를 위한 방송 사업에 종사했는데, 아주 열심히 온 세계를 누비고 다니며 선교 사업에 봉사했습니다. 그런데, 어느 날 그가 갑자기 제게 이런 부탁을 해왔습니다. "곽 목사님, 저 약혼주례 좀 해주세요." 그래서 제가 물었지요. "언제 그렇게 발전했는가?" "좋은 여자를 만났는데, 그분 소원이 화려하게, 거창하게 약혼식을 하고 싶답니다." 그래서 당대에는 상상도 못 할 만큼 좋은 곳에서 화려하게 약혼식을 올렸고, 제가 주례를 하게 되었습니다. 나중에 그 약혼식장을 나오면서 제가 생각했습니다. "참, 그 친구 복도 많구먼. 어쩌다 그렇게 예쁜 여자를 만났을까?" 약혼녀가 정말로 감탄할 만큼 미인이었습니다. 그걸 보고는 제가 그 친구에게 이렇게 한마디 했습니다. "자넨 참 복도 많네." 그런데 한 달 만에 파혼했습니다. 웬일이냐고 물었더니, 약혼을 하고 보니까 도대체가 이 사람은 얼굴뿐이더라는 것입니다. 얼굴은 절세미인이고, 몸매도 좋지만, 머리는 텅 비었다, 이것입니다. 아무

것도 아는 것이 없고, 그저 대화를 하면 죄다 화장품이나 파라솔 이야기나 하지, 도무지 쓸 만한 이야기를 한마디도 들을 수가 없었다는 것입니다. 게다가 믿음도 없어서 '내가 이거 큰 실수를 했구나!' 싶더랍니다. 그래서 급하게 서둘러 한 달만에 이혼을 했다는 것입니다. 여러분, 이런 일이 왜 생깁니까? 바로 선택을 잘못했기 때문입니다.

　제가 언젠가 여름에 한가한 틈을 타 LA에 있는 시립도서관에 가서 피서도 할 겸 책을 많이 보았습니다. 그때 「행복한 결혼철학」이라는 책을 한나절 동안 읽은 적이 있습니다. 이 책은 여자를 선택할 때 세 가지 기준이 있다고 말합니다. 저는 이 말이 참 마음에 들어서 지금까지 기억하고 있습니다. 그리고 젊은 사람들이나 대학생들에게 강연을 할 때마다 꼭 이 말을 들려줍니다. 첫째는 외모의 아름다움입니다. 한평생 보고 살아야 되므로 우선 예뻐야 된다, 이것입니다. 외모가 정결하고, 예쁘고, 단정해야 한다는 것입니다. 둘째가 중요합니다. 바로 대화의 아름다움입니다. 중요한 것은 내면에서 나오는 법이니까 무엇보다도 대화를 나누어보아야 한다는 것입니다. 얼굴만 보면 안 되는 것입니다. 말은 마음의 창이므로 대화를 통해서 그 사람의 속이 어떤지를 알 수 있다는 것입니다. 대화가 마음에 들고, 그 대화가 나를 상대에게 끌리도록 한다면 그 상대는 내가 사랑할 만한 사람이라는 것입니다. 셋째는 봉사 정신입니다. 역시 아름다움 가운데 최고는 봉사하는 아름다움이요, 섬기는 아름다움입니다. 찻잔 하나라도 어떻게 섬기느냐, 하는 것이 중요합니다. 그래서 섬김의 마음, 섬김의 아름다움이 있는 이 세 가지 조건을 염두에 두고 여자를 선택해야 한다는 것입니다.

그렇다면 반대로 남자는 어떻게 골라야 하겠습니까? 이 책은 여자가 남자를 고를 때에도 세 가지 조건이 있다고 말합니다. 첫째가 믿음입니다. 거짓말하는 사람은 재벌이라도 안 된다는 것입니다. 남자는 일단 진실하고, 자기 말에 책임을 질 줄 알아야 한다는 것입니다. 둘째는 능력입니다. 남자는 자기를 억제하는 능력, 자기 마음을 다스리는 능력이 있어야 한다는 것입니다. 그리고 셋째가 중요합니다. 남자도 역시 봉사하는 기쁨을 아는 사람이라야 한다는 것입니다. 철저하게 이기적인 사람이 아니라, 남을 섬기고 봉사하는 것을 즐거움으로 알고 사는 남자라야 된다는 것입니다. 그가 아름다운 사람입니다. 제가 아주 오래전에 읽은 책이지만, 오래도록 기억하고 있습니다. 우리에게 선택의 기준을 제시해줍니다.

우리가 창세기에서 창조의 이야기를 읽어보면 너무나 잘 알 수 있지 않습니까. 하나님께서 동산에 선악을 알게 하는 나무를 만들어놓으시고 이르셨습니다. "먹지 말라." 이 이야기를 놓고 많은 사람이 고민하고, 젊은 사람들이 질문을 하기도 합니다. "아니, 애초에 그 선악과를 만들지 마시든지, 만들어놓으셨으면 왜 울타리를 두르셔서 아무도 접근하지 못하도록 하지 않으신 것입니까? 왜 하필 그런 것을 만들어놓으셔서 사람들이 범죄를 하도록 하신 것입니까? 그래서 이 세상의 역사가 이 모양이 되지 않았습니까. 하나님께서 참 잘못하신 것 같습니다." 그러나 가장 핵심이 되는 것은 이 말씀입니다. "먹지 말라." 무슨 뜻입니까? 먹을 수도 있다는 것입니다. 처음부터 먹지 못하게 만드신 것이 아니라, 먹을 수 있지만, 먹지 말라, 이것입니다. 먹을 수 있는데, 먹지 마라! 여기에 얼마나 귀중한 진리가 있습니까. 인간에게 주어진 특권입니다. 할 수 있지만 하지 않는 것, 갈 수 있지만 가지 않는 것, 먹을 수 있지만 먹지 않는 것…… 이것이 중요합니다. 여기에 인간의 가치가 있는 것입니다. 못 먹어서 못 먹고, 할 수 없어서 하지 못하고, 죽지 못해서 살고…… 그것은 아닌 것이지요. "먹지 말라." 이 한마디 속에 인간의 가치가 있습니다. 하나님께서는 인간이 하나님의 말씀의 은총을 믿고, 기쁜 마음으로 하나님의 말씀을 받아들여서 먹지 않는 편을 택하는, 그런 선택을 하기를 기다리고 계시는 것입니다. '선택을 했다면 그 선택한 바에 대해서는 네가 책임을 져라. 그다음은 네가 운명을 책임지는 것이다.' 이것이 하나님의 형상에게 주신 특권입니다. 고귀한 인간에게 주어진 존엄입니다.

오늘 본문에서 아브라함이 조카 롯에게 말합니다. "네가 좌하면 나는 우하고 네가 우하면 나는 좌하리라(9절)." 아브라함은 롯의 삼촌입니다. 자기가 아버지처럼 이 조카를 데리고 가나안땅으로 나온 것입니다. 삼촌으로서 당당히 아버지와 같은 권세를 행할 수 있는데도 불구하고 다 양보하고 말하는 것입니다. "네가 우하면 나는 좌하겠다. 네가 좌하면 나는 우하겠다." 성경을 자세히 보면 양쪽이 똑같지 않습니다. 한쪽은 에덴동산 같고, 다른 한쪽은 사막입니다. 비슷비슷한 것을 놓고 말하는 것이 아닙니다. 그런데 아브라함에게는 눈에 보이는 것은 중요하지 않습니다. 그는 영원한 하나님의 나라, 하나님의 약속, 하나님의 축복만 바라보았습니다. 사막이든 아니든, 물이 있든 없든, 그런 것은 중요하지 않습니다. 하나님과 동행하면 하나님께서는 언제나 길을 열어주신다는 것이 아브라함의 믿음입니다. 그런고로 이것은 비슷한 것을 놓고 하는 말이 아닙니다. 전혀 상대가 안 되는 양쪽을 놓고 네가 우하면 나는 좌하고, 네가 좌하면 나는 우하리니, 네 마음대로 선택하라, 하는 것입니다. 아버지 같은 아브라함의 너그러움이 여기에 나타나 있습니다. 그때 조카 롯이 좌와 우를 바라봅니다. 보는 것이 선택의 기준이었던 것입니다.

오늘본문은 말씀합니다. "바라본즉……(10절)" 그러니까 롯은 눈으로 보는 대로 판단한 것입니다. 여러분, 눈으로 보는 대로 판단하면 안 됩니다. 최소한 먼저 귀로 듣는 대로 판단하고, 그다음에는 가슴으로 판단하고, 그리고 기도하는 마음으로 판단해야 합니다. 이걸 잊지 말아야 합니다. 잠시도 잊어서는 안 됩니다. 눈으로 본 대로 해서는 안 되는 것입니다. 그런데 오늘본문은 말씀합니다. "이에 롯이 눈을 들어 요단 지역을 바라본즉 소알까지 온 땅에 물이 넉넉하니 …… 여호와의 동산 같고 애굽 땅과 같았더라(10절)." 그토록 아름답게 보인 것입니다. 물이 넉넉하고 초목이 풍부해 보였습니다. 물질적인 풍요를 본 것입니다. 현재를 보았습니다. 미래를 보지 못했습니다. 외적인 세계를 보고, 내적인 세계를 보지 못했습니다. 그가 롯입니다. 여기서 선택이 빗나가는 것입니다.

그뿐 아니라, 롯은 그 백성의 도덕성을 생각하지 않았습니다. 눈에 보이는 것은 물질밖에 없었습니다. 도덕성은 눈에 보이지 않습니다. 그러나 미래라고 하는 운명은 도덕성에 달려 있습니다. 얼마나 천한가, 얼마나 진실한가, 얼마나 거룩한가에 달려 있는 것이지, 눈에 보이는 데에 있는 것이 아닙니다. 하지만 롯은 눈에 보이는 대로 판단했습니다. 잘못이었습니다. 도덕성을 먼저 보았어야 합니다. 저는 예전에 젊은 사람들을 중매하기도 했는데, 한번은 둘이 서로 사귀는 자리에서 이런 이야기를 한 적이 있습니다. "상대를 선택할 때 얼굴도 보고, 능력도 보고, 학벌도 보고, 다 보아야겠지만, 가능하면 그 가문의 축복 손을 보아라. 복 받은 가문인가를 보아라. 저 주받은 집에서 무엇이 나오기를 바라겠느냐. 그런고로 복 받는 가정 인지를 보아라." 이만하면 복 받겠다— 얼마나 중요합니까.

조금 부끄러운 얘기지만, 제가 결혼할 때 이것 때문에 결혼했습니다. 제가 군대에 있을 때입니다. 그때는 전쟁 중이었으니까 모든 게 아주 형편없었습니다. 언젠가 한 번은 시장에 나갔더니, 어떤 아주머니가 장바구니를 들고 시장을 보러 가는데, 거지들이 찾아와 이 아주머니한테 전부 다 꾸벅 인사를 합니다. 그걸 보고 저는 궁금했습니다. '도대체 저 아주머니는 어떤 분이기에 저렇게 거지들이 와서 꾸벅꾸벅 인사를 할까?' 그래 알아보았더니, 그분이 교회의 권사님인데, 거지들이 와서 밥을 달라고 하면 자기 몫의 밥이라도 준다는 것입니다. 자기는 못 먹더라도 거지한테는 먹으라고 밥을 준다는 것입니다. 그래서 거지들끼리 규칙을 만들었답니다. 아무 때나 가는 것이 아니라, 오늘은 누가 가고, 다음에는 또 누가 가고…… 이렇게 질서를 잡은 것입니다. 한꺼번에 다 몰려가면 그 집 사람들이 밥을 굶을 테니까요. 제가 이런 이야기를 다 듣고 나서 '저만하면 복을 받겠구나!' 싶었습니다. 그분이 제 장모님이십니다. 여러분, 결혼도 그 복 줄을 보고 해야지, 망조를 보고 결혼을 하면 되겠느냐, 이것입니다. 우리 눈에는 안 보여도 이만하면 하나님의 축복이 있을 것이다, 하는 것 말입니다.

오늘 본문에서 롯도 마찬가지입니다. 내면의 세계는 보지 않고, 그저 눈에 보이는 대로 현실만 보고, 겉의 화려함만 보고 소돔과 고모라를 택했다는 것입니다. 그런데 그다음이 더 중요합니다. 오늘 본문은 말씀합니다. "옮기니……(11절)" 여러분, 한번 선택이 잘못

되었다는 것을 알았다면 이제는 떠나야 합니다. 방향을 바꿔야지요. 한번 잘못했다면 거기서 떠나야 하는데, 소돔과 고모라 쪽으로 계속 옮겨갔더라, 이것입니다. 문제입니다. 사람은 한번 죄를 짓고 나면 그다음에는 그 죄를 반복하고, 그리고 그 죄를 정당화하려고 듭니다. 합리화하는 것입니다. 이렇게 죄를 반복하는 데에 문제가 있습니다. 세상을 바꾸는 것이 아니라, 세상에 내가 동화되는 것입니다. 타락입니다. 세속화되는 것입니다. 나로 말미암아 세상의 환경이 변화되는 것이 아니라, 그 환경으로 말미암아 내가 변화되는 것입니다. 롯은 바로 그 겉모습의 화려함에 끌려서, 그 매력에 끌려서 옮겨 갔더라, 이것입니다. 한마디로 세속화되었다는 것입니다.

우리가 존경하는 아브라함 링컨의 유명한 말이 있습니다. '불행한 사람들의 특징은 불행한 것을 발견하고서도 그쪽으로 계속 간다는 것이다. 그리고 그렇게 모험을 행하다가 망한다.' 이걸 잊지 말아야 합니다. 종교개혁자 칼뱅은 오늘본문에 대한 주석에서 이렇게 말합니다. '롯은 장차 낙원 속에서 살 것이라고 상상은 했으나, 실은 지옥의 심연으로 빠져들고 있었다.' 롯은 요단 지역을 낙원처럼 생각하고 그쪽을 택했지만, 실은 지옥의 심연으로 빠져들고 있었다, 이것입니다. 도덕성을 보지 않았습니다. 신앙을 보지 못했습니다. 그리고 계속 그쪽으로 옮겨가고 있었습니다. 무슨 말씀입니까? 문화화된 것이고, 습관화된 것입니다. 판단의식을 잃어버린 것입니다. 어느 사이에 뭔가에 마춰된 것처럼 계속 빠져들어 가고 있었더라는 것입니다.

저는 오늘본문의 롯을 볼 때마다 그가 꼭 삼손을 닮았다는 생각을 합니다. 삼손이라는 사람, 얼마나 위대한 사사입니까. 그런데 들릴라라고 하는 여인의 유혹에 빠져서 잘못되고 말았잖아요? 그는 들릴라가 나쁜 여자라는 사실을 분명히 알았습니다. 그 여자가 자기를 망치리라는 것을 알았습니다. 그런데도 자꾸만 빠져들어 갔습니다. 여러 차례 살아날 수 있는 기회가 있었는데도 그는 정신을 못 차리고 계속 들릴라의 무릎을 베고 누워 있다가 결국은 비참해지지 않습니까. 우리는 그렇게 삼손이 들릴라라고 하는 여인의 매력에 끌려가는 것과 같은 모습을 오늘본문에서도 보게 됩니다.

　오늘 여러분과 저는 또다시 선택해야 합니다. 우리는 순간마다 인간존재의 정체를 분명히 해야 합니다. 우리는 내가 선택하고, 또 내가 책임지는 것입니다. 하나님 앞에서 선택하고 책임을 지는 것입니다. 선택할 때마다 그 기준이 무엇입니까? 사도 바울은 그리스도와 함께 고난받는 것을 선택했고, 마침내 생명의 면류관을 얻었습니다. 현재를 버리고 영원한 세계를 선택한 것입니다. 나를 버리고 그리스도를 선택한 것입니다. 사도 바울은 그럼으로써 승리할 수 있었던 것입니다. 여러분, 오늘도 작은 일이나, 큰 일이나 우리는 결단을 해야 합니다. 그때마다 선택의 기준을 분명히 하고, 주의 앞에 성실하고 책임 있는 하나님의 사람으로 살아가야 할 것입니다.　△

주의 영이 계신 곳

우리가 이같은 소망이 있으므로 담대히 말하노니
우리는 모세가 이스라엘 자손들에게 장차 없어질 것
의 결국을 주목하지 못하게 하려고 수건을 그 얼굴에
쓴 것 같이 아니하노라 그러나 그들의 마음이 완고하
여 오늘까지도 구약을 읽을 때에 그 수건이 벗겨지지
아니하고 있으니 그 수건은 그리스도 안에서 없어질
것이라 오늘까지 모세의 글을 읽을 때에 수건이 그
마음을 덮었도다 그러나 언제든지 주께로 돌아가면
그 수건이 벗겨지리라 주는 영이시니 주의 영이 계신
곳에는 자유가 있느니라 우리가 다 수건을 벗은 얼굴
로 거울을 보는 것 같이 주의 영광을 보매 그와 같은
형상으로 변화하여 영광에서 영광에 이르니 곧 주의
영으로 말미암음이니라

(고린도후서 3 : 12 - 18)

주의 영이 계신 곳

밥 바틀렛이라고 하는 탐험가가 실제로 경험한 일입니다. 그가 외국을 여행하다가 아주 보기 드문, 희귀한 새 몇 마리를 구입하여 배를 타고 본국으로 가져가는 중이었습니다. 새장에 넣어둔 그 새들 가운데에서 유난히도 한 마리가 시끄러웠습니다. 그 새는 새장을 발톱으로 할퀴고, 거기에 머리를 찧고 하면서 잠시도 가만히 있지 않고 소란을 떨었습니다. 새가 그렇게 계속 푸드덕거리면서 야단스럽게 굴던 서슬에 그만 새장 문이 열렸습니다. 그러자 새는 망설이지 않고 눈 앞에 펼쳐진 망망한 대양 한가운데를 향해서 도망치듯 날아올랐습니다. 자유를 얻은 것입니다. 새는 미친 듯이 기뻐하며 창공을 높이 높이 날아올랐습니다. 새장 안은 텅 비었습니다. 바틀렛씨는 그걸 보고 "그 새, 참 요란스럽더니 자유를 얻었구먼!" 하고는 잊어버리려고 했습니다. 그런데 바로 얼마 뒤에 바틀렛씨가 자기 눈을 의심하게 되는 사건이 생겼습니다. 도망쳤던 새가 다시 돌아온 것입니다. 새는 날개에 힘이 다 빠지고 지친 몸으로 날아와 갑판 위에 털썩 쓰러졌습니다. 그래 바틀렛씨는 이 새를 거두어 새장에 도로 집어넣었습니다. 이 새는 자유를 얻은 줄 알았지만, 그것은 자유가 아니었던 것입니다. 오히려 이제 돌아와 다시금 들어가게 된 그 새장이야말로 안식처였던 것입니다. 세상에 그 새장처럼 행복한 곳이 없습니다. 비로소 이 새는 그것을 알게 되었습니다.

자유란 도대체 무엇입니까? 푸르른 창공을 제멋대로 날아 올라가는 것이 자유입니까? 내가 하고 싶은 대로 다 할 수 있는 것이 자유이겠습니까? 사람은 이 자유 하나를 배우는 데 일생이 걸립니다. 무엇이 자유입니까? 무엇이 해방입니까? 저는 열네 살 때 해방을 맞았습니다. 그동안 일본사람들의 억압에 시달리며 고생하다가 마침내 해방이 된 것입니다. 저는 아직도 그때를 생생하게 기억합니다. 그날 목사님이 우리 집에 찾아오셨습니다. 제 할아버지가 교회 장로님이셨거든요. "아이고, 장로님!" 하고 부르며 서로 붙들고 "해방이 됐습니다. 해방! 해방!" 하면서 한 시간을 그렇게 우는 걸 제가 보았습니다. 저는 어렸을 때라 잘 몰랐습니다. "도대체 해방이 뭐지? 왜 저분들이 저렇게 기뻐하지?" 그러나 우리가 누렸던 해방은 하나님께서 거저 주신 것이었습니다. 선물로 주신 것이요, 은사로 주신 것이었습니다. 그래서 우리는 그 자유의 소중함을 몰랐습니다. 그 자유를 위해서 지불한 대가가 없었기에 자유의 소중한 의미를 몰랐던 것입니다. 그래서 불과 얼마 안 가 그만 공산주의에 나라를 빼앗기고, 6·25전쟁이라고 하는 전란에 휩싸이고, 모순과 부패함과 부정과 불의함에 자유를 다 빼앗기고, 만신창이가 되어서 오늘에 이른 것입니다.

자유라고 하면 우리는 먼저 정치적인 자유를 생각할 수 있습니다. 억압에서 벗어나 맞이한 8·15해방은 정치적인 해방이었지요. 그런 자유가 있습니다. 둘째는 경제적 자유입니다. 이것이 더 중요합니다. 유명한 루스벨트 대통령의 말이 있습니다. '가난한 자는 자유인이 아니다.' 가난하기 때문에 그 소중한 자유를 내어주고 스스로 속박에 들어갈 수밖에 없으므로 가난한 자는 자유인이 아니라고 하는 것입니다. 여러분도 최소한 하루 세 끼를 먹을 수 있는 정도는 되어야지, 가난하면 누구에게 가서 무릎을 꿇어야 하고, 비굴해질 수밖에 없는 것 아닙니까. 그래서 가난한 자는 자유인이 아닙니다. 사실입니다. 경제적인 자유, 소중합니다.

그런가 하면 지식의 자유가 있습니다. 무식하면 자유인이 아닙니다. 저는 이것을 미국에 가서 고생하는 우리 교포들을 보면서 많이 경험했습니다. 영어를 못 하는 분이 이민을 갔습니다. 우리나라에서는 그렇게도 당당하고 도도하던 사람들이 미국에 가서 살아보려고 하는데, 도대체 말이 안 통하니, 얼마나 힘듭니까. 제가 어느집에 한번 갔더니 TV를 켜놨는데, 재미있는 서부활극 영화가 나오더라고요. 그런데 볼륨을 죽여서 소리는 듣지 않고 화면만 보는 것입니다. 제가 속으로 대강 짐작은 하면서도 굳이 물어보았습니다. "아니, 이게 소리가 들려야지, 소리는 끄고 왜 그림만 봅니까?" 그랬더니 이렇게 답합니다. "저기서 영어 소리가 나올 때마다 못 알아들으니까 속이 답답하고 괴로워서 그때마다 제가 중고등학교 다닐 때 왜 영어 공부를 열심히 안 했나, 하고 후회하게 됩니다. 그 괴로움 때문에 소리를 딱 죽이고 그림만 봅니다." 그래서 제가 한마디 했습니다. "그래도 서부영화인데 총소리는 들어야 하잖아요?" 여러분, 외국으로 이민 간 분들이 언어가 통하지 않을 때 얼마나 답답한지 아십니까? 감옥이 따로 없습니다. 그것이 바로 감옥입니다. 사람을 만나는 것이 두렵습니다. 그러니 도대체 어디에 자유가 있습니까? 무식한 자는 자유인이 될 수 없다, 이것입니다. 그래서 공부하는 것입니다.

또 사상적 자유가 있습니다. 요새도 사상이 잘못되어서, 잘못된 사상의 노예가 되어서 일생이 망가지는 사람들을 봅니다. 너무너무 안됐습니다. 저는 목사입니다. 목사는 신학 공부를 합니다. 그런데 어떤 이는 신학 사상이 잘못되었습니다. 잘못된 신학을 공부했습니다. 이것 때문에 일생이 망가집니다. 어떤 분은 마지막으로 돌아가시기 전에 제 손을 잡고 이렇게 고백한 적도 있습니다. "목사님, 제가 신학 공부를 잘못했습니다. 그래서 제 일생이 이렇게 망가졌습니다." 잘못된 신학 사상의 노예가 되어버렸다, 이것입니다. 그래서 깜깜해지는 것입니다. 이 얼마나 불행한 일입니까.

그런가 하면 이보다 더 심각한 문제가 있습니다. 바로 도덕적 자유입니다. 양심의 가책에 시달리면 자유인이 아닙니다. 제가 아는 어떤 아버지는 자기 자녀들을 볼 때마다 늘 부끄럽고 괴롭다고 합니다. 본인이 젊었을 때 잘못 살았기 때문입니다. 자녀들에게 본을 보이지 못한 것입니다. 그래서 고백합니다. "이제 저는 남은 생을 어떻게 살아가야 합니까?" 양심의 가책에 시달리는 사람은 자유인이 아닙니다. 오히려 사랑받을 때 더 괴롭다고 합니다. '내가 잘못했는데, 이런 사랑을 받다니!' 그에게는 자유가 없습니다. 잊지 말아야 합니다.

그리고 신앙의 자유가 있습니다. 이보다 더 큰 자유는 없습니다. 요한복음 8장 34절은 말씀합니다. "죄를 범하는 자마다 죄의 종이라." 죄를 범하면 죄의 종이다― 여러분, 잊지 말아야 합니다. 방종은 자유가 아닙니다. 탕자가 집을 나갑니다. 그는 아버지의 간섭이 싫었고, 모든 주변 사람들의 억압이 싫었습니다. 그래 타국으로 가서 마음껏 자유하고 싶었습니다. 그러나 그 넓은 세상은 탕자에게 결코 자유세상이 아니었습니다. 오히려 넓은 감옥이었습니다. 탕자는 거기서 모든 것을 잃어버립니다. 그리고 다시 집으로 돌아옵니다. 죄를 짓는 자마다 죄의 종이다― 심각한 것입니다. 죄를 지을 때 그 죄를 짓는 것도 죄입니다. 죄를 짓는 죄가 있는 것입니다. 또 죄를 짓고 나면 그 죄를 숨기는 죄가 있습니다. 게다가 죄를 짓고 나서 그 죄를 변명하는 죄가 또 있습니다. 죄가 아니라고, 자기 스스로의 양심을 거역하면서 변명을 하는 것입니다. 그리고 죄를 전가하는 죄도 있습니다. 자기가 죄를 지은 것은 누구누구 때문이라고 아무리 외치며 변명을 해도 양심은 말합니다. "너 자신 때문이다!" 여기서 자유를 잃어버립니다. 너무나 괴롭습니다. 그런고로 요한복음 8장 32절에서 주님 친히 말씀하십니다. "진리가 너희를 자유롭게 하리라." 진리의 길로 돌아오지 않으면 자유는 없는 것입니다. 부자라도 자유가 없고, 능력이 있어도, 권세를 잡아도 자유가 없습니다. 참자유는 진리 안에 있습니다. 진리를 떠나는 순간 그는 무서운 감옥에 갇히는 것입니다. 진리 안에 참자유가 있는 것입니다. 그래서 요한복음 8장 36절은 말씀합니다. "아들이 너희를 자유롭게 하면 너희가 참으로 자유로우리라." 너무너무 귀중한 말씀입니다. 아들이, 예수 그리스도께서 자유롭게 하실 때에 너희에게 자유가 있다— 무엇입니까? 죄 사함의 권세입니다. 예수님만이 죄를 사하십니다. 예수님을 통해서 죄 사함 받을 때 그에게 자유함이 있는 것입니다. 죄 사함 받은 사람, 죄 사함 받은 그때 비로소 온전한 자유함이 있음을 말씀하고 있는 것입니다. 로마서 8장 2절은 말씀합니다. "성령의 법이 죄와 사망의 법에서 너를 해방하였음이라." 아주 신학적이고, 교리적이고, 실제적인 말씀입니다. 성령의 법이 죄와 사망의 법, 율법에서부터 우리를 자유롭게 할 때 우리는 비로소 자유인입니다. 비로소 우리는 온전한 영혼의 자유를 느낄 수 있습니다.

　오늘본문은 아주 중요한 말씀입니다. "주의 영이 계신 곳에는 자유가 있느니라(17절)." 잘 기억합시다. 주의 영이 계신 곳― 무엇입니까? 주의 영, 진리의 영입니다. 속죄함의 영입니다. 진리의 영은 우리를 그리스도께로 인도할 뿐만 아니라, 내가 하나님의 자녀됨을 확증해주십니다. 너는 하나님의 아들이라고, 너는 하나님의 딸이라고 성령께서 말씀해주십니다. 성령께서 이 말씀을 우리에게 주실 때 우리가 자유할 수 있습니다. 병들어도 자유하고, 가난해도 자유하고, 순교하면서도 자유합니다. 왜요? 하나님의 자녀 됨을 확증받았기 때문입니다. 이보다 더 큰 자유는 없습니다. 이보다 더 온전한 자유는 없는 것입니다. 그래서 말씀하는 것입니다. "주의 영이 계신 곳에는 자유가 있느니라(17절)." 주의 영을 떠날 때, 주의 영을 거역할 때 그는 어디에 있든 자유함이 없습니다. 결코 그의 영은 자유할 수 없습니다. 그리스도로 말미암아 양자의 영을 받고, 순간순간 내가 하나님의 자녀임을 확증 받을 때 세상을 보는 눈이 달라집니다. 전에는 내가 저주받은 사람으로 살았습니다. 하지만 이제는 하나님의 자녀로 살아갑니다. 전에 당한 고통이 하나님께서 내게 주시는 심판이었다면, 오늘 내가 당하는 고통은 하나님께서 내게 주시는 시련으로 다가옵니다. 나로 거듭나게, 나로 진실하게, 나로 겸손하게, 나로 하나님의 사랑을 더 가까이 느끼도록 시련을 주시는 것입니다. 우리를 하나님의 사람으로 온전케 하시기 위하여 우리에게 많은 시련을 주시는 것입니다. 그 시련 속에서 주의 영을 받은 사람은 하나님의 사랑을 느낍니다. 질병 속에서 주의 영을 받은 사람은 하나님의 사랑을 확증합니다. 이걸 잊지 말아야 합니다. 주의 영이 계신 곳에 자유함이 있느니라― 이 얼마나 귀중한 신학적 선포인지 알 수 없습니다.

신학자 에밀 부르너는 그의 명저인 「Justice And Freedom」에서 유명한 말을 했습니다. '인간은 자유하다. 그러나 하나님께 얽매이는 자유, 그 외에 자유는 없다.' 하나님의 뜻에 얽매이는 것, 거기에 속박되는 것, 그 속에 자유가 있다, 이것입니다. 진리를 떠나고, 공의를 떠나고, 양심을 떠난 자유는 자유가 아니라 감옥입니다. 이제는 다 알았잖아요? 세상을 살면서 경험했잖아요? 참 자유는 영적인 것이고, 하나님의 자녀 됨을 확증해주시는 그 거룩한 은총 속에 있는 것입니다. 자유는 물질적인 것이 아닙니다. 자유는 정치적인 것도 아닙니다. 많이 경험했습니다. 참 자유는 양심에 있고, 신앙에 있습니다. 하나님께서 내게 성령으로 말씀하십니다. "내가 너를 사랑하노라." 이렇게 말씀하실 때 자유할 수 있습니다. 주의 영이 계신 곳, 율법과 저주로부터 자유함을 받는 바로 거기에 말입니다. 성령은 진리의 영, 사랑의 영입니다. 그리고 자유의 영입니다. 우리는 모든 것에 다 부족함을 느끼고, 부자유함을 느낍니다. 경제적으로, 정치적으로, 지적으로…… 모든 면에서 그렇습니다. 그러나 깊은 곳에서 주의 영, 그리스도의 영을 만날 때 그는 자유할 수 있습니다. 그 어느 순간에도 하나님의 자녀 됨의 큰 자유를 만끽할 것입니다.

멀리 도망갔던 새가 다시 돌아와 새장으로 들어갑니다. 이제는 그 새장이 그의 안식처가 됩니다. 우리에게는 지금 많은 경제적, 정치적, 문화적인 부자유함이 있습니다. 그러나 우리가 주의 영이 계신 곳, 주님께서 나와 함께하시는 주의 사랑을 항상 마음속에서 확증해나갈 때 그곳에 자유함이 있습니다. 자유가 있는 그곳에 영생이 있습니다. △

무엇 때문입니까

예수께서 길을 가실 때에 날 때부터 맹인 된 사람을 보신지라 제자들이 물어 이르되 랍비여 이 사람이 맹인으로 난 것이 누구의 죄로 인함이니이까 자기니이까 그의 부모니이까 예수께서 대답하시되 이 사람이나 그 부모의 죄로 인한 것이 아니라 그에게서 하나님이 하시는 일을 나타내고자 하심이라 때가 아직 낮이매 나를 보내신 이의 일을 우리가 하여야 하리라 밤이 오리니 그 때는 아무도 일할 수 없느니라 내가 세상에 있는 동안에는 세상의 빛이로라 이 말씀을 하시고 땅에 침을 뱉어 진흙을 이겨 그의 눈에 바르시고 이르시되 실로암 못에 가서 씻으라 하시니 (실로암은 번역하면 보냄을 받았다는 뜻이라) 이에 가서 씻고 밝은 눈으로 왔더라 이웃 사람들과 전에 그가 걸인인 것을 보았던 사람들이 이르되 이는 앉아서 구걸하던 자가 아니냐 어떤 사람은 그 사람이라 하며 어떤 사람은 아니라 그와 비슷하다 하거늘 자기 말은 내가 그라 하니 그들이 묻되 그러면 네 눈이 어떻게 떠졌느냐 대답하되 예수라 하는 그 사람이 진흙을 이겨 내 눈에 바르고 나더러 실로암에 가서 씻으라 하기에 가서 씻었더니 보게 되었노라 그들이 이르되 그가 어디 있느냐 이르되 알지 못하노라 하니라

(요한복음 9 : 1 - 12)

무엇 때문입니까

    여러분이 너무나 잘 아시는 발명왕 토마스 에디슨은 젊은 시절에 청각장애가 생겼습니다. 쉽게 말하면, 귀머거리가 된 것입니다. 그러나 그는 낙심하지 아니하고 열심히 공부하고 연구해서 우리가 아는 대로 세상이 다 기억하는 발명왕이 되었습니다. 지금 우리가 이렇게 밝은 빛을 보고 있습니다마는, 이 전기와 전등이 바로 토마스 에디슨이 발명한 것입니다. 그렇게 불행한 가운데 있었지만, 그는 낙심하거나 절망하지 않았습니다. 열심히 그 불행을 딛고 한평생 일해서 많은 사람에게 혜택을 주는 천 가지가 넘는 발명품을 만들었습니다. 에디슨 박물관에 가면 며칠을 두고 보아도 정신없이 빠져들 만큼 신기하고 재미있는 그의 발명의 흔적들을 많이 볼 수가 있습니다. 오히려 말년에 그는 이렇게 귀담아들을 만한 고백을 합니다. "참으로 감사한 것은 내가 젊은 날에 귀머거리가 됨으로써 연구에 몰두할 때 잡음이 들리지 않았다는 것이다. 청각장애는 나에게 많은 도움이 되었다." 많은 것을 생각하게 하는 말 아닙니까.

    인간만이 지닌 특징이 무엇일까요? 바로 생각하는 능력입니다. 그래서 철학자 데카르트는 이런 유명한 말을 합니다. "I think that I am(내가 생각한고로 내가 있다)." 생각하면 있는 것이고, 생각하지 않을 때 인간이 아닌 것입니다. 여러분, 깊이 생각해보십시다. 생각하는 것, 얼마나 중요합니까. 사람은 생각하고 행동하고야 인간입니다. 그런데 잠깐 빗나가면 이 생각이 의심이 됩니다. 의심 다음에는 고민입니다. 그래서 이 데카르트의 유명한 말도 실은 철학적으로 분석할 때 이렇게 고쳐서 번역하는 학자들이 많습니다. "내가 의심함으로 내가 있다." 생각이 좋은 방향으로 가면 얼마나 아름답고 인간을 인간 되게 하는 일입니까. 하지만 이 생각이 잘못되면 고민이 됩니다. 고민이 또 잘못되면 절망이 됩니다. 이것이 인간입니다. 그래서 생각함으로 고상한 인간이고, 생각함으로 가장 불행한 인간입니다. 이것이 인간의 모습이다, 이것입니다.

　오늘본문에 대단히 중요한 말씀이 나옵니다. 여기 소경 한 사람이 있습니다. 이 사람은 나면서부터 소경입니다. 그래서 의지할 곳도 없고, 살길이 없어서 그렇듯 거리에 앉아 손을 내밀어 구걸을 하고 있습니다. 나이가 벌써 40입니다. 이 나이까지 그토록 불행하게 살아온 것입니다. 이렇게 나면서부터 소경 된 사람이 있는데, 이 사람이 있는 바로 그곳을 예수님과 제자들이 지나갑니다. 아무도 이 사람에 대해서 관심이 없습니다마는, 이 시간 이 소중한 기회를 놓치지 않고 사람들이 예수님께 물어봅니다. "이 사람이 소경으로 태어난 것이 누구의 죄 때문입니까?" 소경 된 원인을 묻는 것입니다. 그 원인을 추구하는 것입니다. "누구의 죄 때문입니까? 무엇 때문입니까?" 이렇게 원인을 추구할 때 우리는 물리적으로, 생리학적으로, 지적으로, 사회학적으로, 또 정치적으로 여러 가지 이유를 물을 수 있겠습니다. 그 가운데 하나 뺄 수 없는 것은 바로 도덕적인 원인입니다. "도덕적으로 무엇이 잘못되어서 이 사람이 소경입니까?" 이렇게 묻는 것입니다. 또 누구의 죄 때문이냐고 할 때 여기에는 중요한 의미가 있습니다. 종교적이고 신학적인 질문입니다. 더 나아가 이것은 율법적인 질문입니다. 사람은 불행을 당할 때마다 두 가지 대답을 합니다. 하나가 율법적인 대답이고, 또 하나가 운명적인 대답입니다. 그래서 무언가 죄가 있고 잘못이 있어서 이런 불행이 있다고 생각하는 것입니다. 우리는 흔히 이런 속된 말을 합니다. "전생에 무슨 죄가 있어서?" 생각을 하다 못 해 전생까지 올라가서 오늘의 불행의 원인을 유추해보는 것입니다. 율법적인 추리입니다. 그런가 하면 또 하나는 운명적인 것입니다. 숙명적으로 이런 운명을 타고났다고 하는 것입니다.

오늘 본문은 말씀합니다. "누구의 죄로 인함이니이까……(2절)" 중요한 질문입니다. 본인의 죄입니까? 아니면 부모의 죄입니까? 본인의 죄라면 나기 전에 무슨 죄가 있었습니까? 또 부모의 죄라면 본인은 억울한 것 아닙니까. 본인에게는 그처럼 불행한 일이 없는데, 어찌 이런 일이 있습니까? 대단히 중요한 질문입니다. "이 사람이 장님으로 태어난 것이 누구의 죄 때문입니까? 오늘 나의 불행은 누구의 죄 때문입니까? 오늘 우리의 이 현실은 누구의 죄 때문입니까? 누구 때문입니까?" 이렇게 우리는 묻고 있습니다. 예수님께서는 이 질문에 대단히 중요하고도 보기 드문 대답을 하십니다. 아주 은총적인 대답입니다. "이 사람이나 그 부모의 죄로 인한 것이 아니라 그에게서 하나님이 하시는 일을 나타내고자 하심이라(3절)." 많은 사람이 고민을 하지만, 그 원인을 알 수 없습니다. 해답이 없습니다. 그러나 예수님께서는 초월적이고 은총적인 세계관에서 아주 분명한 대답을 하십니다. "하나님이 하시는 일을 나타내고자 하심이라." 여기에는 두 가지 의미가 있습니다. 우선은 하나님의 뜻이 그 속에 있다는 것입니다. 하나님께서 하고자 하시는 하나님의 숨겨진, 신비로운 의지가 있다는 것입니다. 그리고 두 번째는 나타내고자 하심이라는 것입니다. 하나님께서 이 사람을 통해서 나타내고자 하시는 일이 있다는 것입니다. 그것을 위해 이 사람은 오늘까지 40년 동안을 이렇게 시각장애인으로 살아왔다고 말씀하시는 것입니다. 그런데 이 속에 한 가지 더 신비로운 대답이 있습니다. 그것은 과거의 문제가 아니라는 것입니다. 과거에 부모가 잘못해서가 아니라는 것입니다. 본인의 잘못된 과거로 말미암아서도 아닙니다. 다시 말해서, 죄로 말미암은 형벌이라는 해석이 아닌 것입니다. 그러니까 과거 때문에 현재의 불행이 있다는 것이 아닙니다. 예수님의 대답은 너무나 놀랍습니다. 미래 때문에, 미래에 있을 큰 구속적 역사 때문에 오늘 이 사람의 불행이 있다는 것입니다.

이런 비근한 예를 들어보겠습니다. 어떤 죄수가 감옥에서 10년, 20년, 오래도록 고생을 합니다. 이 죄수, 어떤 생각을 하겠습니까? '내가 그때 그러지 말았어야 했는데……' 하지 않겠습니까. 지난날 있었던 잘못된 사건 하나로 말미암아 내가 여기서 이렇게 오랜 세월 동안 감옥생활을 하고 있다고 생각하는 것입니다. 과거의 잘못 때문에 현재의 고통이 있다고 생각하는 것입니다. 그러나 또 한 사람이 있습니다. 요즘 우리 아이들 공부하는 것 좀 보십시오. 요새 공부하는 학생들 정말 고생 많이 합니다. 제가 승강기에서 만날 때마다 가만히 보면 이 아이들이 도시락을 두 개씩 싸가지고 갑니다. 그걸 이렇게 어깨에 메고 가는데, 제가 한번 들어봤거든요? 상당히 무겁더라고요. 이걸 들고 새벽에 공부하러 나가는 모습을 보고 제가 한마디 했습니다. "너희들 참 고생한다. 나는 옛날에 너희처럼 고생하진 않았다." 요새 아이들 공부하느라고 정말 고생합니다. 놀러 가지도 못하고, 얼굴이 노랗게 되어가면서 하는 고생이 어디 보통 고생입니까. 하지만 이 고생은 어디까지나 미래를 바라보며 하는 고생입니다. 과거가 아니라 미래 때문입니다.

　예전에 제가 프린스턴에서 공부할 때 영어는 잘 안 되는데 숙제는 많고, 그러다 보니 공부가 자꾸 밀리고, 그러면서 논문도 내야 하고, 해서 너무나 힘들었습니다. 이미 돌아가신 분입니다마는, 제 친구인 구영환 박사도 너무나 힘들어했습니다. 그분은 저보다 더 힘들었던 것이, 결혼하고 고작 6개월 만에 혼자 유학을 왔거든요. 그러니 고국에 있는 아내 생각도 많이 나고 해서 여러 가지로 힘들어했습니다. 그래 그럴 때 저를 만나면 꼭 이렇게 하소연을 했습니다. "목사님, 우리는 전생에 무슨 죄가 그리 많아서 이 고생을 하는 것입니까?" 그래 제가 이랬지요. "그럼 집어치우고 돌아가면 되지 않겠나?" "아, 그럴 수도 없잖아요. 지금 형편이……" 여러분, 가끔 우리는 '전생에 무슨 죄가 많아서?' 하고 생각합니다. 이것은 과거입니다. 과거의 이야기입니다. 과거 때문에 현재가 있다는 것입니다. 그러나 예수님의 말씀은 아닙니다. 미래 때문에 현재가 있다는 것입니다. 여러분, 잊지 말아야 합니다. 이것은 엄청난 차원의 다른 해석입니다. 미래, 밝은 미래, 그 큰 영광의 미래 때문에 오늘 내가 이런 고생을 한다는 것입니다. 예수님 말씀입니다.

　그리고 다음 단계가 있습니다. 하나님께서 하고자 하시는 일, 하나님의 경륜, 하나님의 섭리가 여기에 있다, 이것입니다. 나타내고자 하심이라— 이것은 계시입니다. 하나님께서 하고자 하시는 일이 그대로 숨어 있어서는 안 됩니다. 여기에서 나타나야 합니다. 여기에 나타나는 현실화된 사건, 이 구원의 사건을 위하여 이 사람의 불행이 있다고 말씀하시는 것입니다. 그러기 위해서 가장 중요한 일은 예수님과의 만남입니다. 나면서부터 소경 된 이 사람이 예수님을 만납니다. 이것이 중요합니다. 하나님의 경륜 속에 예수님을 일대일로 만나게 됩니다. 그리고 그 만남을 통하여 하나님께서 하고자 하시는 일이 나타나게 됩니다. 만남의 사건은 중요합니다. 여러분, 언제라도 예수님을 만나야 합니다. 나와 예수님이 일대일로, 아주 종말론적으로 만나야 합니다. 예수님과의 만남, 내 일생의 처음이자 마지막인 그 만남의 관계가 오늘 이 사람의 불행의 문을 열 수 있는 것입니다. 그리고 그 만남 속에서 예수님께서 말씀하셨고, 또 이 사람은 예수님의 말씀을 듣고 순종합니다.

    그런데 오늘본문말씀은 아무리 생각해도 인간적으로는 좀 이해가 안 되는 면이 있습니다. 아니, 그냥 손으로 눈을 만지시면서 "눈을 떠라!" 하시면 되잖아요? 늘 그래왔으니까요. 그런데도 오늘따라 예수님께서는 이상하게 행동하십니다. 침을 땅에다 뱉으시더니 그걸 흙으로 이기셔서 눈에다 바르신 것입니다. 여러분, 장님의 눈은 눈이 아닙니까? 사람은 눈에 아주 작은 티끌만 들어가도 아파서 눈을 뜨지도 못하는데, 지금 무엇을 하시자는 것입니까? 예수님께서 이렇게까지 하시는데도 그 맹인이 참았다는 것이 참 용합니다. 저 같으면 못 참았을 것입니다. 그렇잖아요? 아니, 지금 이게 뭐 하자는 것입니까? 그런데도 그 맹인은 이 고통을 꾹 참아낸 것입니다. 게다가 예수님께서는 그에게 당장 눈을 뜨라고 하지도 않으시고, 이렇게 시키십니다. "실로암 못에 가서 씻으라(7절)." 실로암 못까지는 한 5리 정도의 거리입니다. 이 맹인이 지팡이를 짚고 그곳까지 가려면 어정어정 두어 시간은 족히 걸리는 거리입니다. 하지만 예수님께서는 실로암 못에 가서 씻으라고만 하셨습니다. 성경에는 그다음에 대한 설명이 없습니다. 실로암 못에 가서 눈을 씻으면 어떻게 된다는 말씀도 없습니다. 이 사람이 지팡이를 짚고 혼자서 어정어정 실로암까지 가는 모습을 한번 상상해보십시오. 대단한 믿음 아닙니까. 속으로 얼마나 의심이 들었겠습니까. 이렇게 생각하지 않았겠습니까. "이거 일진이 사납구나. 어쩌다 내가 이렇게 되었나? 내가 지금 뭘 하고 있는 건가? 하지만 그분이 내게 실로암 못에 가서 씻으라 하셨어. 그럼 씻는 거지, 무슨 얘기가 더 필요한가?" 그는 그렇게 실로암 못까지 가서 눈을 씻고 눈을 뜨게 됩니다. 굉장한 사건입니다. 그래서 많은 사람이 그에게 물어봅니다. "당신, 어떻게 눈을 떴소?" 이 소경은 대답합니다. "예수라 하는 분이 그곳에 가서 씻으라 하셔서 내가 가서 씻었더니 정말로 눈을 떴소." 사람들이 다시 묻습니다. "그 사람이 지금 어디에 있소?" 그때 그가 하는 말입니다. "모르오. 하지만 내가 아는 한 가지는 그가 말씀하신 대로 내가 실로암 못에 가서 씻었더니 보게 된 것이오." 이 얼마나 간단하고 확실한 대답입니까. 그분이 말씀하신 대로 믿고 순종했더니 내가 눈을 떴노라— 그렇게 간증하고 있습니다. 너무나 확신에 찬 믿음의 간증입니다.

이 사람이 지팡이를 짚고 실로암 못까지 어정어정 가는 길이 얼마나 고독한 길이었겠습니까. 얼마나 답답하고, 많은 복잡한 문제가 머리에 스쳤겠습니까. 그러나 그는 모든 의심을 극복하고 실로암 못까지 갑니다. 중간에 포기하지 않고, 의심을 극복하고, 마침내 주의 영광을 보게 됩니다. 생각하면 아브라함도 믿음의 길을 향해서 고향을 떠난 그 길이 참 고독한 길이었습니다. 모세가 광야에서 40년 동안 양을 칩니다. 고독한 길이었습니다. 믿음의 사람들이 다 그랬습니다. 하나님의 말씀을 따라서 살고, 하나님의 음성을 듣고 순종하는 것은 고독한 길입니다. 오늘 이 사람 역시도 순종함으로 눈을 뜨게 됩니다. 이 소경은 이제 압니다. '내 눈을 뜨게 하신 분은 예수 그리스도시요, 그분은 메시아시다.' 그리고 하나님께 영광을 돌립니다.

우리가 원인 모르는 고통에 시달리고 있습니다. 왜 이런 일이 있어야 하는지, 앞으로 일이 어떻게 될는지 아무도 모릅니다. 난파선 같은 배에서 우리는 시달리고 있습니다. 그러나 한 가지는 잊지 마십시오. 과거는 과거대로 잘못도 많았습니다. 미래는 미래대로 암담합니다. 그러나 모든 생각을 멈추십시오. 주님과 만나고, 주님의 음성만 들으십시오. 실로암 못에 가서 씻으라—

여러분, 오늘 우리에게 말씀하시는 그 말씀을 조용히 듣고 그대로 응답합시다. 그럴 때 주의 영광이 나타납니다. 하나님께서 하고자 하시는 일이 우리 모두에게 있습니다. 모든 사건에 있습니다. 조그마한 일이든 큰일이든, 건강한 때든 병든 때든, 성공할 때든 실패할 때든 모든 사건 속에 하나님께서 하고자 하시는 일이 숨어 있습니다. 그 하나님께서 하고자 하시는 일이 나타나고, 계시화가 되기 위해서는 우리의 작은 믿음과 순종이 필요합니다. 여러분, 오늘의 불행을 더는 남에게 묻지 말고, 나 자신을 탓하지도 마십시오. 하나님께서 하고자 하시는 일이 여기에 있음을 믿고, 조용히 말씀에 순종할 때 주의 거룩한 역사는 나타날 것입니다.　△

참 사랑의 검증

   하나님이 우리를 사랑하시는 사랑을 우리가 알고 믿었노니 하나님은 사랑이시라 사랑 안에 거하는 자는 하나님 안에 거하고 하나님도 그의 안에 거하시느니라 이로써 사랑이 우리에게 온전히 이루어진 것은 우리로 심판 날에 담대함을 가지게 하려 함이니 주께서 그러하심과 같이 우리도 이 세상에서 그러하니라 사랑 안에 두려움이 없고 온전한 사랑이 두려움을 내쫓나니 두려움에는 형벌이 있음이라 두려워하는 자는 사랑 안에서 온전히 이루지 못하였느니라 우리가 사랑함은 그가 먼저 우리를 사랑하셨음이라 누구든지 하나님을 사랑하노라 하고 그 형제를 미워하면 이는 거짓말하는 자니 보는 바 그 형제를 사랑하지 아니하는 자는 보지 못하는 바 하나님을 사랑할 수 없느니라 우리가 이 계명을 주께 받았나니 하나님을 사랑하는 자는 또한 그 형제를 사랑할지니라

(요한1서 4 : 16 - 21)

참 사랑의 검증

저는 이 본문 말씀을 읽을 때마다 늘 생각나는 재미있는 에피소드가 하나 있습니다. 어느 목사님이 한 신혼부부의 결혼주례를 했습니다. 그리고 그 두 사람이 신혼여행을 떠날 때 축복하는 마음으로 그들을 전송했습니다. 얼마 뒤 그 신혼부부가 신혼여행지에 도착했으리라 생각되는 시간쯤에 이 목사님은 그 신혼부부에게 결혼축전을 보냈습니다. 지금같이 마음대로 전화도 되고, 편리하게 인터넷을 할 수 있는 시절이 아니었기 때문에 우체국에 가서 전보를 친 것입니다. 그 내용이 바로 오늘본문에 있는 말씀입니다. "사랑 안에 두려움이 없고 온전한 사랑이 두려움을 내쫓나니……(18절)" 이 성경말씀을 그 신혼부부가 결혼 첫날 읽고 기도하며 출발하기를 바라는 마음으로 축전을 보낸 것입니다. 그런데 우체국의 담당 직원이 '요한1서 4장 18절'이라고 해야 할 것을 실수로 '요한1서'에서 1자를 빼먹고 '요한복음 4장 18절'이라고 해서 전보를 쳤습니다. 그 신혼부부가 저녁에 둘이 마주 앉아 목사님이 보내주신 전보를 보고 성경을 펼쳐서 요한복음 4장 18절을 찾았습니다. 이런 말씀이 있었습니다. "너에게 남편 다섯이 있었고 지금 있는 자도 네 남편이 아니니 네 말이 참되도다." 그래서 두 사람이 그걸 읽고 기절할 뻔했다고 하는 이야기입니다.

오늘본문은 말씀합니다. "사랑 안에 두려움이 없고……(18절)" 얼마나 귀한 말씀입니까. 바꿔서 생각해보십시오. 두려움이 있습니다. 그것은 사랑하지 않기 때문입니다. 아직도 근심 걱정이 있습니다. 그것은 사랑을 믿지 못하기 때문입니다. 사랑 안에 두려움이 없고— 우리는 두려워할 때마다 무엇이 부족하다, 무엇 때문이다, 누구 때문이다, 하고 원인을 추궁합니다마는, 하나 잃어버린 것이 있습니다. 사랑 안에는 두려움이 없다는 것입니다. 그러니까 마음속에 사랑이 없고, 사랑이 식은 것입니다. 사랑을 잃어버린 것입니다. 이것이 문제일 뿐입니다.

오늘본문은 참사랑의 속성과 그 깊은 의미를 잘 말씀해줍니다. 호 데우스 아가페 에스틴, 하나님은 사랑이시다— 유명한 말씀입니다. 또 중요한 말씀입니다. 하나님은 사랑이시다— 성경 전체에서 여러 번 나옵니다. 오늘본문에는 두 번 나옵니다. 하나님은 사랑이시라— 딱 한 마디로 잘라서, 하나님은 사랑이시다, 이것입니다. 위대한 고백입니다. 여기까지 도달하기 위해서는 먼저 알아야 합니다. 알고 믿어야 합니다. 먼저 하나님을 알고, 그 사랑을 알게 될 때 하나님은 사랑이심을 고백할 수 있게 되는 것입니다. 또 하나님의 사랑을 믿게 될 때 비로소 하나님은 사랑이시라고 말할 수 있는 것입니다. 사랑은 있습니다. 확실합니다. 실재합니다. 그러나 내가 사랑을 모르고 있습니다. 내가 사랑을 믿지 않습니다. 거기에 문제가 있는 것입니다.

사랑 없이는 태어나지도 못하고, 사랑 없이는 살지도 못합니다. 그러나 사람들은 가끔 사랑을 잊어버립니다. 우리는 사랑을 이해합니다. 사랑의 본질에는 변함이 없습니다. 어머니의 자식 사랑, 변함이 없는 것입니다. 세상에 어느 부모가 자식을 사랑하지 않겠습니까. 이것은 분명한 사랑입니다. 하지만 자식의 입장에서는 그렇지가 않습니다. 어떤 때에는 어머니가 나를 사랑하시는 것 같고, 어떤 때에는 어머니가 나를 미워하시는 것 같습니다. 영영 사랑하지 않으시는 것 같습니다. 거기에 문제가 있습니다. 칭찬만 사랑인 것은 아닙니다. 징계도 사랑입니다. 우리가 좋은 선물을 받고, 칭찬을 받을 때 사랑받는다고 느끼겠지마는, 매를 맞고 징계를 받을 때도 그것을 사랑이라고 느낍니까?

저는 아버지께 매를 많이 맞았습니다. 제가 잘 기억합니다. 저는 17살까지 매를 맞았습니다. 언젠가 한 번은 아버지가 저를 때리셨을 때 어머니가 그 아버지를 붙들고 한마디 하시는 것을 제가 문밖에서 들었습니다. "당신, 아들을 사랑하는 거요, 안 하는 거요? 오늘은 분명히 당신이 잘못한 것 같은데, 왜 다 큰 아이를, 말로 해도 되는데, 그렇게 때려요? 당신은 아들을 사랑하는 거요, 안 하는 거요?" 우리 어머니가 세시거든요. 그런 분이 이렇게 다그쳐 물으시더라고요. 제가 문밖에서 그 소리를 들었습니다. 그때 아버지의 말씀이 이랬습니다. "자식은 속으로 사랑하는 거지, 겉으로 사랑하는 게 아니야. 내 마음도 편치 않아. 그러나 이래야 되기 때문에 내가 때린 거야." 그 말씀을 듣고 제가 속으로 생각했습니다. "아버지가 나를 사랑하시기는 사랑하시는가보다." 그리고 얼마 뒤에 저는 강제노동수용소에 들어가게 되었습니다. 거기서 8개월을 지내다가 도망쳐 나와 산속에 숨어 있었습니다. 참 위험한 때 아닙니까. 그때 아버지가 제게 몰래몰래 식량을 공급해주셨습니다. 제가 그 산속에 몇 달을 숨어 있었는데, 그동안 아버지께서는 몰래몰래 나뭇짐 속에 미숫가루를 숨겨 오기도 하셨고, 어떤 때는 닭도 한 마리 잡아 튀겨가지고 오기도 하셨습니다. 그렇게 먹을 것을 짊어지고 몇 십 리 길을 올라오셔서 산속의 약속한 장소에서 저를 만나시는 것입니다. 그러다

들키면 바로 총살입니다. 위험천만한 길입니다. 그래도 아버지께서는 제가 먹을 식량을 가지고 계속 올라오셨습니다. 그래 저를 만나시면 짐을 풀어놓으시고 나지막이 "많이 먹어라!" 하고 한마디를 하신 다음 말없이 기다리십니다. 그리고 잠시 뒤에 "몸조심해라!" 하고 딱 한 마디를 하시고는 산을 내려가셨습니다. 그렇게 산을 내려가시는 아버지의 뒷모습을 보면서 제가 속으로 이렇게 맹세를 했습니다. "아버지, 제가 산에서 내려가면 정말 효도하겠습니다!"

여러분, 어느 부모가 자식을 사랑하지 않겠습니까. 그러나 사랑하는 방법은 내 마음과 같지 않습니다. 칭찬만 하는 것이 아닙니다. 징계도 합니다. 이 징계 속에서 사랑을 느껴야 합니다. 성경은 분명히 말씀합니다. 징계가 없으면 친아들이 아니니라— 그렇다면 깊이 생각해야 합니다. 고린도전서 13장에 이런 말씀이 있습니다. "장성한 사람이 되어서는 어린 아이의 일을 버렸노라(11절)." 어린아이의 일을 버렸노라— 어린아이는 흑백논리입니다. '이런 것은 사랑하는 것이고, 저런 것은 미워하는 것이다. 내 마음대로 되는 것은 사랑이고, 내 마음대로 안 되는 것은 사랑이 아니다. 내가 원하는 것을 주면 사랑이고, 안 주면 사랑이 아니다.' 이렇게 유치한 때가 있습니다. 이런 유치한 사랑의 인식이 있는 것입니다. 하지만 성경은 말씀합니다. "어린 아이의 일을 버렸노라." 이제는 시련을 사랑으로, 징계를 사랑으로 받아들일 수 있는 수준에 도달해야 한다는 말씀입니다.

오늘 본문을 깊이 생각하면 사랑은 분명한데, 사랑을 이해하는 프로세스가 있습니다. 어느 정도 이해하고 있느냐, 어느 정도 깨닫고 있느냐, 어느 정도 느끼고 있느냐는 것입니다. 성숙한 수준에 도

달할 때 우리는 '하나님은 사랑이시다. 사랑 아닌 것이 없다. 전체가 사랑이다'라고 고백하게 되는 것입니다. 이렇게 사랑을 알고, 사랑을 믿는 수준에 도달해야 한다는 것입니다. 오늘본문은 우리에게 좀 더 세밀하게 가르쳐줍니다. 사랑의 본질은 이렇습니다. "그가 먼저 우리를 사랑하셨음이라(19절)." 사랑의 initiative, 그 주도권이 누구에게 있다는 것입니까? 자식이 부모를 사랑합니까, 부모가 자식을 사랑합니까? 내가 저를 사랑하는 것입니까, 저가 나를 사랑하는 것입니까? 내가 사랑한 것입니까, 내가 사랑을 받는 것입니까? 철학이 이것을 잘 정리해줍니다. 더구나 헬라어로 이것이 잘 나타나 있습니다. 앤더스 니그렌이 쓴 「Agape and Eros」라는 유명한 책이 있습니다. 이 책에서 그는 사랑에 대해서 잘 정리하고 있습니다. 에로틱한 사랑은 내가 먼저 사랑하는 것을 말합니다. 내가 사랑해서 사랑을 받아내는 것입니다. 내가 사랑해서 사랑의 대가로 사랑을 받는 것입니다. 보상적으로 사랑을 받는 것입니다. 이것이 에로스입니다. 그리고 아가페라는 것은 그가 먼저 사랑한 것입니다. 그리고 그 사랑에 응답하는 것입니다. 그 사랑에 감격하고 감사하는 것, 이것이 아가페입니다.

오늘본문은 아가페를 말씀하고 있습니다. 그가 먼저 사랑하셨다― 여러분, 잊지 말아야 합니다. 로마서 5장 6절은 말씀합니다. "우리가 아직 연약할 때에……" 연약할 때 사랑을 받았다, 이것입니다. 무엇입니까? 유치할 때, 몰랐을 때를 말씀하는 것입니다. 늘 얘기합니다마는, 여러분은 어머니 젖 먹던 생각이 납니까? 가끔은 실제로 젖 먹던 생각이 난다는 사람이 있습니다. 그런 사람은 다섯 살까지 어머니 젖을 먹은 사람입니다. 언젠가 한 번은 이 말씀으로 설

교를 하고 문 앞에 나와서 성도분들하고 악수를 하는데, 어느 집사
님이 이럽니다. "목사님, 저는 여덟 살까지 먹었어요. 학교 갔다 와
서도 먹었어요." 그런 분이 진짜로 있더라고요. 여러분, 그러나 잊지
말아야 합니다. 사람은 네 살 전의 일을 기억하지 못합니다. 무엇입
니까? 그 어린 시절에 우리는 인생에서 가장 중요한 사랑, 제왕적인
사랑, 황제 같은 사랑을 받았는데, 그 소중한 사랑에 대한 기억은 없
다는 것입니다. 분명히 받기는 받았습니다. 어머니의 젖을 먹었습니
다. 그러나 기억이 없는 것입니다. 그렇듯 엄청난 사랑을 받았으니,
이제부터 나는 그 사랑을 깨달아 가야 하는 것입니다. 또 로마서 5장
8절은 말씀합니다. "우리가 아직 죄인 되었을 때에……" 아주 중요
한 말씀입니다. 내가 의인 되어서 사랑을 받은 것이 아닙니다. 죄인
되었을 때 사랑을 받아서 의인이 된 것입니다.

여러분, 혹시라도 나는 이제부터 죽을 때까지 죄를 절대 짓지
않겠다고 말할 사람 있습니까? 그럴 사람은 아무도 없습니다. 그러
니까 과거도 죄인이고, 현재도 죄인이고, 앞으로도 죄인인 것입니
다. 왜요? 또 죄를 지을 것이니까요. 죄인이었을 때 사랑받았다는
것을 잊지 마십시오. 조금이라도 의인이 되고, 깨끗하고, 정결하고,
선해서 사랑을 받으리라고 착각하지 마십시오. 사랑의 본질을 잘못
안 것입니다. 부모는 자식을 사랑하되 잘해도 사랑하고, 못해도 사
랑합니다. 공부를 잘해도 사랑하고, 못해도 사랑하는 것입니다. 건
강해도 사랑하고, 병들어도 사랑하는 것입니다. 그 사랑에 변함이
없는 것처럼 우리가 하나님 앞에 죄인이었을 때 사랑받았다는 것을
잊지 마십시오. 또한, 하나님과 원수 되었을 때 사랑을 받았습니다.
하나님의 뜻을 거스르고, 대항하며, 그런 존재로 사랑을 받는, 적극

적이고 창조적인 사랑을 우리가 받고 있다, 그 말입니다. 하나님께서 먼저 우리를 사랑하셨고, 우리는 그 사랑에 응답하고 있는 것입니다. 사랑의 원뿌리는 하나님이십니다. 십자가로 하나님의 사랑을 우리에게 계시해주셨습니다. 사랑에 의심이 있습니까? 다시 십자가를 바라보십시오. 내가 십자가를 바라볼 때 십자가에서 내게 말씀이 들려옵니다. "내가 너를 사랑하노라. 하나님은 사랑이시다."

그런고로 우리의 사랑은 그 거룩한 사랑에 대한 응답입니다. 당연한 것입니다. 사랑받았으니 사랑하는 것입니다. 엄청난 사랑을 받았으니까 이제 우리는 사랑할 수밖에 없는 것입니다. 이 사랑에 종이 되는 것입니다. 그런데 이 사랑은 다시 힘으로 작용합니다. 그래서 오늘본문은 말씀합니다. "사랑 안에 두려움이 없고……(18절)" 이 사랑을 알고, 이 사랑을 믿는 순간 마음에서 두려움이 싹 사라집니다. 사랑 안에 두려움이 없고, 참사랑은 두려움을 물리칩니다. 모든 근심 걱정을 다 물리칩니다. 여러분, 많은 근심과 걱정에 매일 때 다시 한번 하나님의 사랑, 십자가의 사랑을 확인하십시오. 그럴 때 안개처럼 우리 마음에서 두려움이 싹 사라지게 될 것입니다.

데니스 웨이틀리가 쓴 「Seeds of Greatness」라는 유명한 책이 있습니다. 이 책에서 그는 사랑의 속성에 대해서 재미있는 말을 합니다. 사랑을 영어로 love라고 하지 않습니까. L, O, V, E. 이 네 글자를 놓고 나름대로 풀이를 한 것입니다. 먼저 L은 listening, 듣는 것이 사랑이라는 것입니다. 내가 말하는 것이 아니고, 듣는 것입니다. 상대방의 말이 잘 들리고, 재미있게 들리면 사랑하는 것이지만, 듣고 싶지 않으면 문제가 있는 것입니다. 한창 연애할 때를 생각해보십시오. 상대방의 말을 밤새껏 들어도 재미있지 않았습니까. 그냥 들리는 것입니다. 너무나 사랑스럽게 들리는 것입니다. 들리는 것, 듣는 것, 듣는 자세— 이것이 사랑이라는 것을 잊지 마십시오. 그런 가 하면 O는 overlooking, 눈감아주고, 모른 척하는 것입니다. 사랑 하는데, 너무 민첩하면 안 됩니다. 이런 일, 저런 일에 알고도 사랑 하고, 모르고도 사랑하고, 그저 눈감아주는 것이 참 중요합니다. 우 리 어머니들 가운데 너무 똑똑한 어머니가 많습니다. 그래서 아이들 을 자꾸 이렇게 다그칩니다. "야, 내가 너 모를 줄 아냐? 이놈아, 내 가 네 속에 들어갔다 나왔다, 이놈아!" 이러니까 아이들이 가출하는 것입니다. 그저 아이들은 모른 척하십시오. 알고도 모른 척, 모르고 도 모른 척하는 것이 사랑입니다. 그다음에 V는 valuing, 가치를 인 정해주는 것입니다. "너는 소중하다. 네가 있음으로 내가 있다. 네가 있음으로 나의 존재가 있다. 너는 참으로 소중하다." 이렇게 아이들 의 가치를 인정해주는 것이 사랑이다, 이것입니다. 마지막으로 E는 expressing, 표현하는 것입니다. 사랑은 침묵이 아닙니다. 표현해야 합니다. 말로 표현하고, 행동으로 표현해야 합니다. 이것이 사랑이 라고 그는 설명해주고 있습니다.

　여러분, 나의 나약함을 두려워하십니까? 그것은 사랑을 잃어버 린 때입니다. 나에게 두려움이 있다면 그 두려움은 사랑을 믿지 못 하는 순간에 오는 것입니다. 사랑의 무지, 사랑의 불신이 우리로 두 려움에 떨게 만듭니다. 다시 한번 사랑을 확인하십시다. 베드로전서 4장 8절에 유명한 말씀이 있습니다. "사랑은 허다한 죄를 덮느니라." 하나님께서 우리를 대하실 때에도 사랑으로 허다한 허물을 덮으시 고, 우리를 사랑하시는 것입니다.

　탕자가 집에 돌아옵니다. 그는 어쩌면 돈을 많이 벌어가지고 자랑스럽게 금의환향하려고 생각했는지도 모릅니다. 하지만 그는 다 잃어버리고, 거지가 다 되어서 돌아옵니다. 그런 그를 아버지는 환영해줍니다. 아버지는 말합니다. "내가 잃었다 얻은 아들이다." 저는 가끔 이 탕자가 자기를 극진히 환영해주는 아버지를 보면서 무슨 생각을 했을까 궁금합니다. '이럴 줄 알았으면 진작 돌아올걸! 아버지가 아직도 나를 이렇게 사랑하시는데, 이걸 진즉에 알았으면 내가 뭣 하러 그렇게 오래 방황해야 했던가?' 이러지 않았을까요? 여러분, 생각해보십시오. 하나님께서 나를 이처럼 사랑하시는데, 내가 무엇을 더 주저하겠습니까. 오늘본문은 말씀합니다. "사랑 안에 두려움이 없고 온전한 사랑이 두려움을 내쫓나니……(18절)" 하나님은 사랑이시다— 이 귀한 고백이 우리 모두의 고백이 되기를 바랍니다. △

믿음은 선물입니다

　　그는 허물과 죄로 죽었던 너희를 살리셨도다 그 때
에 너희는 그 가운데서 행하여 이 세상 풍조를 따르
고 공중의 권세 잡은 자를 따랐으니 곧 지금 불순종
의 아들들 가운데서 역사하는 영이라 전에는 우리도
다 그 가운데서 우리 육체의 욕심을 따라 지내며 육
체와 마음의 원하는 것을 하여 다른 이들과 같이 본
질상 진노의 자녀이었더니 긍휼이 풍성하신 하나님
이 우리를 사랑하신 그 큰 사랑을 인하여 허물로 죽
은 우리를 그리스도와 함께 살리셨고 (너희는 은혜
로 구원을 받은 것이라) 또 함께 일으키사 그리스도
예수 안에서 함께 하늘에 앉히시니 이는 그리스도 예
수 안에서 우리에게 자비하심으로써 그 은혜의 지극
히 풍성함을 오는 여러 세대에 나타내려 하심이라 너
희는 그 은혜에 의하여 믿음으로 말미암아 구원을 받
았으니 이것은 너희에게서 난 것이 아니요 하나님의
선물이라 행위에서 난 것이 아니니 이는 누구든지 자
랑하지 못하게 함이라 우리는 그가 만드신 바라 그리
스도 예수 안에서 선한 일을 위하여 지으심을 받은
자니 이 일은 하나님이 전에 예비하사 우리로 그 가
운데서 행하게 하려 하심이니라

(에베소서 2 : 1 - 10)

믿음은 선물입니다

이런 재미있는 이야기가 있습니다. 미국의 초대 대통령이었던 조지 워싱턴이 아주 어렸을 때의 일입니다. 하루는 그의 아버지가 이웃 마을로 물건을 사러 간다고 마차를 준비했습니다. 이를 본 조지 워싱턴이 자기도 따라가고 싶다고 애걸했습니다. 아버지는 마지 못 해 허락해주었습니다. 그래 워싱턴은 마차에 올라 아버지 옆자리에 앉았습니다. 그렇게 둘은 마차를 함께 타고 소풍 가듯 이웃 마을로 갔더랍니다. 거기서 아버지는 이 상점 저 상점을 다니면서 물건들을 챙겼습니다. 그러다 보니 같이 온 아들이 옆을 졸졸 따라다니는 것이 아주 거추장스러웠습니다. 하는 수 없이 아버지는 아들을 골목에 딱 세워놓고 일렀습니다. "너, 여기 꼼짝 말고 서 있거라. 그러면 내가 일을 다 본 다음에 너를 데리러 오마." 조지 워싱턴은 "예!" 대답하고 그 골목에 서 있었습니다. 아버지는 혼자서 부지런히 일을 보았지요. 한데, 그러는 동안 이 아버지는 그만 자신이 아들과 함께 왔다는 사실을 깜빡 잊어버렸습니다. 그래 일을 마치고 나서 혼자 마차를 몰고 집으로 돌아갔습니다. 부인이 그를 맞이하면서 묻습니다. "아니, 조지하고 같이 나가셨는데, 그 아이는 어떻게 하고 당신 혼자 오셨어요?" 그 말을 듣고서야 아버지는 깜짝 놀라 정신을 차리고 다시 그 이웃 마을로 급히 마차를 몰고 달려갔습니다. 조지 워싱턴은 그 골목에서 아버지가 이른 그대로 꼼짝도 하지 않고 그 한밤중까지 가만히 서 있었습니다. 아버지는 아들이 무사히 그곳에 있다는 사실에 안도하고 반가우면서도 너무나 미안한 마음에 진심으로 사과했습니다. 그리고 아들을 데리고 집으로 돌아왔는데, 그때가 무려 새벽 3시였습니다. 조지 워싱턴이 골목에 서 있을 때 지나가던 사람들이 그를 보고 이랬답니다. "애야, 그렇게 서 있지 말고 우리 집에 들어와 밥 좀 먹어라. 좀 쉬었다가 서 있어도 된다. 아버지가 찾아오실 것 아니냐." 하지만 워싱턴은 이렇게 말하며 움직이지 않았다는 것입니다. "아닙니다. 아버지께서 꼭 여기로 올 테니까 이 자리에 가만히 서 있으라고 하셨습니다." 그래서 워싱턴은 아버지를 그 자리에서 무사히 만날 수 있었다고 하는 유명한 이야기입니다. 여러분, 아버지는 오십니다. 아버지가 여기에 서 있으라고 말씀하셨습니다. 그 말씀을 믿고, 그 믿음 하나로 이 어린아이가 그 자리를 견뎠습니다. 믿음이라는 것, 얼마나 중요합니까.

　부부 사이가 나쁜 가정이 있었습니다. 언젠가 한 번은 어떤 남편과 아내가 함께 제 사무실로 저를 찾아와 제 앞에서 서로 헐뜯으며 싸우는 모습을 본 적이 있습니다. 아내는 남편의 나쁜 점을, 남편은 아내의 나쁜 점을 서로 질세라 들추어내면서 한바탕 부부싸움을 하는 것입니다. 제가 견디다 못해서 이랬습니다. "이제 그만 합시다. 그리고 하나만 물어봅시다. 이렇게 살려거든 왜 결혼했습니까? 도대체 왜 결혼을 한 것입니까?" 그랬더니 부인의 말이 이랬습니다. "목사님, 제가 그걸 모르겠어요. 제가 왜 이 사람하고 결혼을 했는지 말이에요." 그러자 이번에는 남편이 큰소리로 한마디 합니다. "왜 몰라? 애가 생겨서 했잖아. 우리가 서로 사랑해서 결혼한 거야? 아니잖아. 실수로 결혼한 거라고." 도대체 해결할 길이 없습니다. 한참을 듣다가 제가 마지막으로 한마디 했습니다. "그래도 아이도 있고 하니, 어떻게 다시 살 수 있는 길이 없을까 한번 생각해봅시다."

그랬더니 부인이 이렇게 말을 합디다. "이 남자가 거짓말만 하지 않으면 살겠습니다. 저는 이 사람 말을 도대체 믿을 수가 없어요. 무슨 말을 해도 믿음이 가지를 않아서 못 살겠습니다." 이 소리에는 저도 달리 뭐라 할 말이 없었습니다.

여러분, 가장 큰 고민이 무엇입니까? 가장 큰 고통이 무엇입니까? 무엇 때문입니까? 돈 때문입니까? 아니면, 건강 때문입니까? 아니올시다. 믿음 때문입니다. 하나님을 믿고 싶은데, 믿어지지를 않는 것입니다. 사람도 믿어야 하겠는데, 주변 사람을 아무도 믿을 수가 없는 것입니다. 그래서 내 생각의 영역이 자꾸 좁아지는 것입니다. 믿음의 세계가 넓어져야 이웃도 믿고, 친구도 믿고, 나라도 믿고, 세계도 믿고, 하나님도 믿을 수 있습니다. 이 믿음 속에서, 이 믿음이라는 커다란 품 안에서 비로소 우리가 안위할 수 있는데, 아무것도 믿을 수가 없으니 어쩝니까. 그러다 마지막에는 나 자신도 믿을 수가 없게 됩니다. 그래서 고민입니다.

믿음이라는 것이 무엇입니까? 믿음은 지식의 열매가 아닙니다. 가끔 우리는 이런 생각을 합니다. 공부를 많이 하면 믿음이 생길 것이라고요. 여러분이 아시는 대로 공부를 많이 하면 많이 할수록 의심은 점점 더 많아집니다. 그리고 점점 더 불안에 떨게 됩니다. 왜요? 믿어지지를 않아서입니다. 믿을 수가 없어서입니다. 마지막에는 자기 자신까지도 믿을 수 없게 됩니다. 믿음은 지적 논리의 결과가 아닙니다. 뿐만이 아니라, 감성도 아닙니다. 의지도 아닙니다. 억지로 믿고 싶다고 믿어지는 것이 아닙니다. 나 혼자서 믿는다고 해서 믿음의 역사가 나타나는 게 아니잖아요? 가장 귀한 것, 가장 근본적인 것은 믿음입니다.

　　오늘본문은 우리에게 귀중한 교훈을 줍니다. 믿음은 하나님께서 주시는 선물이다, 이것입니다. 깊이 생각해봅시다. 믿음은 선물입니다. 내 의지가 아닙니다. 내 지식도 아닙니다. 믿음은 하나님께서 주시는 선물입니다. 가장 큰 은사가 바로 믿음입니다. 돈보다, 건강보다, 재물보다 귀한 것입니다. 이 세상 그 무엇보다도 귀한 것이 믿음입니다. 믿어지는 것─ 안 믿어지면 도리가 없습니다. 어떤 방법으로도 믿게 할 도리가 없습니다. 저는 수많은 목사님들, 수많은 교인들과 대화를 합니다. 제 목적은 믿음을 주자는 것입니다. 하지만 아무리 해도, 내가 무슨 말을 해도 믿음은 줄 수가 없더라고요. 제가 비교적 말을 잘하는 편이거든요? 그런데도 안 됩니다. 그 어떤 말로도 상대에게 믿음을 줄 수가 없습니다. 그래서 이제 저는 누가 상담을 요청해 와도 거기에 응하지 않습니다. 누구를 좀 만나 달라고, 그래서 그를 위로해달라고 해도 저는 응하지 않습니다. 왜요? 소용없으니까요. 믿지를 않는데 내 말과 내 능력이 그 사람에게 무슨 소용이 있겠습니까. 믿고 나서야 가능한 이야기입니다. 그래서 저는 확신합니다. 믿음은 하나님께서 주시는 선물이라고요. 하나님께는 죄송한 얘기지만, 속된 말로 손을 좀 보아야 합니다. 하나님께서 한번 손을 보아주셔야 비로소 그가 허리를 굽히고, 겸손해지고, 마음을 비우게 됩니다. 그제야 비로소 믿음을 가지게 되는 것입니다. 내가 말을 잘해서, 내가 설득을 해서, 내가 논리적으로 어떻게 해서…… 아무 소용 없습니다. 이걸 제가 잘 알고 있습니다. 믿음은 선물입니다. 하나님께서 주시는 선물입니다.

　　신학적으로는 더더욱 중요한 의미가 있습니다. 하나님의 구원의 역사는 먼저 객관적 계시로 시작됩니다. 창조사건은 하나님께서

하신 객관적 사건입니다. 또 하나님의 객관적 계시 가운데 가장 귀중한 사건이 예수 그리스도의 십자가 사건입니다. 예수 그리스도께서 이 땅에 오셔서 우리를 위해 십자가에 돌아가시고 부활하신 그 엄청난 사건, 그것이 다 객관적인 사건 아니겠습니까. 이 소중한 일들이 우리 눈앞에 있지마는, 단, 이것을 믿는 사람에게만 구원의 역사는 나타나는 것입니다. 그 엄연한 사실을 놓고 믿어야 합니다.

　미국의 LA에 가면 박물관에 좋은 그림 하나가 있습니다. 루벤스의 작품이라는데, 어찌 그렇게 사실적으로 잘 그렸는지 모릅니다. 바로 예수님의 제자인 도마를 그린 그림입니다. 도마가 이렇게 고집을 부리지 않습니까. "나는 예수의 부활을 믿을 수 없어. 나는 예수께서 그렇게 돌아가시는 걸 봤기 때문에 그 옆구리에 손가락을 넣어보고야 믿을 수 있어. 당신들은 믿는다고 하지만, 난 안 믿어." 그때 예수님께서 떡 나타나시어 당신의 옆구리를 도마 앞에 열어 보이십니다. 그리고 구멍 난 옆구리에 손을 넣어보고 믿으라고 도마에게 이르십니다. 그 순간 도마가 손을 들어 그 구멍에다 손가락을 집어넣을까 말까 하는 장면을 그림으로 그린 것입니다. 너무나 아름답게 그렸습니다. 그래서 저는 그곳에 갈 때마다 그 도마의 그림을 한참 동안 서서 감상합니다. 그 순간 예수님의 말씀이 이것입니다. "믿는 자가 되라!" 만지려면 만지고, 손가락을 넣든지, 뭘 하든지 다 좋다, 이것입니다. 문제는 믿는 자가 되는 것입니다. 믿는 자가 되는 것, 이 얼마나 귀중한 일입니까. 하지만 이 믿음은 내 것이 아닙니다. 하나님께서 주시는 것입니다. 구원의 사건이 나타났습니다. 성경에 그 증거가 있습니다. 사도들의 증거가 있고, 역사적인 증거가 있습니다. 우리 주변에는 하나님을 믿게 하기 위한 증거가 가득합니다. 그러나 마음 문이 닫힌 사람에게는 아무것도 보이지 않습니다. 믿어지지를 않는 것입니다.

그런고로 두 번째 사건이 뭐냐 하면, 주관적 계시입니다. 이 말씀, 이 구원의 사실을 믿게 하는 역사, 그것이 성령의 역사입니다. 이것은 또 다른 차원입니다. 그러니까 말씀하시고, 믿게 하시고, 구원의 역사를 나타내시고, 그것을 받아들이게 하시는 것입니다. 주관적으로 각자의 마음속에 역사하시어 내가 믿음으로 받아들여야 구원의 역사가 나타납니다. 믿기 전에는 어떤 일도 구원의 역사와는 상관이 없습니다. 믿게 하는 역사입니다. 성령께서 오심으로 어느 순간부터 내 완악한 마음이 녹으면서 모든 의심이 다 사라지고, 믿어지는 것입니다. 주변 환경은 달라진 것이 없습니다. 그러나 믿어지는 것입니다. 성경이 믿어집니다. 예수님의 사건이 믿어집니다. 오늘 하나님께서 나와 함께하신다는 것이 믿어집니다. 내 주변에 있는 조그마한 사건 하나하나도 다 하나님의 사랑임이 믿어지는 것입니다. 그것이 성령께서 믿게 하시는 역사입니다. 그리하심으로써 말씀이 말씀 되게 하시는 것입니다. 믿어지는 역사, 이것을 잊지 말아야 합니다.

데살로니가후서 3장 2절에 새겨들어야 할 말씀이 하나 더 있습니다. "믿음은 모든 사람의 것이 아니니라." 여러분, 이 자리에서 지금 하나님의 말씀을 듣고 있습니다. 설교말씀을 듣고 있습니다마는, 여러분이 얼마나 믿느냐 하는 것은 하나님만이 아십니다. 믿음은 모든 자의 것이 아닙니다. 특별한 사람의 것입니다. 하나님께서 특별히 사랑하시는 자에게 주시는 은사가 믿음입니다. 이걸 잊지 말아야 합니다. 그런고로 알게 모르게 믿어지는 것, 축복입니다. 믿어지는 것— 어느 사이에 하나님이 믿어지는 것입니다. 오늘 당하는 이 사건도 하나님의 역사라는 사실이 믿어지는 것입니다. 순간순간 믿어지는 것입니다.

며칠 전에 제가 에덴낙원을 다녀오는데, 뭔지는 잘 모르겠습니다마는, 갑자기 멀리서 돌멩이 같은 것이 날아와 제 승용차의 유리창을 딱 때렸습니다. 그래 저는 순간적으로 유리창이 깨진 줄 알았는데, 가만히 보니 깨지지는 않았습니다. 하지만 유리창 구석에 조그마한 구멍이 난 게 보였습니다. 그뿐으로 괜찮았습니다. 그래 저는 뭐 그런가 보다 하고 대수롭지 않게 생각하고 있었는데, 며칠 뒤에 그 유리창 전체에 쩍 금이 가는 것입니다. 그래서 차 유리를 통째로 바꿔야 했습니다. 그래 생각해보았지요. '그 돌멩이가 유리창 구석이 아니라, 만약 내 눈앞에 닿았으면 어떻게 되었을까?' 우리는 생각합니다. 하루하루 사는 게 기적입니다. 기적이 따로 없습니다. 우리 주변에서 일어나는 모든 일이 은사입니다. 은혜입니다. 기적입니다. 그게 믿어집니다. "믿음은 모든 사람의 것이 아니니라." 그렇습니다. 믿음은 하나님께서 사랑하시는 사람의 것입니다. 하나님께서 특별히 사랑하시는 사람에게 이 믿음을 주시어서 모든 것을 사랑으로, 은혜로 받아들일 수 있게 하시는 것입니다. 이것이 믿음입니다. 믿어지는 것, 이 얼마나 중요합니까.

그래서 성경을 보면 예수님의 제자들이 예수님과 함께 다니면서 예수님께서 병을 고치시는 것을 다 구경하지 않습니까. 그러다가 그들이 느낀 것이 있습니다. 바로 예수님의 믿음이 굉장하다는 것입니다. 자기들은 예수님 앞에 너무나 부끄럽습니다. 이것은 도대체 믿음이 아닙니다. 예수님께서 하신 일들 가운데 제가 짓궂게 여기는 것이 하나 있습니다. 예수님께서 많은 병자를 고치셨습니다마는, 마지막에 가장 큰 사건은 죽은 나사로를 살리신 일입니다. 나사로가 진짜로 죽었잖아요? 심지어 죽어서 나흘이나 되었습니다. 장례식까지 다 끝났습니다. 그런데도 예수님께서는 나사로의 무덤을 찾아가십니다. 그리고 그 돌무덤 앞에 서서 이르십니다. "돌을 옮겨 놓으라!" 그러자 옆에서 말합니다. "벌써 나흘이나 돼서 썩은 냄새가 납니다." 하지만 예수님께서는 요지부동이십니다. "돌을 옮겨놓으라!" 그래 이르신 대로 돌을 옮겨놓자 예수님께서 말씀하십니다. "나사로야, 나오라!" 죽은 나사로가 걸어 나옵니다. 여기서 저는 인간적으로 좀 짓궂은 생각을 하는 것입니다. '예수님께서 나사로를 부르시며 무덤 밖으로 나오라고 하셨는데, 만일 나사로가 안 나오면 어떡하나?' 저는 이 걱정을 해봅니다. '만일 나사로가 안 나오면 어떡하나, 저거?' 그런데 어쩌자고 예수님께서는 무덤으로 몸소 찾아가시어 "나사로야, 나오라!" 하고 소리를 지르시는 것입니까? 정말 위대한 믿음 아닙니까. 제자들이 아무리 보아도 예수님의 믿음은 정말 놀랍고 위대하거든요. 그들은 마침내 부끄러운 마음으로 예수님 앞에 기도합니다. "주여, 우리의 믿음을 더하소서. 우리에게 믿음을 주소서. 우리도 믿음을 갖게 해주소서." 여러분, 잘 아시는 대로 우리는 '하나님은 사랑이시다'라고 말합니다. 아가페의 사랑, 하나님의 사랑은 엄연한 것이지만, 이것은 믿는 자의 것입니다. 사랑을 사랑으로 믿는 자— 사랑은 믿을 때만이 사랑입니다. 의심하는 자에게 사랑은 없습니다.

　오래전의 경험입니다마는, 제가 유대의 랍비들하고 같이 세미나를 한 적이 있습니다. 그때 이런 질문이 나왔습니다. "유대 사람들은 자녀교육을 잘해서 노벨상 받는 사람의 40퍼센트가 유대 사람이라는데, 그들이 자녀교육을 잘하는 비결이 무엇입니까?" 그러자 랍비 한 명이 껄껄 웃으면서 한마디 합니다. 그때 제가 통역을 했는데, 정말 딱 한 마디입니다. "거짓말하지 마세요." 거짓말하지 않는 것, 이것이 전부입니다. 너무나 간단하지요? 어머니가 자식에게 거짓말하지 말아야지, 자식이 어머니에게 한번 속으면 그 아픈 상처는 일생을 간다는 것입니다. 이걸 잊지 말아야 합니다. '우리 어머니 말씀은 100퍼센트 맞다. 우리 아버지 말씀은 100퍼센트 맞다.' 이렇게 믿음이 가야지, 사랑하는 어머니로부터 배신을 당하고 나면 그게 상처가 되어서 아이가 나중에 불신의 사람이 된다는 것입니다. 불신의 인격이 되고, 믿음 없는 사람이 되어버린다는 것입니다. 이 얼마나 중요한 이야기입니까.

참 오래전에 본 글입니다마는, 아인슈타인 박사의 글 가운데 딱 한 마디 기억나는 것이 있습니다. '과학자가 과학을 하는 자세의 근본은 믿음이다. 믿음이 없이는 공부할 생각 하지 마라. 믿음이 생기기 전에는 아무 일도 없다.' 여러분, 믿음이라는 게 얼마나 중요합니까. 그래서 믿음은 모든 사람의 것이 아닙니다. 하나님께서 주시는 특별한 선물입니다. 구원을 받으려면 하나님을 믿어야 하고, 창조를 믿어야 하고, 예수 그리스도의 사건을 믿어야 합니다. 믿어져야 하는 것입니다. 안 믿어지는 데야 도리가 없습니다. 하늘나라가 믿어져야 되는 것입니다. 주님의 축복이 믿어져야 됩니다. 믿음은 하나님의 선물입니다. 그런고로 비록 작은 믿음이지만, 여러분이 믿음을 가지고 이 자리에 앉았습니다. 이 만큼의 믿음을 감사해야 합니다. 겨자씨만 한 믿음, 훌륭합니다. 이 믿음을 주시는 하나님께 감사해야 하겠습니다. 내게 주신 믿음을 소중히 여기고, 하나님을 찬양할 때 더 큰 믿음, 더 위대한 믿음으로, 그 은혜의 길로 우리를 인도하실 것입니다. 믿는 자가 됩시다. 아닙니다. 믿음은 하나님의 선물입니다. 선물 받은 자의 감격으로 이 믿음을 소중히 지켜가야 할 것입니다. △

은총의 표징을 내게 보이소서

여호와여 주의 도를 내게 가르치소서 내가 주의 진리에 행하오리니 일심으로 주의 이름을 경외하게 하소서 주 나의 하나님이여 내가 전심으로 주를 찬송하고 영원토록 주의 이름에 영광을 돌리오리니 이는 내게 향하신 주의 인자하심이 크사 내 영혼을 깊은 스올에서 건지셨음이니이다 하나님이여 교만한 자들이 일어나 나를 치고 포악한 자의 무리가 내 영혼을 찾았사오며 자기 앞에 주를 두지 아니하였나이다 그러나 주여 주는 긍휼히 여기시며 은혜를 베푸시며 노하기를 더디 하시며 인자와 진실이 풍성하신 하나님이시오니 내게로 돌이키사 내게 은혜를 베푸소서 주의 종에게 힘을 주시고 주의 여종의 아들을 구원하소서 은총의 표적을 내게 보이소서 그러면 나를 미워하는 그들이 보고 부끄러워하오리니 여호와여 주는 나를 돕고 위로하시는 이시니이다

(시편 86 : 11 - 17)

은총의 표징을 내게 보이소서

유대 사람들에게 전설로 내려오는 아주 의미심장한 우화가 하나 있습니다. 하나님께서는 우주를 창조하시기 전에 먼저 천사를 창조하셨다는 것입니다. 그 천사들과 함께 하나님께서 대화하시면서 말씀하신 것입니다. "내가 세상을 창조하고, 그 세상에서 가장 으뜸가는 피조물로 인간을 창조할 생각이 있는데, 너희들의 생각은 어떠냐?" 이렇게 물으셨답니다. 그러자 의의 천사가 말합니다. "하나님께서는 인간을 창조하지 않으시는 것이 좋을 것입니다. 그들은 온갖 불의로 세상을 망쳐놓고 말 것입니다." 그러자 거룩의 천사가 말합니다. "인간을 창조하지 않으시는 것이 좋겠습니다. 그들은 온갖 더러움으로 세상을 온통 더럽게 만들어버릴 테니까 말입니다." 이번에는 빛의 천사가 말합니다. "인간을 창조하지 않으시는 게 좋겠습니다. 저들은 온갖 어둠으로 세상을 깜깜하게 만들어버릴 것입니다. 그러니까 인간을 창조하지 않으시는 것이 좋겠습니다." 이렇게 세 천사가 돌아가며 하나님께 대답했다는 것입니다. 그런데 마지막으로 사랑의 천사가 이렇게 말합니다. "하나님께서는 인간을 창조하시는 것이 좋겠습니다. 물론 그 인간들은 온갖 불의와 더러움과 어둠으로 세상을 삼켜버릴지도 모릅니다. 하지만 저들은 그 모든 고난과 어둠 속에서 하나님의 사랑을 알게 되고, 하나님을 찬양하게 되겠기 때문입니다." 그래서 하나님께서는 인간을 창조하셨다는 이야기입니다.

세상은 확실히 불의하고 부조리합니다. 불합리하고, 모순 되고,

불확실합니다. 그래서 모두가 불안과 공포에 떨고 있습니다. 아니, 한 치 앞을 알 수 없습니다. 그러나 그 속에서 우리는 하나님의 사랑을 조금씩 알아가고 있습니다. 질병은 괴로운 것입니다. 그러나 질병을 통해서 우리는 하나님 앞에 가까이 갑니다. 불황도 어렵고, 전쟁도 어렵습니다. 그러나 모든 환난 속에서 우리는 조용하게 하나님의 사랑을 깨달아가고 있습니다. 하나님의 능력도 깨닫게 됩니다. 그리고 하나님의 지혜도 깨달아갑니다. 이것을 우리는 간증하지 않을 수 없습니다. 사실이기 때문입니다.

　문제는 이 위대한 사랑을, 이 창조적인 능력과 거룩한 사랑을 우리가 모른다는 데에 있습니다. 사랑은 있습니다. 그러나 사랑을 모릅니다. 사랑을 알게 하는 길이 어디에 있습니까? 모순되게도 형통이 아니라 실패요, 건강이 아니라 질병입니다. 오히려 평화로움보다도 환난과 고통 속에서 은밀하고도 신비롭게 우리는 하나님의 사랑을 조금씩 깨달아가고, 배워가고 있는 것입니다. 하나님께서는 사랑이십니다. 이 사랑은 능력입니다. 중요한 것은 이 사랑을 우리에게 알게 하신다는 것입니다. 이것을 다른 말로 하면, 계시하시는 것입니다. 자연을 통해서, 말씀을 통해서, 성령을 통해서, 우리가 하루하루 살아가는 현실의 상황들을 통해서 하나님께서는 당신의 사랑을 우리에게 계시하고 계십니다. 알게 하고 계십니다. 그래서 하나님께 감사하는 것입니다. 우리가 하나님께서는 사랑이심을 알게 될 때 비로소 하나님을 찬양하게 됩니다.

　이 사랑은 지식의 문제가 아닙니다. 공부를 많이 했다고 해서 사랑을 아는 사람이 되는 것이 아니지 않습니까. 이것은 지식과 관계가 없습니다. 논리의 문제도 아닙니다. 체험의 문제입니다. 이것이 중요합니다. 그리고 그다음으로 중요한 것이 있다면, 바로 믿음과 겸손입니다. 믿음이 생기고 겸손해지면 하나님의 사랑을 알게 됩니다. 그럼 생각해보십시오. 믿음을 가지게 하고, 겸손하게 만드는 방법이 무엇입니까? 그것은 형통이 아닙니다. 건강도 아닙니다. 바로 체험입니다. 체험의 문제입니다. 사랑과 소통의 문제입니다. 어찌 보면 가장 소중한 사랑은 우리가 받고도 모르고 있습니다. 마치 우리가 네 살 전의 일을 기억하지 못하는 것과 같습니다. 그러나 우리가 받은 가장 큰 사랑은 네 살 전에 받은 사랑입니다. 그 신비로운 사랑은 우리의 기억에는 없지만, 우리는 다시 생각하며, 일깨워가면서 하나씩 하나씩 사랑의 신비를 깨달아가게 된다는 말입니다.

그래 오늘본문에서 다윗은 고백합니다. "은총의 표적을 내게 보이소서……(17절)" 이 은총이라는 말은 우리가 보통 사랑이라고 말하는 그런 사랑이 아닙니다. 영어에서 말하는 love가 아닌 것입니다. 이 은총은 더 높은 사랑을 말합니다. 젊은 사람들이 "I love you, you love me!" 하는 차원이 아닌 것입니다. 누가 누구를 사랑하고 미워하는 이야기가 아닙니다. 이것은 높은 차원의 사랑입니다. 히브리어로는 '헤세드'라고 합니다. '높은 사랑', '높은 곳에서 낮은 곳으로 향하는 사랑'입니다. 만약에 우리 생활 속에서 이 사랑의 예를 들라고 한다면, 저는 할아버지 할머니의 사랑을 말하고 싶습니다. 할아버지 할머니의 사랑은 정말 절대적입니다. 이런 우스운 이야기가 있습니다. 언젠가 한 번은 저의 집에 손자 손녀가 놀러 왔습니다. 이 아이들은 쌍둥이인데, 와서 있으니까 할머니가 맛있는 걸 주겠다고 열심히 부엌에서 음식을 만들어서 식탁에 차려놓았습니다. 그런데 이 두 녀석이 식탁 위에 올라가더니 차려놓은 것들을 싹 쓸어버렸습니다. 내가 멀리서 그 광경을 보고는 속으로 '아, 저거 어떡하나? 큰일 났다!' 하면서 어쩌나 보자 했더니, 할머니가 뭐라고 했는지 아십니까? 이러더라고요. "네가 내 아들이었으면 너는 오늘 죽었어!" 그렇습니다. 아들은 때려도 손자는 못 때립니다. 절대로 미워할 수 없습니다. 아니, 밉지도 않습니다. 이것이 할아버지 할머니의 사랑, 바로 '헤세드'입니다. 엄청난 사랑입니다. 이래서 성경은 이것을 사랑이라고 하지 않고 은총이라고 했습니다. 참으로 높은 사랑, 아주 크고 높은 사랑을 말씀하는 것입니다.

오늘본문에서 다윗은 고백합니다. 은총의 표징을 보여주옵소서— 무슨 말씀입니까? 은총적 사랑을 깨닫게 해주신다, 이것입니다. 깨달을 수 있도록 표적을 주시는 것입니다. 이렇게 다윗은 하나님 앞에 기도하고 있습니다. 우리가 알다시피, 소년 다윗은 아주 어렸을 때 블레셋 사람과 이스라엘 사람이 서로 싸우는 전쟁터에 나갑니다. 골리앗 장군이 저기 서서 큰소리로 호령을 합니다. "나하고 대항할 사람 있으면 나오라!" 그 모습을 보고 이스라엘 군사들은 다 겁을 먹고 꽁무니를 뺐지만, 이 소년 다윗은 자기가 맞서겠다고 나섭니다. 말도 안 되는 일입니다. 하지만 이 소년은 정말로 나갔습니다. 그리고 물맷돌을 휘둘러 던졌는데, 그것이 정확하게 골리앗의 이마에 날아가 맞았습니다. 그 순간 다윗의 마음이 어떠했겠습니까? '하나님께서는 나와 함께 계신다. 전쟁은 사람에게 속한 것이 아니다. 전쟁은 하나님께 속한 것이다. 하나님께서는 나와 함께 계신다.' 그 순간 다윗은 온 백성과 함께 이스라엘의 하나님께 영광을 돌리지 않습니까. 그때 다윗이 마음속으로 이렇게 확신합니다. '하나님께서 나와 함께 계신다. 이것이 증거다. 이것이 표증이다. 이것이 표적이다. 은총의 표적이다.' 여러분, 이걸 아셔야 합니다. 우리가 세상을 살다 보면 표적이 필요합니다. 하나님께서 나를 사랑하신다는 표적, 그것을 통해서 하나님께서는 사랑을 내게 증거 해주시기 때문입니다.

　제가 인천에서 14년 동안 목회를 했습니다. 특별히 기억에 남는 분이 있습니다. 한세범 장로님입니다. 교인들이 그분을 가리켜 '예수님 동생'이라고 불렀습니다. 얼마나 인자하고 은혜로운 분인지 모릅니다. 언젠가 한 번은 그분이 부둣가로 나갔다가 근처 섬에서 달걀을 가지고 나와 시장에 내다 파는 어느 할아버지가 그 달걀을 지게에 잔뜩 지고 가고 있는 것을 보게 되었습니다. 동네 아이들이 그 할아버지를 슬슬 따라가기 시작합니다. 그리고 지게에 있는 달걀을 할아버지 몰래 자꾸 건드립니다. 이 사실을 할아버지는 모르고 있었습니다. 그때 한세범 장로님이 할아버지를 쫓아가서 말합니다. "할아버지, 그 지게 좀 내리세요!" 그래 지게를 세워놓고, 아이들의 손을 딱 붙들고 말합니다. "너희, 이 달걀 먹을 거냐? 그럼 내가 사줄게. 아니면, 너희가 달걀을 팔아서 돈을 벌 거냐? 그럼 내가 돈을 줄게." 그러자 아이들이 부끄러워서 그냥 가버렸습니다. 이런 일들이 많았습니다. 한세범 장로님이 한 마디로 그런 분입니다. 그래서 그렇듯 '예수님 동생'이라는 말까지 들은 것입니다. 그 집에 심방을 가서 보면 안방 한쪽 구석에 다 낡아빠진 배낭이 하나 있습니다. 하도 낡아서 보기도 싫은 배낭인데, 그게 방에 걸려 있어서 짐작은 하면서도 묻습니다. "저게 무엇입니까?" 한 장로님이 말합니다. "아, 저건 제게 소중한 것입니다. 좀 어려운 일이 있을 때마다 저거만 쳐다보면 그저 위로가 되고, 힘이 됩니다. 내가 전쟁 때 북한에서 남쪽으로 피난을 오는데, 뒤에서 군인들이 총을 쐈거든요. 그래서 내가 땅에 엎드렸는데, 총알이 와서 세 방이 이 배낭에 맞은 것입니다. 그래서 저는 무사할 수 있었습니다. 그때 제가 구멍 뚫린 저 배낭을 보면서 "이제는 제가 오직 주님과 교회를 위해서 일생을 바치겠습니다!" 하고 감사하며 맹세했는데, 그때 크나큰 하나님의 사랑을 느꼈거든요. 하나님의 능력을 체험했거든요. 그 표징으로 저걸 딱 걸어놓았는데, 저것만 바라보면 마음이 평안해집니다." 여러분에게는 사랑의 표적이 무엇입니까? 하나님께서 당신을 사랑하신다고 하는 표적이 무엇입니까? 확실한 표적 말입니다. 꼭 필요한 것입니다. 이걸 잊지 말아야 합니다.

저는 저 나름대로 특별한 경험이 있습니다. 북한에서 1950년 3월에 광산으로 끌려갔습니다. 요샛말로 강제노동수용소입니다. 가서 8개월 동안 죽을 고생을 했습니다. 그러나 어쨌든 하나님께서 특별한 지혜를 주셔서 저를 포함해 다섯 명이 함께 도망을 나왔습니다. 그리고 산속으로 들어가 거기에서 몇 달을 살게 되었습니다. 그때 들은 이야기입니다. 우리가 탈출한 다음에 그 광산이 폭격을 맞아서 무려 2천 명이 죽었다는 것입니다. 들려오는 소문이 그랬습니다. 다행히 우리는 그때 탈출을 해서 살아남은 것입니다. 그런데 이것이 그 산속에 소문이 났습니다. 그때 남쪽으로 피난을 가지 못한 청년들이 산속에 많이 숨어 있었거든요. 그런데 우리가 그 광산에서 살아남았다는 소문이 퍼진 것입니다. "저 사람은 천명을 받은 사람이다. 2천 명이나 죽었는데, 살아남은 다섯 명 가운데 한 사람이다. 2천 명 중에서 살아남은 사람이다." 그러면서 자꾸 저를 따라다니는 것입니다. 그저 이 사람만 따라가면 산다고 하면서 따라오는 것입니

다. 어디 가서 무엇을 할지, 어느 골짜기로 가야 할지 나도 모르는
데, 좌우간 곽선희만 따라가면 산다고 하면서 줄레줄레 따라오는 것
입니다. 그래서 본의 아니게 제가 그 22명의 지도자가 되었습니다.
그 22명이 저를 따라다니는 것입니다. 정말 거추장스럽기 그지없었
습니다. 하지만 그들이 왜 그랬을 것 같습니까? 은총의 징표입니다.
하나님께서 이 곽선희를 사랑하시고 보호하시는 것을 저들이 보았
거든요. 그러니까 그렇게 저를 따르더라고요. 저한테는 그런 소중한
경험이 있습니다.

　여러분, 잊지 말아야 합니다. 사도 바울이 배를 타고 로마로 가
는데, 그 배가 풍랑을 만나 파손됩니다. 그 배에 탔던 사람들이 죽
을 고생을 합니다. 그러나 거기서 하나님의 음성이 들립니다. 사랑
의 징표입니다. 하나님께서 말씀하십니다. "내가 너와 함께하겠고,
네게 속한 276명의 사람들을 보호하겠다." 징표를 보여주신 것입니
다. 바울은 이 징표로 말미암아 로마 감옥에 갇혔지만, 선교할 수 있
었습니다. 그것이 바로 로마교회의 뿌리가 되었고, 세계 교회의 중
심이 되었던 것입니다. 사랑의 징표, 얼마나 소중합니까. 이걸 알아
야 합니다. 오늘 다윗은 기도합니다. "하나님이여, 지난날에도 보이
셨지마는, 오늘 은총의 징표를 보여주시옵소서."

　로마서 5장에서 바울은 말합니다. "하나님께서 십자가로 그 사
랑을 확증하셨다." 바로 그 은총의 표징을 이해한 사람의 말인 것입
니다. 아우구스티누스는 이렇게 말했습니다. '하나님께서는 나 한
사람만이 당신의 사랑하는 사람인 것처럼 우리 모두를 사랑하신다.'
여러분은 이런 기도 해보셨습니까? '하나님께서는 왜 저만 사랑하
십니까? 왜 이렇게까지 저만 사랑하십니까?' 이렇게 간증해보셨습

니까? 사랑의 징표에 대한 응답에 감격이 있고, 능력이 있는 것입니다. 이 사랑의 징표에는 세 가지 능력이 있습니다. 나 자신이 담대하게 됩니다. 하나님께서 나를 사랑하신다는 징표가 확실하면 자신이 소중해집니다. 평화로워집니다. 용기가 생깁니다. 좌절할 것 없습니다. 어떤 고난이라도 기쁨으로 잘 감수할 수 있고, 하나님을 찬양할 수 있는 것입니다. 하나님께서는 나를 사랑하신다— 이 징표로 우리는 충만한 생을 살아가는 것입니다. 또한, 이 징표가 확실할 때 원수들이 다 물러갑니다. 하나님께서 저 사람을 사랑하시는데, 감히 누가 손을 댑니까. 하나님께서 다윗을 사랑하시고, 다윗의 편이신데, 누가 감히 다윗에게 대항하겠습니까. 모든 원수가 물러가고, 그들이 비난할 수 없게 된다는 말입니다.

그런가 하면 더 중요한 것은 하나님께서 나를 사랑하시는 은총, 그 은총의 징표가 확실할 때 백성들이 다윗을 따르게 된다, 이것입니다. 요샛말로 지도력이 생기게 되는 것입니다. 하나님께서 나와 함께 계신다는 것이 확실해질 때 모든 사람이 그를 존경하고, 그를 따라오고, 그의 지도를 따라 그와 함께하게 되는 것입니다. 이걸 잊지 말아야 합니다. 오늘 다윗의 기도를 들어보십시오. '은총의 표징을 보이소서. 그리하여 새로운 용기를 얻고, 그리하여 원수들이 잠잠하게 되고, 그리하여 온 백성이 나와 함께하게 하여주소서.'

여러분, 우리가 하나님 앞에 기도할 제목이 많습니다. 그러나 우리에게 중요한 기도가 무엇입니까? '하나님이시여, 은총의 표적을 보여주십시오. 하나님께서 저를 사랑하신다고 하는 증거를 보여주십시오.' 이 기도 아니겠습니까. 우리가 그 증거를 보고 만족할 때 거기에 주의 충만함이 있을 것입니다. 주의 영광이 있을 것입니다. △

너희도 온전하라

또 네 이웃을 사랑하고 네 원수를 미워하라 하였다는 것을 너희가 들었으나 나는 너희에게 이르노니 너희 원수를 사랑하며 너희를 박해하는 자를 위하여 기도하라 이같이 한즉 하늘에 계신 너희 아버지의 아들이 되리니 이는 하나님이 그 해를 악인과 선인에게 비추시며 비를 의로운 자와 불의한 자에게 내려주심이라 너희가 너희를 사랑하는 자를 사랑하면 무슨 상이 있으리요 세리도 이같이 아니하느냐 또 너희가 너희 형제에게만 문안하면 남보다 더하는 것이 무엇이냐 이방인들도 이같이 아니하느냐 그러므로 하늘에 계신 너희 아버지의 온전하심과 같이 너희도 온전하라

(마태복음 5 : 43 - 48)

너희도 온전하라

　오늘본문에서 우리는 한 가지 큰 의문을 품게 됩니다. 우리 나약한 인간, 초라한 인간, 무능한 인간을 향하여 주님께서는 이렇게 말씀하십니다. "온전하라!" 텔레이오스 에스틴, 온전하라— 영어로는 perfect입니다. 주님께서는 완전하라고 말씀하십니다. 놀라운 말씀입니다. 완전이 기준입니다. 우리는 종종 어렴풋이 한 절반 정도, 또는 한 10퍼센트 정도를 생각하려고 하지만, 아닙니다. 완전하라, perfect입니다. 완전해야 한다고 말씀하십니다. 이것이 하나님의 명령입니다. 이것이 기준입니다. '완전'이 하나님께서 원하시는 바요, 하나님의 뜻입니다.

　이제 이 뜻 앞에 겸손히 생각해보십시다. "인간은 완전할 수 있는가? 율법적으로, 신앙적으로 우리는 완전할 수 있는가?" 쉽게 대답할 수 있습니다. "그럴 수 없다." 완전할 수 없습니다. 이것이 우리의 대답입니다. 그러나 하나님께서는 아십니다. 완전할 수 없는 것을 아시면서 완전하라고 하십니다. 그러면, 아시면서 그런 명령을 하시니, 인간의 잘못입니까, 아니면 하나님 잘못입니까? 깊이 생각해야 합니다. 할 수 없는 것을 하라고 하시면 말씀하시는 분이 잘못입니까, 아니면 하지 못하는 자의 잘못입니까? 깊이 생각해야 할 문제입니다. 중요한 것은 이것입니다. "할 수 있다. 하라." 이것이 믿음입니다. "온전할 수 있다." 이 말씀을 믿는 것이 믿음입니다. 이걸 잊지 말아야 합니다.

　하나님께서는, 애굽을 떠나 초라하고 비겁한 모습으로 광야에서 40년 동안이나 처가살이를 하고 있는 모세라는 사람을 만나서 말씀하십니다. "네가 이 백성을 구원하라." 모세가 아룁니다. "제가 무엇인데, 할 수 있겠습니까?" 모세는 변명하면서 계속 이럽니다. "저는 못 합니다. 저는 말도 잘 못 합니다. 저는 못 합니다." 그런데 모세가 한 가지 하지 않은 말이 있습니다. "제가 애굽에서 사람을 때려 죽였습니다. 저는 살인자입니다. 저는 애굽에 못 들어갑니다." 이 말은 끝내 하지 않았습니다. 그리고 그저 이렇게만 말합니다. "못합니다. 못합니다." 이때 하나님께서 말씀하십니다. "가라!" 여러분, 가라고 하시면 갈 수 있는 것입니다. 하라고 하시면 할 수 있는 것입니다. 그 말씀 속에, 그 명령 속에 능력과 지혜와 가능성이 다 포함되어 있습니다. 이걸 잊어서는 안 됩니다. 가라고 하시면 갈 수 있습니다. 하라고 하시면 할 수 있습니다. 절대 변명은 통하지 않습니다.

　사람은 많은 날 죄를 짓고 삽니다마는, 더 큰 죄는 변명이라는 죄입니다. 우리는 죄만 죄인 줄 압니다. 아닙니다. 인간인 고로 그럴 수밖에 없다고 변명하는 죄가 정말 큰 죄입니다. 예수님께서 제자들을 데리고 겟세마네 동산에 올라가서 기도하십니다. "깨어 기도하라!" 그 소중한 시간, 그 엄중한 시간에 말씀하시고, 예수님께서는 홀로 가서서 기도하십니다. 그런데 기도하시다가 잠깐 돌아와서 보시니 제자들이 그 중요한 시간에 자고 있거든요. 그때 말씀하십니다. "시험에 들지 않도록 깨어 기도하라." 그리고 마지막에 깊은 동정의 말씀을 하십니다. "마음에는 원이로되 육신이 약하도다." 이 말씀은 예수님께서 제자들에게 깊은 동정으로 하신 말씀입니다. 만일, 이 순간 베드로가 예수님께 이렇게 말씀드렸다면 어떻게 되겠습니까? "예수님, 마음에는 원이로되 육신이 약합니다." 말이 안 되는 것이지요. 깨어서 하룻밤 새우는 것, 힘들지요. 하지만 그것은 아닙니다. 우리는 어쩌다가 돈 얼마를 잃어버려도 잠이 안 옵니다. 어쩌다가 조금만 언짢은 말을 들어도 밤새 잠이 안 옵니다. 아무리 자려고 해도 못 잡니다. 그런데 어찌 십자가를 앞에 놓고 잘 수가 있다는 말입니까. 마음에는 원이로되— 이보다 더 잘못된 말은 없습니다. 처음부터 마음에 없었던 것입니다. 마음에도 없었다는 것이 오히려 진실이지, 변명은 통하지 않습니다.

여러분, 죄보다 무서운 것이 변명입니다. 왜요? 죄는 회개하면 되지만, 변명하면 회개가 없거든요. 그냥 끝나는 것입니다. 그런고로 여러분, 마음속으로라도 그저 이럴 것입니다. "그건 제 잘못입니다. 예, 근본적으로 제 잘못입니다." 달리 이래저래 변명할 생각은 하지 말아야 합니다. 아내를 탓하고, 남편을 탓하고, 자식을 탓하고, 세상을 탓하고…… 아닙니다. 그래서는 안 됩니다. 어떤 일에도 변명은 없어야 합니다. "제가 죄인입니다. 제가 잘못했습니다. 다 제 잘못입니다." 이렇게 인정하는 것이 회개의 시작이요, 진실과 믿음의 시작입니다. 하지만 우리는 어느 사이에 변명에 익숙해졌습니다. 그래서 말끝마다 아주 고상하게 이럽니다. "인간인 고로……" 그다음 말은 이것입니다. "마음에는 원이로되……" 나만 그러는 것이 아니고, 누구나 다 그럴 것이라고 변명해버립니다. 이것은 큰 죄입니다. 이런 순간 벌써 은혜가 떠나고 맙니다. 이것을 잊지 말아야 합니다.

오늘 주님께서 말씀하십니다. "할 수 있다. 그런고로 하라." 그런고로 할 수 있습니다. 할 수 있는데, 내가 안 했기 때문에 내 잘못이 되는 것입니다. 온전할 수 있기 때문에 온전하라고 하십니다. 그러니 온전하지 못할 때 죄가 되는 것입니다. 할 수 있습니다. 그러므로 항상 책임은 내가 지는 것입니다.

오늘본문에는 더 귀중한 말씀이 있습니다. "하늘에 계신 너희 아버지의 온전하심과 같이 너희도 온전하라(48절)." 하늘 아버지의 온전하심 같이― 이 '온전'은 율법적이거나, 계율적이거나, 도덕적인 것을 뜻하지 않습니다. 오늘본문에서는 높은 뜻을 말합니다. 윤리적이고 도덕적인 온전이 아니라, 하늘 아버지의 온전입니다. 다시 말하면, 하늘 아버지를 닮아야 한다는 것입니다. 하늘 아버지의 자녀라면 하늘 아버지를 닮고, 하늘 아버지의 자녀라면 하늘 아버지의 마음을 가져야 한다는 것입니다. 행동이야 어떻든, 최소한 마음은 하나님 아버지의 마음이어야 된다, 이것입니다. 그래야 하늘 아버지의 자녀 아니겠습니까. 하나님의 자녀가 되려면 어떤 모습으로든지 닮아야 합니다. 아니, 닮게 되어 있습니다.

제가 언젠가 우리 아이들을 유심히 살펴본 적이 있습니다. 손자 손녀가 같이 걸어가는 모습을 제가 뒤에서 딱 보니까 그 걸어가는 모습이 어쩌면 그렇게 똑같습니까. 그대로 닮았습니다. 아이들은 누가 가르치지 않아도 아버지 어머니를 닮고, 할아버지 할머니를 닮게 되어 있습니다. 닮아야 되는 것입니다. 당연히 닮게 되어 있습니다. 그래야 하나님의 자녀 아니겠습니까. 이제 하나님께서 말씀하십니다. 하나님께서 어떤 분이신지를 딱 한 마디로 말씀하십니다. "원수를 사랑하라!" 세상 사람들은 원수를 미워하고 이웃을 사랑하라고 했지만, 너희는 원수를 사랑하라― 나한테는 원수지만, 하나님께는 소중한 자녀라는 것을 잊지 말아야 합니다.

이런 재미있는 이야기가 있습니다. 형제가 있었습니다. 동생이 너무 못되게 굴어서 형이 동생을 좀 때렸습니다. 그러면서 하는 말입니다. "네가 그렇게 못되게 굴면 아버지가 너를 사랑하지 않으셔." 옆방에서 아버지가 이 말을 들었습니다. 그래 문을 활짝 열고 말합니다. "너, 말조심해라. 말을 잘 들으면 기쁜 마음으로 사랑하고, 속을 썩이면 아픈 마음으로 사랑한다. 사랑은 마찬가지다. 내가 너희를 사랑하는 것에는 변함이 없다. 네가 사랑한다, 안 한다, 말하지 마라. 네가 시원치 않게 생각하는 네 동생, 내게는 소중한 아들이다." 아버지의 말입니다. 여러분, 이걸 잊지 말아야 합니다.

예수님께서 하나님의 사랑을 말씀하실 때 아주 중요한 비유로 친히 설명해주십니다. 바로 탕자의 비유입니다. 이 아버지, 이렇게 생각해보고 저렇게 생각해봐도 참 모범적인 아버지입니다. 아마 그런 아버지가 어디 또 있을까 생각합니다. 너무나도 귀중한 아버지의 사랑을 말씀해줍니다. 멀쩡한 아들이 아버지가 죽기도 전에 유산을 달라고 합니다. 내게 올 몫을 미리 달라는 것입니다. 이것만 가지고도 아주 못된 놈입니다. 그런데 세상에 이런 아버지가 어디 있습니까? "그래, 재산은 중요하지 않다. 네 소원이라면 그렇게 해보거라. 그저 아들로 살아서만 내게 돌아와다오." 아버지는 이 마음으로 그 아들에게 유산을 나누어줍니다. 그리고 아들은 나가서 허랑방탕하게 삽니다. 아버지는 그 아들을 계속 기다립니다. 그저 저녁마다 아들이 돌아오기를 기다립니다. 그 기다리는 아버지—"다 잃어버려도 좋다. 죽지만 말고 살아오너라." 이런 마음으로 아버지는 아들을 기다립니다. 그리고 마침내 그 아들이 돌아옵니다. 아들은 아버지께 감히 아들이라 일컬음을 받을 수 없다고 고백합니다. 그리고 자기를 그저 머슴의 하나로 여겨주시기 바란다고 말합니다. 이 아들, 모처럼 진실한 말을 한 것입니다. 그런 비참한 몰골로 돌아온 아들에게 아버지는 아무 감정이 없습니다. "내 아들이 죽었다 살았다. 잃었다 얻었다. 잔치를 하자." 그리고 아버지는 잔치를 엽니다. 가만히 생각하면 그 아버지, 참 대단합니다. 그냥 기뻐할 뿐입니다. 기쁨으로 충만합니다. 자식을 다시 얻었다는 그 한 가지 기쁨으로 잔치를 베풉니다.

　여러분, 이 아버지의 마음으로 한번 생각해보십시다. 오늘 우리에게 잘못한 사람이 있습니까? 그럼 기다려야지요. 얼마라도 기다려야지요. 그가 좀 뉘우치는 것 같습니까? 그럼 환영해야지요. 그리고 돌아왔습니까? 충만한 기쁨으로 맞이해야지요. 이것이 아버지의 마음입니다. 이런 아버지의 마음으로 돌아가서 용서하고 사랑하십시오. 이런 아버지의 마음으로 돌아가서 기뻐하는 그 사람이 하나님의 자녀입니다. 왜요? 아버지를 닮았으니까요. 아버지를 닮아야 자녀니까요. "원수를 사랑하라!" 그렇습니다. 나를 중심으로 보면 그는 원수입니다. 그러나 아버지를 생각하면 그는 아버지의 자녀입니다. 그도 아버지의 자녀인 것입니다. 원수일 수 없습니다. 나 중심으로 생각하니까 원수인 것입니다. 현재만 생각하니까 원수입니다. 하지만 저 먼 뒷날을 바라보면 내가 원수라고 생각했던 바로 그 사람 때문에 내가 오늘 이와 같이 되었다는 사실을 알 수 있습니다. 나를 괴롭혔던 사람, 나한테 못되게 굴었던 사람, 바로 그 사람 덕분에 오늘의 내가 있는 것입니다. 순간순간 나를 괴롭혔던 그 사람, 지금도 내가 미워해야 하겠습니까? 아닙니다. 그 사람 덕분에 오늘 이 은혜를 받게 된다, 이것입니다. 우리가 하나님의 뜻을 생각한다면 이 좁은 생각을 버려야 합니다. 내 원수고, 나한테 어떻게 했고…… 아니올시다. 하나님의 뜻 안에서는 다 하나님의 자녀일 수밖에 없습니다. 그런고로 하나님의 자녀라면 하나님을 닮아야 합니다. 하나님을 닮아서 사는 그 마음, 그 행동, 그것이 바로 온전함입니다. 온전함은 무엇을 행하고 안 하고의 이야기를 하는 것이 아닙니다. "하늘 아버지의 마음으로 이웃을 대하라. 하늘 아버지의 마음으로 너 자신을 보라." 이렇게 하나님의 자녀 됨을 확인하는 것이 온전함이라는 말입니다.

좀 우스운 이야기입니다. 제 아버지가 제게 가르쳐주신 말씀 하나가 있습니다. "사람이 미친개한테 물렸다. 이것이 사람 잘못이냐, 개 잘못이냐?" 우리 아버지가 늘 그 말씀을 하셨습니다. 세상에는 미친개 같은 사람들이 많습니다. 개요? 나쁘다고 할 것 없습니다. 내가 처신을 잘해야지요. 개에게 물리지를 말아야지요. 미친개다 아니다, 할 것 없습니다. 자신이 지혜롭게 해야지요. 미친개에게 물려서는 안 되는 것입니다. 그렇지 않습니까. 프레드 러스킨이 쓴 「용서」라는 불후의 명작이 있습니다. 이 책에서 그는 말합니다. '사람은 용서하고서야 과거에서 벗어날 수 있다.' 지난날 섭섭했던 것, 나를 괴롭혔던 것을 다 용서해버리는 순간, 비로소 과거로부터 자유할 수 있다는 것입니다. 그리고 또 말합니다. '용서할 때만이 내가 두려움에서 벗어날 수 있다.' 용서하고 사는 사람은 전후좌우 두려움이 없습니다. 어떤 일을 당해도 두려움이 없습니다. 왜요? 세상에 나를 미워할 사람이 없으니까요. 누구하고 원수 맺은 일이 없으니까요. 누구에게 손해 끼치는 일이 없으니까요. 그래서 다 용서하고 사는 사람은 자유합니다. 평안합니다. 용서하고 살 때 미래가 보입니다. 영원한 세계가 보입니다. 오늘 세상이 끝난다고 하더라도 하늘 문이 열리는 것을 보게 될 것입니다. 이걸 잊지 말아야 합니다.

그런고로 오늘본문은 말씀합니다. "아버지의 마음으로 사랑하라. 아버지가 그 자녀를 사랑하듯이 아버지의 마음으로 용서하라. 아버지의 마음으로 기도하라. 아버지의 마음으로 기뻐하라." 여러분, 아내를 사랑하십니까? 아내도 아버지의 마음으로— 이걸 잊지 말아야 합니다. 어떤 남자 집사님 한 분이 교회에서 은혜를 많이 받았습니다. 그리고 집에 돌아가서 보니 아내가 그렇게 예쁠 수가 없는 것입니다. 아내가 하도 예뻐서 그 아내를 뒤에서 끌어안고 사랑한다는 말을 했답니다. 그랬더니 그 아내가 말하기를, 사랑한다는 말을 결혼한 지 20년 만에 처음 듣는다고 하더랍니다. 너무너무 행복하다고 말입니다. 그래 왜 그렇게 달라졌느냐고 하니까 그 집사님이 하는 말입니다. 교회에 가서 목사님의 설교를 들었는데, 그날의 설교 제목이 '네 원수를 사랑하라'였다는 것입니다. 십자가의 은혜로 모든 사람을 사랑해야 합니다. 그 말씀으로 은혜를 많이 받고 집에 돌아가서 보니 아내가 그렇게 예쁠 수가 없었다, 이것입니다. 그 아내가 자기한테 시집와서 20년 동안 저렇게 부엌에서 일하는 것이 너무나 고맙게 느껴져서 그 아내를 향하여 무려 20년 만에 사랑한다는 말을 했다는 것입니다.

여러분, 이걸 잊지 말아야 합니다. 하나님의 사랑을 알았습니다. 하나님께서 나를 이처럼 사랑하셨는데, 내가 이제 누구를 미워하겠습니까. 누구를 비판하겠습니까. 하나님께서 나를 이처럼 사랑하시는데, 내가 꺼릴 것이 무어 있습니까. 여러분, 다른 것은 다 못해도 그저 이것만은 잊지 마십시오. "미안합니다. 사랑합니다. 용서합니다." 오늘본문은 말씀합니다. "하늘 아버지의 온전하심 같이 너희도 온전하라." 하나님께서는 악한 자의 밭에도 비를 내리시고, 선한 자의 밭에도 비를 내리십니다. 그리고 말씀하십니다. "하늘 아버지의 온전하심 같이 너희도 온전하라." 하늘 아버지의 마음으로 사랑하는 그 신비로운 기쁨, 이것으로 충만한 것이 바로 하나님의 자녀 됨의 모습입니다. 다시 한번 생각하십시다. 그리고 변명하지 마십시다. 하늘 아버지의 온전하심 같이 너희도 온전하라— △

내 말을 네 마음에 두라

아들들아 아비의 훈계를 들으며 명철을 얻기에 주
의하라 내가 선한 도리를 너희에게 전하노니 내 법을
떠나지 말라 나도 내 아버지에게 아들이었으며 내 어
머니 보기에 유약한 외아들이었노라 아버지가 내게
가르쳐 이르기를 내 말을 네 마음에 두라 내 명령을
지키라 그리하면 살리라 지혜를 얻으며 명철을 얻으
라 내 입의 말을 잊지 말며 어기지 말라 지혜를 버리
지 말라 그가 너를 보호하리라 그를 사랑하라 그가
너를 지키리라 지혜가 제일이니 지혜를 얻으라 네가
얻은 모든 것을 가지고 명철을 얻을지니라 그를 높이
라 그리하면 그가 너를 높이 들리라 만일 그를 품으
면 그가 너를 영화롭게 하리라 그가 아름다운 관을
네 머리에 두겠고 영화로운 면류관을 네게 주리라 하
셨느니라

(잠언 4 : 1 - 9)

내 말을 네 마음에 두라

제가 크게 존경하는 목사님으로, 사무엘 마펫(Samuel Moffet)이라는 분이 계십니다. 사실은 제가 이 목사님께 장학금을 받고 미국에서 공부했습니다. 제가 이분께 참 많이 신세를 진 것입니다. 1958년 그 옛날, 제가 신학교 학생 때 이 마펫 목사님이 한국으로 와서 선교사로 취임하게 되셨습니다. 그래 신학교 채플 시간에 첫 설교를 하셨는데, 한국말이 아직 서투르셔서 영어로 하셨습니다. 그때 제가 아주 인상 깊게 큰 감동을 받았는데, 그걸 일생토록 잊지 않고 있습니다. 그분의 아버지가 바로 마포 삼열 목사님입니다. 평양신학교를 세우셨을 뿐만 아니라, 그 신학교의 교장으로 일하셨던 분 아닙니까. 그 마포 삼열 목사님의 아들로 평양에서 태어나신 분이 바로 사무엘 마펫 목사님입니다. 그래 평양에서 자라게 되었는데, 친구들도 없고, 말도 잘 안 통합니다. 사정이 그렇다 보니, 그분은 항상 아버지의 신학교에 가서 뛰놀았습니다. 어느 순간에는 교실에도 막 들어오고, 복도에서 이리 뛰고 저리 뛰고 하여 공부에 방해가 됩니다. 그래 아버지가 아무래도 안 되겠기에 이 아들에게 이릅니다. "Go home, get away home(집으로 가라, 집으로 가라)." 늘 이렇게 책망을 했다는 것입니다. 그 일을 두고 사무엘 마펫 목사님이 이런 말씀을 하신 적이 있습니다. "제가 어렸을 때 그렇게 아버지께 꾸지람을 들으면서 자랐는데, 오늘 저는 그 꾸지람을 어기고, 아버지의 깊은 뜻을 따라 한국으로 왔습니다. 아버지는 어린 저한테 집으로 가라고 타이르셨지만, 저는 오늘 한국으로 돌아왔습니다." 원래는 프린스턴 신학교의 교수셨거든요. 심지어는 총장 물망에까지 올랐던 분입니다. 그런 귀한 어른이 모든 것을 버리고, 아버지의 뜻을 이어 한국에 와서 40년을 사역하신 것입니다. 그리고 은퇴한 뒤에는 다시 프린스턴 신학교로 돌아가 교수로 계셨는데, 100세까지 사셨습니다. 제가 프린스턴에 갈 때마다 한 번씩 그분 댁에 가봅니다마는, 집이 얼마나 어수선하고 부족해 보이는지 모릅니다. '아, 이 어른이 이런 데에 사시는구나!' 이런 생각이 들어서 마음이 아프고, 좋지 않았습니다. 그런데 그 집에 참 재미있는 것이 있었습니다. 한국의 전통 갓을 여러 개 사다가 벽에 죽 걸어놓은 것입니다. 심지어 뭐가 좋다고 담뱃대도 거기다 떡하니 걸어놨습니다. 그리고 한국에 대한 그림들이나 여러 가지 유품들을 많이 갖다 놓았습니다. 그분이 한국을 얼마나 사랑하시는지 미루어 알 수 있는 광경 아닙니까. 보다 못해서 제가 이런 말까지 했습니다. "목사님, 이러다가 여기서 귀신 나오겠습니다. 한국 귀신 나오겠어요." 그랬더니 목사님이 이러셨습니다. "나는 이렇게 한국을 바라보면 지금도 마음이 편안하다네."

오늘 본문은 아주 귀중한 말씀입니다. 아버지가 아들에게 하는 말씀, 아버지의 소원입니다. "내 말을 네 마음에 두라……(4절)" 단순한 메시지 아닙니까. 그러나 아주 중요한 말씀입니다. 아버지의 말씀, 그것이 무엇입니까? 아버지의 말씀은 곧 지혜입니다. 지식만이 아닙니다. 한평생을 살면서 깨닫고, 공부하고, 느끼고, 겪은 지혜입니다. 많은 시련 속에서 성공도 있었고, 실패도 있었습니다. 하지만 이제는 그것들이 다 모여서 하나의 지혜가 됩니다. 아버지께는 바로 그 지혜가 있는 것입니다. 긴긴 세월을 통해 파란만장한 생을 살면서 얻은 경륜입니다. 이것이 지혜로 통하는 것입니다. 여러분,

이것을 잊어서는 안 됩니다. 내 말을 네 마음에 두라— 이 아버지의 메시지는 곧 사랑입니다. 어쩌면 이런 말씀이 될 수도 있습니다. "나는 많이 실패했다. 너는 실패하지 마라. 나는 때때로 넘어질 때도 있었다. 너는 넘어지지 마라. 그래서 내가 이 말을 하는 것이다. 나는 지금 후회되는 일이 많다. 너는 후회스럽게 살지 마라." 그렇습니다. 아버지는 휘청휘청했습니다. 실수도 많이 했습니다. 그러나 그 속에서 지혜를 얻었습니다. 그 지혜를 말씀하고 있는 것입니다. 그 지혜 속에 깊은 사랑이 있습니다. '나는 그렇게 살았지만, 제발 너는 이렇게 살아라. 나는 잘못된 흔적이 많지마는, 너는 부끄러움 없는 생을 살아다오.' 이것이 아버지의 훈계입니다. 내 말을 너의 마음에 두라—

　　제가 예전에 인천제일교회에서 목회할 때 이런 일이 있었습니다. 누가 임종이 가까웠다고 하는 말을 듣고 제가 어느 가정을 방문했습니다. 생활이 매우 어려운 집이었는데, 아들이 셋 있었습니다. 그 아들 셋이 다 교회에 잘 나오고, 그 부인도 교회 집사님입니다. 한데 정작 본인, 그 죽어가는 남편은 예수를 안 믿는 것이었습니다. 아무튼, 그 임종의 시간에 아들 셋이 어머니와 함께 아버지 주변에 둘러앉았습니다. 그래 제가 그분을 위해서 성경을 읽고, 설교하고, 기도했습니다. 그리고 임종을 기다리고 있었습니다. 그런데 몹시 힘들어하던 그 아버지가 어느 순간 갑자기 눈을 번쩍 뜨더니, 아들들을 한번 죽 돌아보면서 딱 한 마디를 하는 것이었습니다. "술 먹지 마라!" 그분이 술로 망했거든요. 술 때문에 많은 실수를 저질렀거든요. 그래 이제 후회를 하며 딱 한 마디 한 것입니다. "술 먹지 마라!" 그 마지막 말을 제가 직접 들었습니다. 여러분, 마지막 말은 참으로 귀한 것입니다.

한 가지 예를 더 들겠습니다. 어떤 할머니가 세상을 떠나게 되었다고 해서 제가 그 임종 때 기도를 하려고 그분 집에 가게 되었습니다. 온 집안 식구가 죽 둘러앉았습니다. 이 할머니가 임종이 가까이 오자 뭔가 하고 싶은 말이 있는지, 입을 오물거리며 안간힘을 쓰는 것이었습니다. 그러니까 주위에서 말합니다. "너무 힘들어하지 마세요. 말씀 안 하셔도 됩니다." 하지만 그분은 숨을 깊이 몰아쉬며 기어이 한 말씀 하십니다. "이 세상에는 나쁜 사람보다 좋은 사람이 더 많다." 그리고 눈을 감으셨습니다. 이 할머니가 한평생 얻은 마지막 교훈입니다. '세상에는 나쁜 사람만 있는 게 아니야. 좋은 사람이 더 많더라.' 아주 훌륭한 교훈 아닙니까. 그런 교훈을 마지막으로 자손들한테 남기고 가시는 것을 제가 옆에서 직접 보았습니다. 종말론적 메시지입니다. 생을 마감하며 하나님 앞에서 정직한 마음으로 주는 교훈, 마지막 교훈입니다.

오늘 본문은 말씀합니다. "내 말을 네 마음에 두라……(4절)" 여러분, 효도가 무엇입니까? 효도는 구제가 아닙니다. 부모님의 어려운 생활을 불쌍히 여기는 마음, 그것이 효도의 전부가 아닙니다. 아무리 잘 대접해도 아닙니다. 가장 중요한 효도는 듣는 것입니다. "그만 하세요. 말도 안 되는 소리 하지 마세요." 이러면 안 됩니다. "말씀하세요. 듣겠습니다. 말씀하세요. 제가 들으리다." 이것이 효도입니다. 인격과 인격 사이에서 가장 중요한 것은 말하고 듣는 것입니다. 이 듣는 자세가 최고의 사랑입니다. 여러분, 사랑하는 사람이 있습니까? 그의 말을 듣는 것입니다. 존경하는 사람이 있습니까? 그의 말씀 한마디 한마디를 소중히 여기는 것입니다. 그 자체가 효도요, 그 자체가 믿음입니다. 듣는 마음입니다.

특별히 열왕기상 3장에 귀한 말씀이 있습니다. 솔로몬이 21살, 그 젊은 나이에 왕이 되었습니다. 그는 너무나 답답하고 괴로웠습니다. 일은 많고, 어떻게 해야 할지를 몰랐습니다. 지금은 삼권분립이지만, 옛날에는 삼권통합입니다. 왕이 입법, 행정, 사법을 다 해야 합니다. 너무너무 힘들어서 하나님의 전에 들어가 밤새도록 기도합니다. 일천 번제를 드리고 기도했습니다. 하나님께서 나타나셨습니다. "솔로몬아, 너는 내게 고하라. 내가 네게 무엇을 줄까?" 얼마나 귀중한 시간입니까. 이 순간 구하는 것은 다 이루어지지 않겠습니까. 하지만 솔로몬은 딱 한 가지를 구했습니다. 이 한 가지라는 것이 중요합니다. 이제 하나님께서 말씀하십니다. "부귀영화도 있고, 장수도 있고, 원수의 생명 멸함도 있다. 이렇게 구할 것이 많은데, 어찌 너는 그 한 가지만 구하느냐?" 하나님께서는 마음이 흡족하셨습니다. 솔로몬은 지혜를 구했던 것입니다. "지혜로운 마음을 주십시오." 히브리어로는 '레브 쉐미트'입니다. '레브'는 '마음'이라는 말이고, '쉐미트'는 '듣는다'는 말입니다. 그러니까 '듣는 마음'입니다. 영어 성경에는 'hearing heart'라고 번역되어 있습니다. '듣는 마음'입니다. "하나님이시여, 제게 듣는 마음을 주십시오." 하나님께서 너무너무 기뻐하셨습니다. 그래 하나님께서 축복해주십니다. 한데, 제가 볼 때는 좀 너무하신 것 같습니다. 왜냐하면, 전무후무하게 주셨기 때문입니다. 아무튼, 전무후무한 지혜를 솔로몬에게 주셨습니다. 그래서 오늘 3천 년이 지났지만, 지금도 솔로몬이라고 하면 지혜요, 지혜라고 하면 솔로몬입니다. 솔로몬은 지혜의 대명사가 되었습니다. 그런데 그 지혜가 무엇입니까? 깊이 생각하면 딱 하나입니다.

'듣는 마음'입니다. 겸손하게 마음을 열고, 존경하는 마음으로 깨끗하게 듣는 것입니다. 경외하는 마음으로 듣는 것입니다. 이 마음이 있는 동안 솔로몬은 지혜의 왕으로 살았습니다. 누구도 마찬가지입니다. 듣는 마음이 있을 때 지혜로운 자가 되는 것입니다. 귀가 어두워지면 끝입니다. 이걸 잊지 말아야 합니다. 여러분, 효도가 무엇입니까? "아버지, 말씀하세요. 제가 듣겠나이다." 이 얼마나 귀중한 마음입니까. 아버지의 말씀을 사랑하고, 아버지의 말씀을 기뻐하고, 아버지의 말씀을 높이고, 아버지의 말씀을 항상 듣는 마음입니다.

저는 자라면서 아버지께 들은 이야기가 많습니다. 할아버지, 아버지께 많은 말씀을 들었습니다. 그때는 몰랐지만, 이제 나이가 드니까 하나하나 새록새록 기억이 납니다. 그래 제가 언젠가 한 번은 그걸 하나하나 써보았습니다. 꽤 많았습니다. 지금도 제 수첩 첫 페이지를 열면 '아버지의 교훈'이라는 제목으로 그 내용이 죽 씌어 있습니다. 수첩을 바꿀 때가 되면 그걸 새 수첩에 고스란히 다 옮겨놓습니다. 새해를 맞이할 때마다 그렇게 옮겨 씁니다. 제가 가끔 후배 목사님들에게 이걸 자랑합니다. 그러면 그분들이 이 수첩을 갖다 놓고 사진을 찍기도 합니다. 어쨌든 좋은 말씀이니까요. 그럼 무슨 말씀일 것 같습니까? 사실 평범한 이야기입니다. 하지만 소중합니다. 많은 이야기 가운데 한두 가지만 말씀드리겠습니다. '사람이 미친개에게 물렸다고 하자. 그럼 그건 개 잘못이냐, 사람 잘못이냐?' 이것이 교훈입니다. 생각하면 얼마나 소중한 교훈입니까. 또 있습니다. '시간을 지켜라. 네가 기다릴지언정 남을 기다리게 하지 마라.' 그래서 저는 일생 시간을 잘 지켰다고 생각합니다. 언제나 15분 전에 갑니다. 제가 이 시간에 교회 나오기 위해서도 미리 30분 전에 와서 저

쪽에 차를 대놓고 그 안에서 기다리고 있다가 5분 전에 딱 들어옵니다. 그러니까 여러분들이 문 앞에 섰다가 인사를 하는 것이지요. 그렇게 시간을 지키려면 30분 전에는 와야 합니다. 우리 아버지께서 제게 가르쳐주신 교훈입니다. 이렇게 한평생 지키고 있습니다. 저는 물건을 살 때도 아버지의 교훈을 생각합니다. '절대 물건값 깎지 마라. 그거 깎아서 부자 되는 사람 없다. 사람만 망가진다.' 그래서 저는 절대 물건값을 깎지 않습니다. 달라는 대로 줍니다. 그 사람도 장사해서 살아야 하는데, 좀 보태줘야지, 하면서 주는 것입니다. 그래서 어느 상점에 가도 다 저를 반가워합니다. 얼마나 좋아들 하는지 모릅니다. 여러분, 잊지 마십시오. 어른들이 가진 교훈, 많은 생각 속에서, 많은 경험 속에서 얻은 그 훈계를 내가 받아서 소중하게 여기고 간직해야 합니다. 좀 더 나아가서는 이것이 중요합니다. "말씀하소서. 듣겠나이다. 말씀하소서. 듣겠나이다." 그 순간이 효도입니다. 그 순간이 효도하는 마음입니다. 이걸 잊지 마십시오. 항상 부모님의 교훈을 소중히 여기는 마음, 이것이 중요합니다.

저는 어렸을 때 저희 어머니가 성경 읽으시는 모습을 많이 보았습니다. 옛날에는 '성경통독회'라는 것이 있었습니다. 주일마다 교회에 가서 지난주에 성경 몇 장을 읽었고, 어디서부터 어디까지 읽었는지를 써내게 되어 있었습니다. 그것을 다 모아서 1년이 지난 다음 성경을 많이 읽은 사람에게 상을 주는 것입니다. 우리 어머니가 해마다 1등 상을 받으셨습니다. 그때 부상으로 받는 것이 대개 밥그릇입니다. 그래 숟가락, 밥그릇 같은 것들을 받아서 집으로 가져오십니다. 그럼 그 밥그릇에다 밥을 담아주시면서 이렇게 말씀하셨습니다. "이거 내가 성경통독 해서 1등 상으로 받은 밥그릇이다. 먹어라." 어쨌든 어머니가 성경 읽으시는 모습을 보면서 저도 성경을 읽게 되었습니다. 우리 어머니가 저더러 성경을 보라는 말씀은 안 하셨습니다마는, 저는 그 모습을 보고 이렇게 생각하지 않을 수 없었습니다. '이래서는 안 되겠다. 어머니가 성경을 저렇게 보시니, 나도 보아야 하겠다.' 제가 철없을 때 뜻도 모르면서 그렇게 성경을 읽었습니다. 읽고 나서 어머니께 오늘 몇 장 읽었다고 말씀을 드리면 어머니가 얼마나 기뻐하셨는지 모릅니다. 물론 그때는 성경을 알고 성경을 본 것이 아니라, 어머니의 마음을 기쁘게 해드리기 위해서 성경을 본 것입니다. 그런데도 결국은 제가 목사가 되었습니다. 부모님의 마음을, 부모님의 말씀을 마음에 두십시오. 오늘도 가서 부모님께 말씀드리십시오. "말씀하소서. 제가 듣겠나이다." 그가 효자입니다. 반대로 말해볼까요? 모처럼 어머니가 뭐라고 하시는데 이러면 안 되는 것입니다. "정신 나가셨어요? 미치셨어요?" 천하의 불효자입니다. 이걸 잊지 말아야 합니다. 부모님의 말씀을 마음에 두는 것, 이걸 잊지 말아야 됩니다.

영국의 유명한 정치 영웅인 처칠을 다 아시지요? 이 처칠 수상의 성공을 보고 어떤 학자가 그에 대해서 연구를 했습니다. 그래 그에게 영향을 끼쳤던 선생님들을 다 모아서 책을 만들었습니다. 유치원 선생님부터 대학교수까지, 전부 연구를 한 것입니다. 그리고 처칠 경에게 이 책을 선사했습니다. 처칠 경이 이 책을 읽어보고 나서 기자에게 말했습니다. "이 책에는 내게 영향을 주신 스승들에 대해서 씌어 있는데, 중요한 선생님 한 분이 빠졌구먼." 기자가 물었습니다. "그분이 누구신데요?" 이때 처칠의 대답이 이랬습니다. "우리 어머니 말이오. 어느 대학교수보다도 우리 어머니가 계셔서 오늘 내가 있는 것이오."

　잠언 7장 2절은 이렇게 말씀합니다. "내 법을 네 눈동자처럼 지키라." 부모를 기쁘게 해드리는 것은 선물이 아닙니다. 특별한 방법이 효도가 아닙니다. 중요한 것은 그 말씀을 소중히 여기는 것입니다. 그 말씀을 잘 받아들이는 것입니다. 그 말씀을 자랑하는 것입니다. 그 말씀이 있어서 오늘의 내가 있다고 하는 것이 바로 효도입니다. 가장 큰 행복도 여기에 있습니다. 이제는 효도마저도 세속화되어버렸습니다. 무슨 효도 관광 보내드리고, 돈 몇 푼 드리면 된다고 생각하지만, 착각입니다. 아니올시다. 조용히 무릎 꿇고 앉아서 부모님의 말씀을 귀담아들어야 합니다. "말씀하소서." 그리고 말씀하시게 해드리는 것, 그리고 그 말씀을 듣는 것, 여기에 하나님의 축복이 있습니다.　△

이 사람의 믿음

　　루스드라에 발을 쓰지 못하는 한 사람이 앉아 있는
데 나면서 걷지 못하게 되어 걸어 본 적이 없는 자라
바울이 말하는 것을 듣거늘 바울이 주목하여 구원 받
을 만한 믿음이 그에게 있는 것을 보고 큰 소리로 이
르되 네 발로 바로 일어서라 하니 그 사람이 일어나
걷는지라 무리가 바울이 한 일을 보고 루가오니아 방
언으로 소리 질러 이르되 신들이 사람의 형상으로 우
리 가운데 내려오셨다 하여 바나바는 제우스라 하고
바울은 그 중에 말하는 자이므로 헤르메스라 하더라
시외 제우스 신당의 제사장이 소와 화환들을 가지고
대문 앞에 와서 무리와 함께 제사하고자 하니 두 사
도 바나바와 바울이 듣고 옷을 찢고 무리 가운데 뛰
어 들어가서 소리 질러 이르되 여러분이여 어찌하여
이러한 일을 하느냐 우리도 여러분과 같은 성정을 가
진 사람이라 여러분에게 복음을 전하는 것은 이런 헛
된 일을 버리고 천지와 바다와 그 가운데 만물을 지
으시고 살아 계신 하나님께로 돌아오게 함이라 하나
님이 지나간 세대에는 모든 민족으로 자기들의 길들
을 가게 방임하셨으나 그러나 자기를 증언하지 아니
하신 것이 아니니 곧 여러분에게 하늘로부터 비를 내
리시며 결실기를 주시는 선한 일을 하사 음식과 기쁨
으로 여러분의 마음에 만족하게 하셨느니라 하고 이
렇게 말하여 겨우 무리를 말려 자기들에게 제사를 못
하게 하니라

　　　　　　　　(사도행전 14 : 8 - 18)

이 사람의 믿음

　이스라엘 사람들이 '지혜의 보고'라고 말하는「탈무드」에 재미있는 이야기가 하나 있습니다. 어떤 경건한 유대 사람이 간절한 소원이 있어서 하나님 앞에 새벽마다 3년 동안을 열심히 기도했답니다. 그랬더니 어느 날 마침내 하나님께서 응답해주시더라는 것입니다. "네가 구하는 세 가지 소원을 내가 들어주겠다." 이 사람, 감격하지 않았겠습니까. 그래 생각합니다. '무엇을 구할까?' 돈, 명예, 건강, 출세…… 하지만 아무리 생각해봐도 그런 것들은 정말로 중요하지는 않은 것 같았습니다. 그래서 그는 나름대로 지혜롭게 다시 생각해보았습니다. 그리고 하나님께 이렇게 구했습니다. "하나님, 모든 사람에게 사랑을 받게 해주십시오." 그러고 나서 그다음 날부터 문밖에 나가기만 하면 사람들이 모두 다 그를 보고 반갑다고 인사를 해옵니다. 시장에 나가면 사람들이 다가와 그의 손을 붙들고 이렇게 말합니다. "사랑합니다!" 처음에야 좋았지요. 하지만 하루종일 그러다 보니 이 사람이 지쳤습니다. 그렇게 시달리고 저녁에 집으로 돌아가면 맥없이 그냥 풀썩 쓰러졌습니다. 그래 그는 하나님께 이렇게 구했습니다. "하나님, 제발 이걸 좀 멈춰주십시오." 하나님께서 멈춰주셨습니다. 이로써 두 가지 소원이 다 이루어졌습니다. 이제 하나만 남았습니다. '무엇을 구할까? 무엇을 구해야 하나?' 하고 궁리하다가 이 사람은 결국 하나님께 이렇게 기도했다고 합니다. "하나님, 제가 무엇을 구해야 할지를 가르쳐주십시오." 이렇게 그는 세 가지 소원을 다 반납해버린 셈이 되고 말았습니다. 여러분, 여기에 얼마나 중요한 의미가 있습니까. 우리가 이것저것 소원이 많은 것 같아도 정작 하나님 앞에서 '이것입니다!' 할 수 있는 확실한 소원은 말하지 못하고 살아간다, 이것입니다. 그래서 우리 신앙생활이 항상 흔들리는 것입니다.

　여러분, 구약성경에 우리가 잘 아는 이런 이야기가 있습니다. 솔로몬 왕이 21살에 왕이 되지 않습니까. 너무나 일이 많습니다. 지금은 삼권분립이지만, 옛날에는 삼권통합이었습니다. 왕이 혼자서 입법, 행정, 사법을 다 하게 되어 있었던 것입니다. 많은 사람의 재판을 맡아 시시비비를 가리는 일까지도 왕이 해야 했습니다. 그러니 그 스물한 살 난 청년, 얼마나 힘들었겠습니까. 솔로몬은 하나님의 성전에 들어가 일천번제를 드리면서 간절히 기도했습니다. 그러자 마침내 하나님께서 그의 꿈에 나타나시어 이렇게 말씀하셨습니다. "너는 내게 구하라. 내가 네게 무엇을 줄까?" 기도 생활에서 이런 일이 생긴다면 여러분은 어떻게 하시겠습니까? 솔로몬이 이때 하나님 앞에 기도했습니다. "하나님, 지혜로운 마음을 주시옵소서." 원문을 보면 그 뜻이 더 의미심장합니다. 히브리어로 '레브 쉐미트'인데, 여기서 '레브'는 '마음'이라는 뜻이고, '쉐미트'는 '듣는다'는 뜻입니다. 직역하면 이것입니다. '듣는 마음을 주십시오.' 이것을 옛날의 영어 성경에서는 'hearing heart'라고 번역했습니다. '하나님, 듣는 마음을 주십시오.' 하나님께서는 이 기도를 들으시고 너무나 기뻐하십니다. 이로써 솔로몬은 지혜의 왕이 됩니다. 하나님께서는 솔로몬이 구하지 않은 것까지도 전무후무하게 주셨습니다.

　여러분, 지혜란 무엇입니까? '듣는 마음'입니다. 우리에게 가장 큰 복이 뭐겠습니까? 여러분은 어떻게 생각하십니까? 깊이 생각해보십시다. 최고의 복, 그 첫째는 듣는 마음입니다. 그리고 둘째는 들리는 마음입니다. 셋째는 믿어지는 마음이고, 넷째는 믿고 평안한 마음입니다. 다시 말하면, 최고의 복이 듣는 마음이다, 이것입니다. 여러분, 가정에 불화가 있습니까? 문제가 있습니까? 듣는 마음이 있어야 합니다. 여러분, 자녀 교육에 문제가 있습니까? 문제의 핵심은 듣는 마음입니다. 깊이 듣지 않았기 때문입니다. 내가 하고 싶은 말만 했습니다. 심지어 듣는다고 하더라도 내가 듣고 싶은 것만 들었던 것입니다. 그럼 전혀 인격과 인격의 대화는 이루어지지 않습니다.

오늘본문에는 특별한 은혜의 말씀이 기록되어 있습니다. 바울이 전도 여행 중에 루스드라라는 곳으로 가서 어느 가정에 들어가 복음을 전하게 됩니다. 그때 거기에 과연 몇 명이나 모였는지 궁금합니다. 그곳은 회당이 아니거든요. 가정집입니다. 거기에 들어가 설교를 하는 것입니다. 제가 여러 다른 나라에 갔을 때 가정예배를 인도하는 경우가 더러 있었습니다. 언젠가 중국에 갔을 때도 그런 적이 있습니다. 한데, 중국에서는 서서 말하면 설교고, 앉아서 말하면 좌담이 됩니다. 게다가 설교는 법으로 금지되어 있어서 중국의 가정에 들어갔을 때는 반드시 앉아서 합니다. 그렇게 하면 법적으로는 좌담이라서 죄가 되지 않거든요. 그런 경험이 있습니다. 이 루스드라라는 곳에서 사도 바울이 설교를 하게 됩니다. 아주 많은 사람이 모였을 것 같지는 않습니다. 그런데 그 가운데 나면서부터 앉은뱅이 된 사람이 와 있었다는 것입니다. 성경에는 이 사람이 걸어본 적이 없었다고 기록되어 있습니다. 일생토록 단 한 번도 걸어본 적이 없는 앉은뱅이가 그곳에 앉아 있었습니다. 사도행전 3장에 보면 베드로와 요한이 기도하러 성전으로 올라갑니다. 거기에서도 도중에 앉은뱅이가 앉아서 구걸하는 것을 볼 수 있었습니다. 그래서 우리가 추측해보면 이 앉은뱅이도 아마 거지였을 것입니다. 그렇게 구걸을 하면서 돌아다니다 보면 소문을 많이 듣게 됩니다. 어찌 보면 그게 복입니다. 그렇게 돌아다니다가 사도 바울의 설교 말씀을 듣게 되었던 것입니다. 하나님의 역사, 참 신기하지 않습니까. 이리하여 그 사람이 사도 바울을 보면서 하나님의 말씀을 듣습니다.

오늘본문에서 아주 중요한 말씀은 사도 바울이 자기 설교를 듣는 이 사람한테서 구원을 얻을 만한 믿음을 보았다는 것입니다. "바울이 주목하여 구원 받을 만한 믿음이 그에게 있는 것을 보고(9절)." 이 말씀이 저는 너무너무 감격스럽습니다. 바울이 설교를 하면서 딱 보니까 그 사람이 정말 열심히 듣거든요. 믿음으로 듣는 것입니다. 기도하면서 듣습니다. 그 자세에서 그 사람에게 구원을 얻을 만한 믿음이 있다는 것을 사도 바울이 보았다, 이것입니다. 그 마음을 읽은 것입니다. 그리고 그 사람의 영적 상태를 진단했습니다. 그래 사도 바울이 이릅니다. "일어나라!" 그때 그 사람이 벌떡 일어납니다. 기적입니다. 큰 기적. 구원 얻을 만한 믿음이 있는 것을 보았다— 대단히 중요한 이야기입니다. 목사로서는 이것이 더더욱 중요합니다. 왜냐하면, 제가 설교를 하고 있습니다마는, 여러분이 지금 제 설교 듣는 것을 제가 또 보고 있습니다. 어떻게 듣는지, 얼마나 집중해서 듣는지, 어느 정도 간절한 마음으로 듣는지가 제 눈에 다 보인다는 말씀입니다. 제가 벌써 설교를 50년째 계속하고 있지 않습니까. 이제는 여러분이 듣는 자세를 보면 그 믿음의 상태를 진단할 수 있습니다. 역시 잘 듣고, 깊이 듣는 사람은 믿음이 훌륭하게 자랍니다.

하지만 교회에 와서도 늘 건성으로 돌아다니고, 또 앉았다 하면 어김없이 꾸벅꾸벅 조는 사람은 역시나 그렇지 못합니다. 또, 우리 교회는 그렇지 않습니다마는, 다른 교회에 가서 보면 목사님들의 공통적인 고민거리가 있습니다. 장로님들이나 교회에서 봉사 많이 하는, 이른바 예수 잘 믿는다는 분들이 정작 예배에는 잘 들어오지 않는다는 것입니다. 그저 밖을 돌아다니면서 악수하고 인사하기 바쁩니다. 그걸 예배로 생각하고 그냥 가버리는 것입니다. 그래서 어떤 젊은 목사님들은 대놓고 저한테 하소연합니다. "장로님 몇 분이 설교 시간에 예배당으로 들어오지를 않는데, 어떻게 하면 좋겠습니까?" 여러분, 이 얼마나 중요한 얘기입니까. 듣는 마음이 없는 것입니다. 들을 마음이 없는 것입니다. 예배하는 마음이 없는 것입니다. 이런 사람이 어떻게 교인입니까. 그런 식으로 교회를 어지럽히는 것입니다. 심각한 문제입니다.

이런 재미있는 이야기가 있습니다. 제가 인천에서 60년대 초부터 14년 동안을 목회했습니다. 그때 특별한 사건이 하나 있었습니다. 이제는 워낙 옛날이야기라서 구체적으로 말씀드려도 실례가 안 될 것입니다. 그 시절 인천에는 신포동이라는 곳에 '은성다방'이라고 있었습니다. 교회가 너무나 어려운 형편이라서 사무실이라는 것이 따로 없었습니다. 목사가 교회에서 잠시 앉아서 쉴 수 있는 곳도 없었다, 이것입니다. 그러니 손님을 어디서 만나겠습니까. 하는 수 없이 은성다방이라는 찻집에서 만났습니다. 언제든지 손님이 만나자고 하면 그 은성다방으로 갔습니다. 그러다 보니 하루에도 몇 번씩 거기에 가게 됩니다. 그래 그 다방의 마담하고 친해졌습니다. 제가 가면 마담이 어찌나 반갑게 맞아주는지 모릅니다. 심지어 나중에는 곽 목사님하고 그 집에 가야 진짜 맛있는 커피를 얻어먹을 수 있다는 소문까지 났습니다. 어쨌든 제가 하도 자주 그 은성다방에 가서 손님을 만나다 보니 그 다방의 마담을 전도하게 되었습니다. 마담은 생전 교회라는 곳은 근처에도 가본 적이 없는 사람입니다. 한마디로 전형적인 다방 마담입니다. 그런 분이 제가 오라고 하지도 않았는데, 어느 날 교회에 나왔습니다. 제가 깜짝 놀랐습니다. 그런데 그 마담은 언제나 맨 뒷자리에 앉아 있다가 예배 마지막에 축도가 끝나자마자 도망치다시피 사라지곤 했습니다. 그래 제가 다음에 만났을 때 말했습니다. "왜 그렇게 서두르십니까? 좀 끝까지 앉아 있다가 다른 교인들하고 인사도 나누고 하시지요." "아니에요. 제가 소문난 은성다방의 마담이잖아요. 저 같은 사람이 예배드리러 왔다는 소문이 나면 교회에 별로 좋지 않을 것 같아서요." 그래서 제가 더 뭐라고 말하지는 않았습니다. 그런데 이분이 주일마다 나오는데, 맨 뒤에서 조금씩 앞으로 나오는 것입니다. 그러다가 나중에는 맨 앞자리에 앉더라고요. 예배를 마친 다음 나갈 때 교인들하고 인사도 하게 되었습니다. 그분, 마침내 인천제일교회의 집사가 되었습니다.

여러분, 제가 왜 이 이야기를 하는지 아십니까? 성경은 말씀합니다. "가까이하여 말씀을 듣는 것이 우매자의 제사보다 낫다." 사실입니다. 말씀에 은혜가 되면 가까이 가게 되어 있습니다. 좀 더 가까이, 좀 더 가까이…… 이것이 믿음이요, 믿음의 성장입니다. 잊지 말아야 합니다. 하지만 유감스럽게도 한평생 교회에 나오면서도 맨 뒤에만 앉는 사람도 있습니다. 문제가 좀 있지요. 가까이하여 듣는다, 가까이하여 바라본다, 가까이하여 귀를 기울인다…… 얼마나 중요합니까. 이것이 믿음이요, 믿음의 성장이요, 믿음의 수준입니다.

오늘 본문에서 루스드라의 앉은뱅이도 말씀을 믿음으로 들었습니다. 그는 사도 바울을 뚫어져라 주시하며 말씀을 듣고 있습니다. 한 말씀 한 말씀을 믿음으로 들었습니다. 그에게는 아무런 의심도 없습니다. 아무런 불평도 없습니다. 오직 말씀에만 집중합니다. 뿐만이 아니라, 순종하며 들었습니다. 사도 바울이 뭐라고 한마디 하면 그저 "아멘!" 하고 받아들입니다. "아, 그렇습니다!" "아, 그렇고말고요!" "아, 옳습니다!" 이렇게 그저 말씀마다 순종의 마음으로, 말씀마다 믿음으로 들었습니다. "아멘! 아멘!" 하면서 말씀에 이끌리어 들었습니다.

또 중요한 점이 있습니다. 그는 자기를 부정하며 말씀을 들었습니다. 자기가 앉은뱅이라는 사실을 잊어버렸습니다. 자신이 구걸하는 거지라는 사실도 잊었습니다. 억울하고 분한 과거가 있었을지 모르지만, 그것도 다 잊었습니다. 현재 자신이 사람들로부터 받는 멸시와 천대도 깨끗하게 잊었습니다. 그리고 오로지 말씀에만 집중했습니다. 여러분, 이 앉은뱅이에게 얼마나 복잡한 과거가 있었겠습니까. 얼마나 억울하고 분할 때가 많았겠습니까. 불행도 많고, 한도 많은 사람입니다. 그러나 다 잊어버리고, 깨끗한 마음으로 말씀에만 집중하고 몰두했습니다. 그야말로 말씀에 빨려 들어갔습니다. 그때 사도 바울이 그를 보고 엉뚱한 말을 합니다. "일어나라!" 그러자 그가 벌떡 일어났습니다. 여러분, 그 순간을 생각해보십시오. 아마 보통 사람이면 이랬을 것입니다. "바울 선생님, 제가 보통 앉은뱅이인 줄 아십니까? 저는 나면서부터 앉은뱅이입니다. 일생토록 걸어본 적이 없습니다. 저 같은 사람이 일어났다는 말도 들어본 일이 없습니다. 농담하지 마십시오. 지금 누구를 보고 일어나라 마라 하시는 것입니까?" 이렇게 대들 수도 있는 것입니다. 한데도 그는 자기가 앉은뱅이라는 사실을 까맣게 잊어버리고 사도 바울의 일어나라는 말 한마디에 벌떡 일어납니다. 이 얼마나 놀라운 사건입니까. 특별히 여기서 중요한 것은 바울이 그 믿음을 보았다는 사실입니다. 그에게 구원 얻을 만한 믿음이 있음을 사도 바울은 꿰뚫어 본 것입니다. 그의 눈빛에서, 그의 자세에서, 그의 얼굴에서 그에게 충분히 구원 얻을 만한 믿음이 있다는 것을 사도 바울은 감지한 것입니다. 그리고 기적이 나타납니다.

제가 교역자들에게 늘 이런 이야기를 합니다. 우리가 흔히 '성령 충만'이라는 말을 쓰지 않습니까. 이때 교역자에게는 세 가지 충만이 있습니다. 하나는 깊이 묵상하고 기도하면서 경험하는 충만입니다. 또 하나는 성경을 읽으면서 말씀에 심취되어 경험하는 성령의 충만이 있습니다. 그리고 셋째가 특별한 것인데, 목사가 설교하면서 경험하는 충만입니다. 하나님께서 나를 통하여 말씀하시는 것을 경험할 뿐만 아니라, 여러분 마음속에 말씀의 기적이 나타나고 있는 것을 봅니다. 이것이 충만입니다. 교회론적 충만입니다. 오늘 사도 바울도 말씀을 전하면서 일어나라고 할 때 이 앉은뱅이가 벌떡 일어나는 큰 기적이 루스드라에 나타나게 됩니다. 그야말로 unexpected grace, 전혀 기대하지 못했던 은혜입니다. 전혀 기대하지도, 생각하지도 않았던 이 은혜를 앉은뱅이가 경험합니다. 사도 바울도 경험합니다. 충만함, 놀랍지 않습니까. 말씀을 전하는 자와 말씀을 듣는 자 사이에서 주님께서는 역사하십니다. 성령 충만함의 능력이 나타나 당신의 사람들을 구원하시는 것입니다. 자기 생활의 익숙하고 습관화된 관성에서 벗어나 한평생 걸어본 적이 없는 사람입니다. 한평생 성경을 읽어본 일이 없는 사람입니다. 하지만 이제는 읽게 됩니다. 한평생 바른 자세로 기도해본 일이 없는 사람입니다. 하지만 이제는 기도하게 됩니다. 한평생 인간의 세계만 생각하고 살았던 사람입니다. 하지만 이제는 하나님만을 바라보는 영적인 세계를 살게 됩니다. 이것이 루스드라에 나타난 기적입니다. 이 기적은 믿음입니다. 이 믿음은 듣는 마음이었습니다. 이 은혜가 오늘 우리에게도 항상 함께하기를 바랍니다. △

추수 때까지 가만 두어라

예수께서 그들 앞에 또 비유를 들어 이르시되 천국은 좋은 씨를 제 밭에 뿌린 사람과 같으니 사람들이 잘 때에 그 원수가 와서 곡식 가운데 가라지를 덧뿌리고 갔더니 싹이 나고 결실할 때에 가라지도 보이거늘 집 주인의 종들이 와서 말하되 주여 밭에 좋은 씨를 뿌리지 아니하였나이까 그런데 가라지가 어디서 생겼나이까 주인이 이르되 원수가 이렇게 하였구나 종들이 말하되 그러면 우리가 가서 이것을 뽑기를 원하시나이까 주인이 이르되 가만 두라 가라지를 뽑다가 곡식까지 뽑을까 염려하노라 둘 다 추수 때까지 함께 자라게 두라 추수 때에 내가 추수꾼들에게 말하기를 가라지는 먼저 거두어 불사르게 단으로 묶고 곡식은 모아 내 곳간에 넣으라 하리라

(마태복음 13 : 24 - 30)

추수 때까지 가만 두어라

이런 의미심장한 실화가 있습니다. 어느 목장에 양들이 많이 있었습니다. 그런데 산에서 여우와 늑대가 그 양들을 자꾸 물어 가는 것입니다. 견디다 못해서 목장 주인은 전문적인 사냥꾼들을 불러다 여우와 늑대를 모두 죽여버렸습니다. 목장은 조용해졌습니다. 그 뒤로 이상한 일이 생겼습니다. 그해 겨울에 양들이 많이 얼어 죽은 것입니다. 어찌 생각하면 참 이상한 일 아닙니까. 정작 이리와 여우가 와서 양들을 잡아먹으려고 쫓아다닐 때는 양들이 이리저리 도망 다니고, 피해 다니면서 건강한 양이 될 수 있었는데, 이리와 여우가 없어지니까 이제는 무서운 일이 없는 것입니다. 조용하게 앉아서 졸기만 하는 것이지요. 그래서 그 겨울에 양들이 많이 얼어 죽었다, 이것입니다. 놀라운 이야기 아닙니까. 간단한 이야기지만, 여기에 우주적인 진리가 있습니다.

오늘 본문에는 좋은 종자를 심은 자리에 가라지가 함께 자라는 이야기가 나옵니다. 종들이 주인에게 와서 말합니다. "웬 가라지가 생겼습니까? 당장 뽑아버릴까요?" 그렇습니다. 뽑는 게 당연한 일 같습니다. 하지만 주인은 다르게 말합니다. "아니다. 그냥 두어라. 추수 때까지 그냥 두어라." 정말 못마땅합니다. 그러나 이것은 주인의 말입니다. 성경은 종종 우리에게 이렇게 말씀합니다. "잠잠히 내가 하나님 됨을 알지어다." 모순되고, 부조리하고, 뭔가 잘못되는 것 같습니다. 하지만 "잠잠히 내가 하나님 됨을 알지어다" 하고 말씀하십니다. 하나님께서 어떻게 행하시는지, 어떻게 역사하시는지를 깊이 생각하라, 이것입니다. 대단히 중요한 교훈입니다. 속이 들끓고, 증오에 차고, 초조와 불안에 떨면 하나님의 음성을 들을 수 없습니다. 미워하고 악의를 품고 있으면 하나님의 뜻을 헤아릴 수 없습니다.

저는 어렸을 때 어른들을 도와서 농사일을 좀 해보았습니다. 모내기도 해보고, 논밭에서 김도 맸습니다. 그러려면 가라지를 구분해야 합니다. 한데, 가라지라고 생각해서 쑥 뽑았는데, 그게 알곡인 경우가 많습니다. 특히, 벼농사하는 사람은 김을 매면서 돌피라는 풀을 뽑아야 하는데, 그 돌피가 벼와 비슷하게 생겼습니다. 그래서 '이것은 돌피일 것이다' 하고 딱 뽑았는데, 아닌 것입니다. 뽑아놓고 보면 압니다. 돌피의 뿌리는 하얗고, 벼의 뿌리는 가늘고 붉습니다. 딱 뽑았는데, 그만 좋은 벼를 뽑았다면 그것은 참 마음 아픈 일입니다. 실제로 그런 일이 종종 있었습니다.

예수님께서도 농사일을 해보셨는지 모르겠습니다마는, 이 얼마나 자세한 말씀입니까. 저 악이 확실하게 자라서 본 모습을 드러낼 때까지, 다시 말해 이삭이 나올 때까지 기다리라고 하십니다. 이것은 인내입니다. 하나님의 섭리에 대한 순종이기도 합니다. 오늘 본문의 깊은 뜻이 여기에 있습니다. 주인의 관심은 어디까지나 좋은 곡식에 있습니다. 주님의 궁극적 관심은 좋은 곡식입니다. 만일에 가라지를 뽑다가 자칫 좋은 곡식을 뽑아버리면 안 된다는 것입니다. 그러니까 조금 불편하더라도 추수 때까지 기다리라고 말씀하십니다.

여기서 많은 사람이 가라지에 대해서만 집중합니다. 조급히 생각하는 것입니다. 장점도 있고 단점도 있는데, 꼭 단점에 대해서

만 생각합니다. 그리고 "떼버리라! 당장 떼버리라!" 합니다. 이것은 negative world view, 부정적인 생각입니다. 당장 떼어버리면 잠시는 편안할지 모릅니다. 이것이 혁명 철학입니다. 마음에 안 드는 것들은 당장 빼버려라― 그래서 혁명이 일어나는 것입니다. 그런데 그렇게 하면 잘 될 줄 알았는데, 아닙니다. 더 안 됩니다. 공산주의 혁명을 한다고 했지만, 더 큰 불행이 옵니다. 더 큰 가난이 옵니다. 더 큰 무질서와 더 큰 혼란과 더 큰 어려움을 보게 됩니다. "악을 빼버리자!" 악에다가 초점을 맞추는 것입니다. 이것은 엄청난 혼란과 멸망을 초래합니다. 그러나 주인의 관심은 좋은 씨앗에 있습니다. 가라지를 뽑다가 좋은 씨를 뽑아버리면 안 될 테니까요. 가라지 열 개보다 좋은 씨 하나가 더 소중하다― 이것이 주님의 마음입니다. 주께서 말씀하십니다. "잠깐 함께 두라." 아주 신비로운 말씀입니다. 이 말씀에 담긴 깊은 뜻을 이해해야겠습니다.

세상에는 고난도 있고, 질병도 있고, 역경도 있습니다. 실패도 있습니다. 악한 사람에게만 있는 것이 아닙니다. 선한 사람에게도 많은 어려움이 있습니다. 우리를 괴롭히는 원수도 있습니다. 그러나 얼마간 세상을 살아보고 나면 비로소 우리는 알게 됩니다. 하나님에 대한 믿음이 없고, 세상을 부정적으로 본 사람들은 누구 때문에 망했고, 누구 때문에 잘못됐고, 누구누구 때문에 내가 불행해졌다고 변명합니다. 그러나 성공한 사람들은 그렇지 않습니다. 누구 때문이라고 말하지 않습니다. 오히려 덕분이라고 말합니다. 분명 질병은 괴롭습니다. 하지만 질병 덕분에 지혜를 얻었습니다. 실패는 괴롭습니다. 하지만 실패 덕분에 믿음을 얻었습니다. 내가 당하는 역경이 있고, 마음에 안 드는 사건들이 있습니다. 하지만 이런 일들 때문이 아니라, 이런 일들 덕분에 내가 있음을 고백합니다.

저는 미국 여행을 많이 합니다. 그러다 보니 미국에서 우리 교포들을 많이 만납니다. 그분들이 한결같이 하는 말이 있습니다. "제가 영어도 못 하고, 다른 재주도 없어서 도저히 미국에 올 만한 사람이 아닌데, 어쩌다가 그만 웬 친구의 보증을 잘못 섰다가 집을 홀랑 날렸습니다. 그래서 이제 어떻게 할까 하다가 하는 수 없이 미국으로 오게 되었습니다. 달랑 돈 백 불을 들고 와서 죽을 고생을 하여 이렇게 성공했습니다. 그런데 이제 생각해보니 그 친구 덕분에 오늘의 제가 있는 것입니다." 적어도 이런 세계관, 이런 마음이 오늘본문에 나오는 주인의 마음입니다.

여러분, 혹 자녀교육을 하십니까? 아이들을 가르친답시고 잘못만 지적해보십시오. 이것도 잘못이고, 저것도 잘못이고, 하면서 자꾸 쪼아대기만 하면 아이들은 다 가출해버리고 맙니다. 아주 엉망이 되는 것입니다. 아무리 잘못하는 일이 눈에 보여도 생각을 달리해서 보면 잘하는 것도 많이 보이게 마련입니다. 그 잘하는 것을 가지고 계속 칭찬해보십시오. 심판하고 지적하는 것이 아니라, 잘하는 걸 들어서 이렇게 칭찬해보십시오. "야, 너 참 잘했다. 너 이거 참 훌륭하다." 조금 더 나아가 이래 보십시오. "그래, 내가 너를 볼 때마다 세상을 사는 보람이 있다. 너 때문에 내가 세상을 산다." 이런 말 듣고 아이들은 잘못될 수가 없습니다. 왜요? 자기 자신의 존재 속에 귀중한 알곡이 있고, 귀중한 가치가 있다는 것을 스스로 발견하게 되기 때문입니다. 그래서 감사하게 됩니다. 아주 중요한 말입니다. 주인은 절대로 가라지를 모르는 것이 아닙니다. 가라지 때문에 오는 불행이 많습니다. 그러나 주인은 좋은 곡식을 더 중요하게 여겼습니다. 이 말씀을 깊이 생각해야 합니다.

　오늘본문은 말씀합니다. "잠깐 함께 두라." 얼마나 신비롭습니까. 우리는 초조하고 불안합니다. 하지만 잠깐 함께 두라 하십니다. 고난과 역경, 악인과 선인, 불행과 행복이 함께 존재합니다. "잠깐 함께 두라. 추수 때까지 두라. 그러면 추수 때에 먼저 악한 자, 가라지를 뽑아 불에 던지고, 그다음에 좋은 곡식에 영생의 은총을 주실 것이다." 심판은 악에 먼저 있습니다. 그리고 선을 구원하시는 것입니다. 하나님께서 정하신 추수 때까지, 조금 지루하지만, 기다리시기 바랍니다. 때때로 마음에 안 들어도 참으시기 바랍니다. 주님께서 정하신 때가 있습니다. 주님의 마음을 우리 또한 이해해야 합니다. 같이 이해하고 기다려주는 마음, 그 주님의 큰 뜻을 기다리는 마음이 중요합니다. 하나님께서는 가라지에서 이삭이 나올 때까지, 완전한 악이 드러날 때까지 기다리신다는 것을 잊지 말아야 합니다. "추수 때까지 그냥 두라." 하나님께서 그냥 두시는데, 내가 조바심을 낼 필요가 있습니까. 내가 원망 불평할 필요가 있습니까. 여러분, 마음에 안 드는 일이 많습니까? 어떤 분은 신문을 안 본답니다. 어디를 보아도 마음에 안 들어서 안 보기로 결심했다는 것입니다. 하지만 그럴 수는 없습니다. 여러분, 오늘본문말씀이 바로 그것입니다. 가라지가 보입니다. "이 가라지를 빼버릴까요?" 하자 주인이 말합니다. "그냥 두어라." 이것을 이해하고, 그 주인의 마음과 뜻에 함께해야 한다는 것을 잊지 마시기 바랍니다.

　성 아우구스티누스의 유명한 말이 있습니다. '악인은 선인에게 인내와 온유를 가르치고……' 악한 사람 때문에 내가 온유를 배웁니다. 인내도 배웁니다. 악인은 우리 선한 사람들에게 인내와 온유를 가르칩니다. 그런가 하면, 이런 유명한 말도 있습니다. '선인은 악인에게 회개를 가르친다.' 우리가 구약성경에서 모세를 봅니다. 모세와 바로 왕이 대결합니다. 그 많은 사건이 무엇을 말하고 있습니까? 하나님께서는 조용히 하나님의 뜻을 이루십니다. 특별히 이스라엘 백성이 출애굽 하는 장면을 보십시오. 이스라엘 백성 60만 대군이 나옵니다. 홍해 앞에 그들이 서게 됩니다. 하나님께서 인도하신 길인데, 어찌하여 이런 일이 있습니까? 뒤에서는 애굽 군대가 따라옵니다. 앞에는 홍해가 있습니다. 이스라엘 백성은 이제 독 안에 든 쥐 꼴입니다. 이 60만 대군이 어디로 가야 합니까? 이제는 꼼짝없이 죽은 목숨 아닙니까. 하지만 바로 그 순간에 주신 하나님의 말씀입니다. "잠잠히 내가 하나님 됨을 알라." 그리고 홍해가 갈라질 때 이스라엘 백성은 찬송을 부르며 그 홍해를 건너고, 애굽 군대는 거기까지 쫓아왔다가 홍해 바다에서 몰살당하지 않습니까. 그 하나님의 신비로운 역사, 이제는 알 만하지 않습니까. "조용하여 내가 하나님 됨을 알라. 서두르지 말고, 불평하지 말고, 겁내지 말고, 추수 때까지 기다려라. 그냥 두라. 울먹이지도 말고, 불평하지도 말고 그냥 두라."

특별히 요셉의 이야기를 우리는 너무나 잘 압니다. 요셉이 17살 때 형님들의 음모로 애굽에 노예로 팔려갑니다. 이게 있을 수 있는 일입니까. 형이 동생을 팔아넘긴 것입니다. 그래서 요셉은 억울한 고생을 많이 합니다. 하지만 하나님의 은혜 가운데 그가 애굽의 총리대신이 됩니다. 그래 요셉이 애굽의 총리로 있을 때 기근이 들어 형님들이 식량을 사려고 애굽으로 왔습니다. 요셉이 그 높은 자리에 앉아서 형님들을 내려다보는데, 기가 막힙니다. 요셉은 돌아서서 통곡합니다. 기가 막힙니다. '어쩌다 이런 일이 생겼을까?' 그리고 "내가 당신들이 팔아먹은 동생 요셉이요!" 할 때 형들이 벌벌 떨며 '이제는 다 죽었구나!' 하고 생각합니다. 그때 요셉이 하는 유명한 말이 있지 않습니까. "형님들이 나를 팔았다고 해서 두려워하지 마세요. 당신들이 나를 해하려 한 게 아니라, 하나님께서 나를 이리로 보내신 것입니다. 팔려온 것이 아니라, 보내심을 받은 것입니다." 이런 신앙고백을 하게 됩니다. 이런 신앙고백을 한 사람이라면 기다림이란 어렵지 않습니다. 여러분, 한평생 누구를 미워했습니까? 이제 그만하십시오. 더 미워하다가는 치매에 걸립니다. 그냥 잊어버리십시오. 억울하고 분했습니까? 오늘본문말씀을 잘 들어보시기 바랍니다. "그냥 두어라." 언젠가 이 모든 일이 합동하여 선을 이루는 것을 보게 될 터이니, 그냥 두라고 말씀하십니다. 선과 악이 함께하는 세상입니다. 조급하거나 실망하지 말아야 합니다.

　우리는 요즘 정치적인 상황을 보면서 불안에 떨곤 합니다. 하지만 이제 그만합시다. 하나님께서는 오묘한 가운데서 당신의 역사를 이루어 가실 것입니다. 신비로운 것입니다. 주님께서 말씀하십니다. "나는 좋은 곡식을 아끼고, 선한 자를 아끼고, 하나님의 백성을 아낀다." 그렇다면 그 거룩한 뜻을 받아서 우리 또한 "그냥 두어라" 하시는 그 말씀에 주님의 선하신 뜻대로 기다리는 응답이 있어야 할 것입니다. "주님의 선하신 뜻대로 하십시오." 이 고백이 있을 때 우리는 새로운 세상을 살게 될 것입니다. 오늘본문은 읽어도 읽어도 귀중한 말씀입니다. 추수 때까지 그냥 두어라!　△

내 교회를 내가 세우리라

　　예수께서 빌립보 가이사랴 지방에 이르러 제자들에게 물어 이르시되 사람들이 인자를 누구라 하느냐 이르되 더러는 세례 요한, 더러는 엘리야, 어떤 이는 예레미야나 선지자 중의 하나라 하나이다 이르시되 너희는 나를 누구라 하느냐 시몬 베드로가 대답하여 이르되 주는 그리스도시요 살아 계신 하나님의 아들이시니이다 예수께서 대답하여 이르시되 바요나 시몬아 네가 복이 있도다 이를 네게 알게 한 이는 혈육이 아니요 하늘에 계신 내 아버지시니라 또 내가 네게 이르노니 너는 베드로라 내가 이 반석 위에 내 교회를 세우리니 음부의 권세가 이기지 못하리라 내가 천국 열쇠를 네게 주리니 네가 땅에서 무엇이든지 매면 하늘에서도 매일 것이요 네가 땅에서 무엇이든지 풀면 하늘에서도 풀리리라 하시고 이에 제자들에게 경고하사 자기가 그리스도인 것을 아무에게도 이르지 말라 하시니라

(마태복음 16 : 13 - 20)

내 교회를 내가 세우리라

제가 1960년대 초 인천제일교회에서 목회를 하고 있을 때입니다. 그 목회 초창기에 한 가지 참 귀한 경험을 했습니다. 일생 잊을 수 없는 특별한 경험이요 사건이었습니다. 손님과 함께 어느 카페에서 차를 마시고 있는데, 급하게 제 이름으로 전화가 왔습니다. 받아보니 전혀 모르는 낯선 사람입니다. 전화의 내용은 이랬습니다. "저희 아버지께서 지금 임종이 가까우십니다. 그런데 아버지께서 느닷없이 목사님을 찾으십니다. 목사님을 꼭 만나고 가야겠다고 하시는데, 죄송하지만 잠깐 오셔서 저희 아버지의 임종을 좀 봐주시면 좋겠습니다." 그래서 알았다고, 조금 있다가 가겠다고 그랬습니다. 잠시 뒤에 또 전화가 왔습니다. "시간이 급합니다. 바삐 와주시면 안 되겠습니까?" 그래 서둘러 가보았습니다. 임종이 가까운 아버지가 누워 계시고, 5남매가 그 아버지 주위에 죽 둘러 서 있습니다. 그렇게 지금 마지막 가시는 아버지를 지켜보고 있는 것입니다. 제가 들어가서 인사를 한 다음에 물을 수밖에요. 전혀 모르는 분이니까요. "왜 저를 부르셨습니까?" 그분이 숨이 차서 힘들어하는 가운데에서도 또박또박 말씀하십니다. 이야기인즉, 그분이 초등학교 3학년 때 동네 아이들이 교회에 가면 연필을 준다고 해서 그걸 받을 생각으로 처음 교회에 갔다는 것입니다. 그때 교회에서 선생님이 하필이면 천당과 지옥 이야기를 해주셨다는 것입니다. 그리고 이러셨답니다. "너희들, 예수 믿고 천당 가야 한다. 예수를 믿어야만 천당에 갈 수 있다." 그분, 그 뒤로 교회에 딱 두 번 더 갔다 오고는 다시는 교회를 다니지 않았다고 합니다. 그런데 이상한 것은 한평생 교회 종탑만 바라보면 이런 생각이 들었다는 것입니다. '내가 언젠가는 교회에 나가게 될 것이다. 내가 언젠가는 저 교회에 나갈 것이다.' 이런 다짐을 하면서 여태까지 살아왔는데, 그만 교회에 한 번도 못 가고 이 자리까지 오게 되었다는 것입니다. 그리고 마침내 죽음을 맞이하는 이 시간에 마음이 다급해진 나머지 목사님을 찾게 되었다는 것이지요. 그러면서 부탁을 합니다. "목사님, 제게 말씀해주세요. 하늘나라를 말씀해주세요. 하늘나라에 가는 길을 말씀해주세요." 목사한테 그런 기회가 어디 흔합니까. 그래 제가 마음이 열려 있는 그분에게 종말론적 메시지, 복음을 전했습니다. 다 듣고 나서 그분이 말합니다. "목사님, 감사합니다. 이제 제가 세례를 받아도 되겠지요?" "아, 그럼요." 그 자리에서 신앙고백을 받고, 세례를 베풀고, 그리고 잠시 기다렸다가 임종 기도까지 드렸습니다. 그분은 그 어린 시절 이후로 교회에 한 번도 나와본 일이 없지만, 교회에서 장례를 치르고, 교회 묘지에 안장되었습니다. 제가 30대 초반에 목회하면서 경험한 일입니다. 너무나 생생하고 중요한 사건입니다.

성도 여러분, 도대체 교회가 무엇입니까? 그 목적과 사명이 오늘 본문에 잘 나타나 있습니다. 1950년, 중국이 공산화되면서 모든 교회를 폐쇄했습니다. 그러고 나서 30년이 흘러 1980년이 되었습니다. 세계적으로 국가들이 서로 수교를 시작할 때 당시 미국의 카터 대통령이 중국을 향해 교회 문을 닫고서 국가의 위상을 국제적 수준으로 올릴 수는 없다고 말했습니다. 교회 문을 닫고서 우리와 만날 수는 없다는 것입니다. 그 말을 듣고 중국이 교회 문을 열게 됩니다. 30년 동안 굳게 닫아놓았던 문을 마침내 연 것입니다. 그리고 나서 조사를 해보았습니다. 놀라운 결과가 나왔습니다. 일제히 교회의 문을 닫던 1950년에 정부가 조사한 바로는 중국의 기독교인이 3백만 명이었습니다. 그런데 그로부터 30년이 지난 시점에 정부에서 다시 통계를 내어보니 기독교인이 무려 6천만 명으로 늘어나 있었더라, 이것입니다. 교회 문은 닫혀 있었지만, 그동안 기독교인은 오히려 6천만 명으로 훨씬 더 많이 늘어나 있었던 것입니다. 여러분, 교회가 무엇입니까? 교회는 건물이 아닙니다. 교회는 사업도 아닙니다. 한데 신비하게도 교회는 핍박을 받을 때마다 부흥이 됩니다. 그래서 늘 교회가 무엇인지 생각하게 됩니다. 사람들이 가끔 제게 물어옵니다. "지금 북한에 기독교인들이 있나요? 교회가 몇 개나 있나요?" 물론 지금 북한에 교회는 두 개밖에 없습니다. 하지만 사람들이 제게 지금 북한에는 기독교인이 얼마나 있느냐고 물어올 때마다 저는 꼭 이렇게 대답합니다. "교회 건물도 없이 중국은 30년 동안 3백만 교인이 6천만 교인이 되었습니다. 그리고 오늘까지도 점점 부흥되어서 지금 중국에는 그리스도인이 전 인구의 10퍼센트가 넘습니다." 놀라운 일 아닙니까.

현대교회의 타락이 무엇입니까? 교회가 왜 잘못되는 것입니까? 기복 사상에 빠졌기 때문입니다. 간단히 말하면 이것입니다. '예수 믿으면 잘 산다!' 하지만 그것은 교회가 아닙니다. 잘못된 신앙입니다. 사람들은 성공, 부귀, 건강, 평등, 자유…… 이런 것들을 생각하면서 교회를 바라봅니다. 아닙니다. 이런 것은 교회의 목적이 아닙니다. 이런 세속적 욕망은 오히려 교회를 타락시킵니다. 역사적으로 보면 간단하게 정리할 수 있습니다. 많은 사람이 예수를 믿었습니다. 많은 왕이 예수를 믿었습니다. 많은 학자도 예수를 믿었습니다.

그러나 중요한 것은 예수를 믿고 나서 점점 교회가 부흥되면서 사람들 생각이 바뀐다는 것입니다. 하늘나라를 땅에다 이루려고 합니다. 그렇게 교회 건물을 짓고, 교회 세력을 확장해서 하늘나라를 땅에다가 세우려고 할 때 교회는 타락합니다.

　　반대로, 어려운 일을 당하고 핍박을 당할 때 오히려 교회는 부흥됩니다. 교회의 형체가 없어질 정도로 심한 핍박을 당해서 지하로 들어갈 수밖에 없을 때 오히려 교회는 부흥되는 것입니다. 신앙도 더 순수해집니다. 많은 분이 저한테 묻습니다. "북한에 교인들이 얼마나 있나요?" 그러면 저는 늘 얘기합니다. "그건 하나님만이 아시겠지요." 그러나 가끔은 제가 폭탄선언을 합니다. "모르겠습니다마는, 남한보다 많을지도 모릅니다." 그렇습니다. 여러분, 이걸 잊지 마십시오. 제가 가끔 지하 교회에 있는 분들을 만나보거든요? 얼마나 순수한 신앙인지 모릅니다. 성경을 몰래 배에다 감고 다닙니다. 책이라고는 오로지 성경만 읽었기 때문에 전체 내용을 다 줄줄 외웁니다. 목사로서 제가 다 부끄러울 지경입니다. 그분들이 외우는 성경을 저는 10분의 1도 못 외웁니다. 얼마나 성경을 많이 읽는지 모릅니다. 그분들을 볼 때마다 저는 제 어머니께서 시간만 나면 성경을 읽으시던 모습이 떠오릅니다. 도대체 교회가 무엇입니까? 교회는 건물이 아닙니다. 교회는 사업이 아닙니다. 퍼포먼스도 아닙니다. 교회를 외형적으로 키우려는 순간에 교회는 타락하기 시작합니다. 오히려 핍박과 환란 속에서 교회는 순수한 신앙으로 점점 부흥하고 확장된다는 것을 잊지 말아야 합니다.

　　오늘본문은 간단하면서도 핵심적이고 중요한 말씀입니다. 확실하게 말씀합니다. 교회의 목적이 무엇인지, 예수님께서 말씀하십니다. 내가 내 교회를 세우리라— 우리는 주어와 동사 사이에 꼭 수식어가 들어가기 때문에 김이 좀 빠집니다. "내가 이 반석 위에 내 교회를 세우리니……(18절)" 여기서 강조된 것은 나입니다. 내가 내 교회를 세우리라— 이것이 강조점입니다. 내가 내 교회를 세우고 지킨다는 말씀입니다. 교회란 본래 예수님께서 이 땅에 오시면서부터 시작된 것입니다. 예수님께서는 말씀이 육신이 되어 우리 가운데 오신 분이십니다. 말씀이 이 땅에 오신 그 자체가 교회의 출발입니다. 예수님께서 친히 말씀하십니다. "나는 섬기러 왔노라. 내 목숨을 대속물로 주려 왔노라." 섬기는 것만이 아닙니다. 대신 죽으심으로 우리를 의인 되게 하시고, 우리를 하나님의 자녀 되게 하시는 그 놀라운 역사, 그 십자가 사건 속에 교회론이 있는 것입니다. 십자가로 하나님의 사랑을 확증해주셨습니다. 이것이 교회입니다.

특별히 북한에 있는 지하교인들이 예배드리는 장면을 보면 아주 특별합니다. 그들은 안방에 좁게들 모여 앉았다가 예배 시간이 되면 조그만 나무 십자가를 벽에다 걸어놓습니다. 그러면 앉아 있던 분들이 전부 그쪽을 향해서 무릎을 꿇습니다. 그럼 그때부터 교회입니다. 경건하게 기도하고, 경건하게 말씀을 듣고, 경건하게 예배합니다. 그리고 예배가 끝나면 그 십자가를 딱 내려놓습니다. 그러면 그다음부터 편안해집니다. 그때부터는 또 안방입니다. 왜요? 십자가가 교회인 것입니다. 십자가의 구속, 그 역사가 곧 교회다, 이것입니다. 그래서 로마서는 말씀합니다. "그리스도께서 우리를 위하여 죽으심으로 하나님께서 우리에 대한 자기의 사랑을 확증하셨느니라." 특별히 이 역사를 위해서 제자들을 세우셨습니다. 베드로는 고백합니다. "주는 그리스도시요 살아계신 하나님의 아들이십니다."

예수님께서 말씀하십니다. "그것을 네게 알게 하신 것은 하나님이시니라. 네가 복이 있다." 예수님께서는 이 고백 하나를 위해서 그렇게 많은 날 수고하셨습니다. 그리고 베드로에게 천국열쇠를 주십니다. 베드로에게만 주신 것은 아닙니다. 주께서는 그리스도이시며, 살아 계신 하나님의 아들이시라는 이 확실한 신앙고백이 있는 순간, 그 손에 천국열쇠가 주어진다는 것입니다.

더 나아가 예수님께서는 제자들에게 말씀하십니다. "가서 복음을 전하라!" 제자들에게 이렇게 말씀하시면서 재미있는 이야기를 또 하십니다. "또, 너희가 나로 말미암아 총독들과 임금들 앞에 끌려가리니, 이는 그들과 이방인들에게 증거가 되게 하려 하심이라. 너희를 넘겨줄 때 어떻게 또는 무엇을 말할까, 염려하지 말라. 그때 너희에게 할 말을 주시리니, 말하는 이는 너희가 아니라, 너희 속에서 말씀하시는 이, 곧 너희 아버지의 성령이시니라." 이 얼마나 귀한 말씀입니까. 내 교회는 내가 세우고 내가 지킨다, 하는 말씀 아니겠습니까.

개인적인 이야기요 간증입니다마는, 저는 북한에 가서 많은 분하고 만나고, 토론도 하고, 얘기를 합니다. 어떤 때는 공적으로 질문받을 때도 있습니다. 그때는 제가 대답을 하고도 너무나 신통해서 속으로 이렇게 감탄합니다. '아, 내가 어떻게 이처럼 똑똑한 대답을 했나? 내가 원래 이렇게 말을 잘했나?' 그때마다 정말 생각합니다. '하나님께서 가르쳐주시는구나! 하나님께서 나를 통해 역사하시는구나!' 더구나 그곳 대학교수들하고 토론할 때에도 하나님께서 뒤에서 저를 가르쳐주시는 것을 느낍니다. 그럴 때마다 이 성경 구절을 생각합니다. "그때 너희에게 할 말을 주시리니." 무엇입니까? "내가 말할 것이다. 입은 네가 열지마는, 내가 네 속에서 말할 것이다.” 이 것입니다. 그리고 더 나아가 이게 설교입니다. 사람의 얘기가 되어서는 안 됩니다. 하나님의 입을 대신해서 말씀을 전하고, 또 하나님의 말씀으로 들을 때 바로 거기가 교회입니다.

마태복음 28장 20절을 저는 매우 사랑합니다. “볼지어다 내가 세상 끝날까지 너희와 항상 함께 있으리라⋯⋯” 세상 끝날까지 내가 너희와 함께 있으리라─ 바로 이것이 교회입니다. 이것이 교인입니다. 교부들의 말 가운데 중요한 비사가 있습니다. 하나님을 아버지로, 교회를 어머니로 섬기고 고백한 자가 구원받은 하나님의 자녀라는 것입니다. 교회는 어머니입니다. 우리는 교회를 통해서 태어났고, 교회를 통해서 젖을 먹고 성장합니다. 그리고 그 품에 안기는 것입니다. 이걸 잊지 말아야 합니다. 오늘도 교회의 본질에 대해서 많이 생각합니다. 예수님께서는 십자가로 교회를 세우시고, 말씀으로 역사하시고, 성령으로 함께하십니다. 이제 우리는 압니다. 교회는 주님께서 세우시고, 주님께서 부흥케 하시고, 주님께서 말씀하신다는 것을요.

그렇다면 오늘 우리는 이 교회를 어떻게 섬겨야 하겠습니까? 교회를 볼 때마다 교회를 주의 몸으로, 그리스도를 교회의 머리로 알고, 교회를 사랑해야 합니다. 이 마음이 아주 중요합니다. 우리의 신앙은 교회와 함께 가야 합니다. 오늘 창립 주일을 맞이해서 우리는 다시 한번 교회의 본질을 생각하고 있습니다. ‘내가 왜 교회에 있는가? 교회에 나오는 목적은 무엇인가? 주님께서는 교회를 통해 무엇을 이루려고 하시는가?’ 깊이 생각하십시오. 그리고 예수님의 말씀을 기억하십시오. “내 교회를 내가 세우리라. 내가 지키리라. 그리고 내가 부흥케 하리라." 오늘 이 거룩한 역사가 우리 가운데 이루어져서 우리는 다 같이 교회의 한 지체가 됩니다. 하나의 작은 지체들이 모여서 그리스도의 온전한 몸, 교회의 성체를 이루어나가야 할 것입니다. 마음속 깊이 생각해보십시오. 예수님께서는 말씀하십니다. "내 교회를 내가 세우리라." 그래서 교회를 통해서 구원케 하시고, 교회를 통해서 성장케 하시고, 교회를 통해서 천국으로 인도하십니다. 주께서 말씀하십니다. "나 있는 곳에 너희도 있게 하리라." 이것이 교회의 본래 목적인 것을 다시 한번 확인하고, 우리 믿음을 새롭게 해야 할 것입니다. △

주의 집에 거하는 자의 복

만군의 여호와여 주의 장막이 어찌 그리 사랑스러운지요 내 영혼이 여호와의 궁정을 사모하여 쇠약함이여 내 마음과 육체가 살아 계시는 하나님께 부르짖나이다 나의 왕, 나의 하나님. 만군의 여호와여 주의 제단에서 참새도 제 집을 얻고 제비도 새끼 둘 보금자리를 얻었나이다 주의 집에 사는 자들은 복이 있나니 그들이 항상 주를 찬송하리이다 (셀라) 주께 힘을 얻고 그 마음에 시온의 대로가 있는 자는 복이 있나이다 그들이 눈물 골짜기로 지나갈 때에 그 곳에 많은 샘이 있을 것이며 이른 비가 복을 채워 주나이다 그들은 힘을 얻고 더 얻어 나아가 시온에서 하나님 앞에 각기 나타나리이다 만군의 하나님 여호와여 내 기도를 들으소서 야곱의 하나님이여 귀를 기울이소서 (셀라)

(시편 84 : 1 - 8)

주의 집에 거하는 자의 복

미국의 '백화점 왕'이라고 불리는 워너메이커라고 하는 분이 있습니다. 그의 생애를 다룬 「성경이 만든 사람」이라는 책 속에 이런 이야기가 나옵니다. 워너메이커가 어느 날 벤저민 해리슨 대통령으로부터 장관직을 맡아달라는 요청을 받았습니다. 그는 다음과 같이 대답했습니다. "저는 주일을 성수해야 됩니다. 그리고 저는 주일학교에서 봉사하는 일을 소중하게 생각합니다. 이를 계속할 수 없다면 저는 장관직을 받아들일 수가 없습니다." 대통령은 고심 끝에 이를 허락하고, 그를 체신부 장관으로 임명했습니다. 그는 토요일이 되면 어김없이 주일을 지키기 위해 기차를 타고 워싱턴에서 고향인 필라델피아로 갔습니다. 그리고 성수 주일 하면서 주일학교 아이들에게 하나님의 말씀을 가르쳤습니다. 그가 4년 동안 장관을 하면서 기차로 오간 거리만 20만 킬로미터나 되었다고 합니다. 그렇게 그는 주일마다 교회에 나가서 어린이들을 가르쳤습니다. 어떤 기자가 그를 향해 짓궂게 이렇게 물어보았습니다. "당신은 장관직이 주일학교 교사직보다 못하다고 생각하십니까?" 그러자 그는 빙그레 웃으며 이렇게 대답했습니다. "장관직은 4년이고, 주일학교 교사는 평생이니까요." 그는 19살 때부터 주일학교 교사로 봉사했고, 85세까지 무려 67년 동안 교회를 섬기면서 주일학교 어린이들을 정성껏 가르쳤다고 합니다. 유명한 일화입니다. 여러분, 한번 깊이 생각할 문제 아니겠습니까.

성경에 나오는 다윗왕은 아무리 봐도 그렇게 복 받을 만한 사람

이 아닙니다. 무슨 위용이 있는 사람도 아니고, 무술에 능한 사람도
아닙니다. 그리고 여러분 잘 아시는 대로 흠이 많은 사람입니다. 전
쟁을 치르면서 많은 사람을 죽였습니다. 뿐만이 아니라, 가정 안에
서도 여러 가지 실수를 많이 했습니다. 특별히 밧세바를 범한 사건
은 천추에 씻을 수 없는 오점이기도 합니다. 그렇게 흠이 많은 사람
입니다. 그러나 성경에는 다윗이라는 이름이 8백 번 넘게 나옵니다.
아마도 사람의 이름 가운데 제일 많이 나오는 이름이 다윗일 것입니
다. 그리고 가만히 보면 하나님께서는 다윗을 너무나 사랑하셨습니
다. 솔직히 말하면, 다윗을 편애하셨습니다. 내 종 다윗, 내 종 다윗,
다윗과 같이 복을 주리라…… 하나님께서는 다윗을 너무너무 사랑
하셨습니다. 그 많은 허물을 덮어주시고, 그 많은 죄를 용서하시고,
다윗과 그의 가정에 특별히 복을 주셨습니다. 왜 그러셨을까요? 구
약으로 올라가서 열왕기하 7장에 보면 그 해답을 얻을 수 있습니다.
다윗은 하나님을 사랑했습니다. 하나님에 대한 다윗의 사랑은 각별
했습니다. 사랑은 일방적인 것이 아닙니다. 쌍방적인 것입니다.

　　사무엘하 7장을 보면 다윗이 왕국을 세웠습니다. 예루살렘을 도
성으로 하면서 다윗성을 만들고, 왕의 권위를 내세우기 위해서 백향
목으로 아주 훌륭한 왕궁을 지었습니다. 세계에 자랑할 만한 왕궁을
딱 지어놓고, 그 백향목 궁전에서 그는 영화를 누리게 됩니다. 바로
그 시간입니다. 바로 그때 다윗은 하나님을 생각했습니다. '나는 이
렇게 백향목 궁전에 거하는데, 하나님의 법궤는 저 캄캄한 장막 속
에 있도다.' 그래서 그가 나단 선지자를 부릅니다. "내가 하나님을
위하여 성전을 지을 생각이 있습니다. 하나님께 기도해서 응답을 들
어주시기 바랍니다." 나단 선지자가 이 얘기를 듣고 하나님 앞에 나

아가 다윗 왕의 뜻을 전합니다. 그런데 성경을 보면 하나님께서 얼마나 기뻐하시는지 모릅니다. "어떻게 그런 생각을 했느냐? 내가 이 장막 속에 있다고 언제 불편하다고 하더냐? 어떻게 그런 생각을 네가 했느냐?" 이렇게 하나님께서는 너무나 흡족해하시며 기뻐하시는데, 그 이유는 이렇습니다. 바로 다윗이 형통한 날에 하나님을 생각했기 때문입니다. 인간으로서 최고의 영광을 누리는 날에 그는 하나님을 기억했던 것입니다. 일반적으로 사람은 형통한 날이 아니라, 고난의 날에 하나님을 생각합니다. 비근한 예로, 제가 전에 목회할 때 보면 대학 예비고사 같은 게 있으면 새벽기도 시간에 사람들이 미어터지게 모입니다. 얼마나 많은 분이 새벽기도회에 나와서 기도하는지 모릅니다. 그런데 참 무정하지요? 시험 끝나는 날 모두 다 싹 빠져나갑니다. 야박할 정도입니다. 또 병이 들면 열심히 기도합니다. 목사님을 붙들고 "기도해주세요!" 하면서 간절히 매달립니다. 그런데 다음에 건강해지면 소식이 없습니다. 이것이 간사한 인간의 마음입니다. 그래서 저는 목사로서 솔직히 말합니다. 병들고 가난한 사람들이 예수 잘 믿고 기도 많이 하는 것과 부자가 예수 잘 믿는 것, 어느 쪽이 잘 믿는 것입니까? 저는 단호하게 말합니다. 부자가 교회 나오는 것이 잘 믿는 것입니다. 여러분 보기에는 철야기도, 금식기도 못 하는 것 같아도 그 사람이 잘 믿는 사람입니다. 어렵고 가난하고 병든 때에는 다 열심히 기도합니다. 하지만 조금만 형통해지면 벌써 멀어지는 것이 사람입니다.

다윗은 가장 영화로울 때, 가장 형통한 날에 하나님을 기억했습니다. 그래서 하나님께서 다윗을 사랑하시는 것입니다. 다윗은 형통한 날에, 그 영광스러운 때에 하나님을 기억했습니다. 뿐만이 아니라, 다윗은 자원적이었습니다. 그는 자발적으로 하나님을 사랑했습니다. 하라고 해서 억지로, 십자가 지는 마음으로, 하는 수 없이 했던 것이 아닙니다. 자원적으로 했습니다. 다윗은 자발적으로 하나님의 성전을 자기가 짓겠다고 한 것입니다. 그것을 하나님께서는 기뻐하셨던 것입니다. "누가 그렇게 하라고 하더냐? 언제 내가 그런 명령을 하더냐?" 지금 하나님께서 너무나 기쁘시다는 것입니다. 여러분, 무슨 일을 하든지 자발적으로 해야 하나님을 기쁘게 해드릴 수 있습니다. 억지로 하고, 할 수 없이 하고, 십자가 지는 마음으로 하는 것은 아닙니다. 하나님의 일은 자발적으로 하는 것입니다. 하나님의 일 자체를 행복으로 느끼고, 수고 자체를 기쁨으로 받아들여야 합니다. 다윗이 그렇게 헌신하는 마음으로 성전 짓기를 결정할 때 하나님께서는 너무나 기뻐하셨습니다.

사실 하나님께서 다윗을 기뻐하시기 전에 먼저 다윗이 하나님을 기뻐했습니다. 하나님을 기쁘게 해드렸더니 하나님께서 사무엘하 7장 9절에서 이렇게 말씀하십니다. "네 이름을 위대하게 만들어 주리라." 다윗이 그런 기도를 하지 않았지만, 다윗이 하나님을 위해 성전을 짓겠다고 했을 때 하나님께서는 다윗의 이름을 위대하게 만들어주시고, 그 나라를 견고케 하시겠다고 말씀하십니다. 구속사적으로 보면 다윗의 후손으로 메시아이신 예수 그리스도께서 나실 것까지 예언하십니다. 다윗은 그런 복을 받게 됩니다. 이유가 무엇이겠습니까? 오늘본문에서 보는 바와 같이, 그는 하나님을 사랑했습니다. 성전을 사모했습니다. 마음 깊은 곳에서 사모했습니다. 특별히 오늘 이 시편은 다윗이 피난 중에 썼던 시입니다. 그것이 사실이라면 그는 멀리 도망 다니면서도 성전을 바라보면서, 성전 쪽을 향해서 기도한 것입니다. '제비도 마음대로 날아가는데, 나는 갈 수가 없구나!' 성전을 바라보면서, 간절히 사모하면서 쓴 시입니다. 이 시편 84편은 아주 유명한 시입니다. 성전을 사모하는 그의 마음이 잘 나타나 있습니다. 그는 성전을 생각하며 행복해했습니다. 성전을 사모하며 행복해했습니다. 그런 마음입니다. 그래서 시편 84편 10절에 이런 말씀이 있습니다. "악인의 장막에 사는 것보다 내 하나님의 성전 문지기로 있는 것이 좋사오니." 이것이 정말 다윗의 마음이었습니다. 이렇게 그는 하나님을 사랑했습니다. 다르게 말하면, 그의 신앙은 구체적이었고 현실적이었습니다. 여러분, 이렇게 1부 예배에 나오시는 분들을 저는 마음속으로 깊이 존경합니다. 또 전국을 다니면서 자랑합니다. 우리 교회 7시 반 예배에 많은 분이 나온다고 말합니다. 깜짝 놀랍니다. 특별한 것입니다. 우리 한국교회에 보기 드문 일입니다. 이 7시 반 예배, 아름다운 발걸음입니다.

　몇 년 전에 월드컵이 있었지요? 그때마다 축구 구경을 하러 가는 사람들이 얼마나 많습니까. 게다가 그 축구경기 관람료가 아주 비쌉니다. 그런데 그 무렵에 연세대학교 교수 한 분이 저를 방문해 왔습니다. 그래서 제가 그분에게 어디 다녀오시느냐고 물었더니 지금 축구경기 보고 오는 길이라고 하기에 제가 그랬습니다. "왜 그렇게 힘들게 다녀요? 텔레비전 보면 되지." 그랬더니 그분이 이럽니다. "아닙니다. 목사님, 직접 가보셨습니까?" "안 가봤지." "저는 네 번 갔습니다." 축구경기, 그 비싼 표를 사서 네 번이나 몸소 경기장에 다녀왔다는 것입니다. 그래서 왜 그렇게 가느냐고 했더니, 그분의 말입니다. "가서 보면 알지 않겠습니까." 그 현장에 직접 가서 볼이 이리저리 가고 할 때 그 열광적인 분위기 속에 있게 되면 함께 응원하게 되는데, 그 만족감은 이루 말로 다 할 수 없다고 하는 것입니다. 여러분, 제가 왜 이 말을 하는지 아십니까? 요새 걸핏하면 앉아서 텔레비전 보는 사람들이 있거든요. 교회에 나오지 않고 텔레비전 화면으로 대체하려는 것, 안 됩니다. 현장감이 필요합니다. 나와야 합니다. 앉아서 텔레비전으로만은 안 됩니다.

여러분, 예배를 마치고 나갈 때 문 앞에서 교인들이 저하고 인사를 하지 않습니까. 그때 솔직한 것도 좋고 진실한 것도 좋지마는, 아주 거북한 인사가 있습니다. 어떤 인사인지 아십니까? 딱 악수를 하면서 이러는 것입니다. "목사님, 오랜만입니다." 이걸 뭐라고 합니까? 솔직한 것은 좋은데, 목사보고 오랜만이라니요? 이거 되겠습니까. 참 괴롭습니다. 또 있습니다. "목사님, 저 텔레비전에서 종종 봅니다." 이게 바로 멀어진 사람입니다. 현장에 나와야지요. 나와 보면 알 것 아닙니까. 그리고 나오더라도 이왕이면 앞으로 앉아야지요. 뒤에 앉는 것이랑은 다릅니다. 한번 해보십시오. 저 뒤에 앉는 것하고 앞에 앉는 것하고는 차원이 다릅니다. 저는 굳이 꾸중하지는 않습니다마는, 저 뒤에 앉으신 분들은 재미없는 것입니다. 앞에 빈 자리가 많은데, 멀찍이 앉아 있을 필요가 없는 것입니다. 해보면 다릅니다. 느낌이 다르고, 은혜가 다를 것입니다. 오늘 다윗은 하나님의 성전을 사모했던 사람이었습니다.

제가 개인적인 고백을 하나 하겠습니다. 1951년에 제가 북한을 떠날 때 산을 넘어가는데, 꽝 하고 소리가 났습니다. 뒤돌아보니까 교회가 폭격을 맞아서 불타는 것입니다. 교회가 벌겋게 불타오르고, 우리 집도 불타고 하는 것을 멀리서 바라보았습니다. 그리고 엎드려 울면서 기도했습니다. "하나님, 이 교회를 다시 세워주세요."

그리고 마음속으로 다짐했습니다. '내가 남쪽에 가거든 교회를 세울 것이다. 꼭 교회를 세울 것이다.' 그래서 지금까지 다섯 교회를 세웠습니다. 앞으로도 제가 두 교회를 더 세울 마음으로 있습니다. 왜요? 제가 고향에서 다니던 교회가 불타는 것을 직접 보았거든요. 다시 돌아가서 그 성전을 다시 세울 수만 있다면 얼마나 좋겠습니까. 그 예배당이 불타 없어진 자리에서 저희 어머니가 새벽마다 가마니떼기를 덮고 기도하셨습니다. 하얗게 눈이 오는 어느 날에는 눈 더미가 들썩들썩하더니 그 속에서 저희 어머니가 일어나시더라고요. 눈을 고스란히 다 맞으시면서 예배당 터에서 기도하신 것입니다. 여러분, 어디서든지 기도할 수 있습니다. 그러나 성전을 사모하는 자는 성전에 가서 기도하고, 또 성전을 사모하는 자는 성전을 향하여 기도합니다. 이스라엘 사람들은 꼭 예루살렘 성전 쪽의 창문을 열고 그쪽을 향해서 기도합니다. 그 순간 그의 마음이 거기에 가 있는 것입니다. 이것을 하나님께서는 기뻐하십니다. 잊지 말아야 합니다.

특별히 제가 자랑삼아 한마디 하겠습니다. 제 할아버지께서 그 옛날에 상투 틀고 다니실 때입니다. 할아버지께서는 장사하시면서 소래 송천에 가셨습니다. 제 고향에서 소래 송천까지가 50리 길입니다. 거기 가서서 선교사님을 만나시고 예수를 믿게 되셨습니다. 그래 상투를 자르고 집에 들어오셨다가 할아버지의 할아버지로부터 매를 맞으시고 한 달 동안 집에 못 들어오셨답니다. 할아버지께서 그 당시 3대 독자셨습니다. 그런데도 용서할 수 없으셨던 것 같습니다. 그리고 한 달 뒤쯤 집에 들어가셨는데, 여러분, 제 고향에서부터 거기까지가 50리 길입니다. 빨리 가도 꼬박 4시간은 걸립니다. 그런데 그 먼 길을 통해서 7년 동안 교회를 다니셨습니다. 그때 선교사님 말씀이 이랬답니다. "기도하세요. 그러면 교회가 세워집니다." 그래서 뒷동산에서 할아버지께서 늘 기도하셨는데, 그 기도한 자리에 풀이 나지를 않았습니다. 동리 사람들이 얘기하는 걸 제가 들었습니다. "여긴 너희 할아버지가 기도하시던 장소다." 그 얘기를 집에 와서 했더니, 할아버지가 말씀하셨습니다. "네가 좀 더 크면 말해주려고 했는데, 누가 말해줬냐?" 할아버지께서는 거기서 7년 동안을 기도하시고, 마침내 고향에다 교회를 세우셨습니다. 여러분, 교회를 사랑하는 마음, 교회를 세우는 마음, 교회를 사모하는 마음, 교회를 기뻐하는 마음, 그렇게 성전을 사랑하고, 성전을 사모하고, 성전에서 행복해하는 것이 중요합니다. 우리가 고통의 날에도 기도하겠지만, 행복한 날에도 기도하고, 성전 중심, 예배 중심, 그것이 바로 다윗 왕의 신앙이었습니다. 이렇게 구체적으로 사랑할 때 하나님께서는 기뻐하십니다.

지금 우리가 이 파이프 오르간을 통해서 좋은 예배를 드리고 있습니다. 이걸 기증해주신 분이 계십니다. 이 예배당 짓기 시작할 때 그분이 교회를 방문하셨습니다. 그리고 물으셨습니다. "이 예배당을 짓는 데 제가 무슨 할 일이 없을까요?" 그래서 제가 그랬지요. "오르간 사세요." "얼마예요?" "5억이요." 그래서 그 당시 예배당 짓기 시작할 때 벌써 오르간을 주문했습니다. 그리고 예배당 완성할 때 가져다 놓았습니다. 그 장로님이 가끔 방문하십니다. 그때마다 제가 악수하면서 이럽니다. "오르간 소리가 좋지요?" 그러면 이러십니다. "아, 정말 좋아요. 쳐다볼 때마다 좋아요. 소리 들을 때마다 제가 어쩌다가 이렇게 좋은 일을 했는지, 너무너무 행복해요." 이것이 교회를 섬기는 자의 행복입니다. 영원한 행복입니다. 이걸 잊지 말아야 합니다.

　다윗왕은 교회를 사랑했습니다. 성전을 사모했습니다. 하도 사모해서 몸까지 쇠약해질 정도였습니다. 다윗은 그렇게 간절히 하나님의 전을 사모했다, 이것입니다. '저는 하나님의 전에서 문지기가 되겠습니다.' 그는 이 정도로 성전을 사모하고, 성전 중심의 삶을 행복해했습니다. '여호와의 집에 거하는 자는 복이 있다. 눈물 골짜기를 지날 때 샘이 있을 것이다. 여호와의 집에 거하는 자는 복이 있다.' 다윗의 고백입니다.　△

그 믿음으로 살리라

내가 내 파수하는 곳에 서며 성루에 서리라 그가
내게 무엇이라 말씀하실는지 기다리고 바라보며 나
의 질문에 대하여 어떻게 대답하실는지 보리라 하였
더니 여호와께서 내게 대답하여 이르시되 너는 이 묵
시를 기록하여 판에 명백히 새기되 달려가면서도 읽
을 수 있게 하라 이 묵시는 정한 때가 있나니 그 종말
이 속히 이르겠고 결코 거짓되지 아니하리라 비록 더
딜지라도 기다리라 지체되지 않고 반드시 응하리라
보라 그의 마음은 교만하며 그 속에서 정직하지 못하
나 의인은 그의 믿음으로 말미암아 살리라
(하박국 2 : 1 - 4)

그 믿음으로 살리라

한 유명한 철학자가 이른 아침마다 정확한 시간에 늘 같은 길로 산책을 했더랍니다. 어느 안개 낀 아침, 그가 늘 가던 길을 여느 때처럼 가고 있는데, 길 한가운데에서 커다란 뱀 한 마리가 이 철학자를 가로막고 노려보고 있는 것입니다. 그래 철학자는 하는 수 없이 길을 돌아서 산책했습니다. 한데, 다음 날 아침에도 또 그 자리에 어제의 그 뱀이 있는 것입니다. 그는 또 길을 비켜 갔습니다. 그다음 날 아침에도 그는 또 그 뱀을 만났습니다. 사흘을 내리 만난 것입니다. 그래 그 철학자는 생각했습니다. '아, 이대로는 안 되겠다. 이놈이 나를 이렇게 괴롭히니, 이제는 결판을 내야겠다!' 그리고 손에 들고 있던 지팡이로 그 뱀을 있는 힘껏 내리쳤습니다. 한데 이상하지요? 뱀이 꼼짝도 안 하는 것입니다. 그래서 자세히 보았더니 뱀이 아니고 썩은 밧줄이더랍니다. 순간 그는 저도 모르게 큰소리로 외쳤습니다. "내 눈이 나를 속였구나!" 유명한 이야기입니다. 내 눈이 나를 속였다, 내가 무엇을 믿을 수 있느냐, 다 의심할 수밖에 없다……이래서 그는 회의주의 철학자가 됩니다. 그가 바로 데카르트입니다. '내 눈이 나를 속였다. 믿을 것은 아무것도 없다.' 이렇게 다 의심하고 의심하다가 마지막에 그는 이런 결론을 내립니다. '딱 한 가지는 믿을 수 있다. 그것은 내가 의심하고 있다는 사실이다.' 마침내 그는 이런 유명한 명제를 내놓습니다. 'I think that I am.' 여러분의 믿음은 어느 정도입니까? 여러분은 어디까지 믿을 수 있습니까? 여러분의 기억력, 여러분의 건강, 여러분의 지식…… 믿을 수 있습니까?

　사람은 몇 가지 유형으로 나뉩니다. 첫째는 본능 지향적 인간입니다. 본능대로 사는 사람입니다. 육체적 본능에 충실하고, 그 본능에 이끌려 살아갑니다. 이런 사람을 가리켜 우리는 흔히 속물이라고 말합니다. 둘째는 이성 지향적 인간입니다. 모든 것을 지식에 따라 판단하고, 그 자신의 판단만 믿고 살아가는 사람입니다. 번번이 실수하면서도 자기 지식만 의지합니다. 그러면서도 자기 나름대로는 인간답게 산다고 믿는 것입니다. 셋째는 감성 지향적 인간입니다. 요즘에는 포스트모더니즘이라고 해서 느낌을 중요하게 생각합니다. 생각하고 경험하는 것이 다 소용없고, 오직 느낌대로만 사는 것입니다. '기분이다. 느낌이 표준이다.' 이런 생각으로 살아가는 현대인을 우리는 흔히 봅니다. 넷째는 경험 지향적 인간입니다. '만사는 실험이다. 만사는 경험이다. 내가 경험하기 전에는 아무것도 믿지 않고, 인정하지도 않는다.' 아주 고집스러운 사람입니다. 하지만 이런 사람은 경험의 한계 때문에 바로 설 수가 없습니다. 다섯째는 영 지향적 인간입니다. 영으로 사는 사람입니다. 이런 사람은 보이지 않는 것을 봅니다. 들리지 않는 것을 듣습니다. 다른 사람이 전혀 생각하지 않은 것을 생각합니다. 다른 말로 하면 '믿음으로 사는 사람'입니다. 보는 대로 믿는 것이 아닙니다. 믿는 대로 보는 것입니다. 이걸 잊지 말아야 합니다.

　오늘본문은 말씀합니다. "믿음으로 말미암아 살리라(4절)." 오직 믿음으로 산다, 이것입니다. 얼마나 응답적입니까. 하나님의 말씀에 대한 응답이 바로 믿음입니다. 내 소신도, 내 의지도, 내 결단도 아닙니다. 하나님께서 주시는 말씀에 대한 진실한 응답, 이것이 바로 믿음입니다. 그래서 특별히 종교개혁 주일을 당해서 생각해봄니다. 종교개혁적인 신앙이란 무엇입니까? 내 의는 다 버리고, 하나님께서 주시는 의를 내가 수용하는 것입니다. 율법적인 의가 아니고, 하나님의 부르심에, 그 의롭다 하심에 응답하고 사는 것입니다. 내가 의로워서 의로운 것이 아닙니다. 의롭게 행함으로써 인정을 받는 것도 아닙니다. 하나님께서 의롭다고 하심을 내가 수용하는 것입니다. 나 자신을 포기하고, 자기 의를 다 버리고 하나님께서 주시는 의를 받아들이는 믿음이 바로 구원받는 믿음입니다. Justification, 하나님께서 의롭다 하시는 것입니다. 그것을 내가 수용하는 것입니다. 이 의에 대한 응답은 오직 진실한 믿음뿐입니다. 그래서 종교개혁자 마르틴 루터는 믿음을 이렇게 정의합니다. '하나님 앞에 정직한 것이다.' 하나님 앞에 사실 그대로를 정직하게 내어놓고 하나님의 의를 받아들이는 것이 바로 믿음의 정의입니다.

여러분, 성경의 맥락이 전부 이것을 말해주지 않겠습니까. 아브라함이 갈대아 우르에서 하나님의 음성을 듣습니다. 그때 나이가 75세입니다. 하나님께서 말씀하십니다. "네 고향과 친척과 아버지를 떠나라!" 딱 한 마디입니다. "떠나라!" 제가 답답한 것은 왜 떠나야 하는지가 없기 때문입니다. 그 이유가 있었으면 좋겠습니다. 이러이러하니 떠나라는 말씀이 없는 것입니다. 설명이 없습니다. 아브라함은 그저 떠나라는 말씀만 믿고 갈 바를 알지 못한 채 고향을 떠납니다. 하나님의 말씀에 대한 깨끗하고 정직한 응답, 그것이 믿음의 조상 아브라함의 믿음입니다. 그런가 하면, 로마서 4장에서 잘 설명합니다마는, 아브라함이 근 100세가 되었을 때 그 아내는 벌써 90세입니다. 모름지기 단산한 지가 15년이 넘었습니다. 아브라함은 벌써 실수도 많이 했습니다. 무엇보다도 이스마엘을 얻지 않았습니까.

여러 가지로 부끄러운 일이 많았습니다. 그런데 갑자기 천사가 나타나 말씀합니다. 딱 한 마디입니다. "내년 이맘때에 아들을 낳으리라." 아브라함은 이 말씀을 인간적으로는 받아들일 수 없었습니다. 왜요? 벌써 아내는 단산했고, 자기 나이는 100세가 다 됐거든요. 그러니 어찌합니까? 받아들일 수가 없지요. 그뿐만 아니라, 이것은 벌써 25년 전부터 듣던 말씀입니다. 이 말씀을 믿지 못하고 살다가 덜컥 이스마엘을 낳았던 것입니다. 벌써 14년 전 일입니다. 아브라함이 지금 이런 형편입니다. 자기 의라는 것은 없습니다. 초라하기 짝이 없습니다. 이제 와 새삼 순종하여 하나님의 말씀을 받아들일 수도 없는 초라한 자기 인격임을 잘 알고 있습니다. 그러나 하나님께서는 말씀하십니다. 아무 설명도, 어떤 비판도 없이 이르십니다. "내년 이때에 아들을 낳으리라." 아브라함은 그 말씀을 믿었습니다. 이 얼마나 중요한 얘기입니까.

저는 예전에 미국의 필라델피아에서 이 장면을 연극으로 본 일이 있습니다. 아브라함이 천사 앞에 벌벌 떨고 있습니다. 천사가 딱 한 마디 합니다. "내년 이때에 아들을 낳으리라." 그리고 훌쩍 떠나버립니다. 아브라함이 그 천사가 가는 곳을 향해서 엎드려 경배합니다. 그런 다음 일어나 밝은 얼굴로 아내를 부릅니다. "여보!" 그의 아내 사라가 저쪽 천막에서 걸어옵니다. 그 사라의 모습은 머리가 새하얀 할머니입니다. 아브라함은 그렇게 어정어정 걸어오는 아내 사라의 어깨 위에 손을 척 얹고 이렇게 말합니다. "오늘 저녁은 내 천막에 가서 쉽시다." 그러고는 사라와 함께 천막 안으로 들어가는 것입니다. 아, 그 장면이 얼마나 아름다운지요? 사실 그때 저는 그 장면을 보면서 많이 울었습니다. '아, 맞다. 이것이 믿음이다!' 여

러분, 나로는 불가능합니다. 내 과거로도 불가능합니다. 내 현재의
나약함으로도 불가능합니다. 하지만 하나님께서 말씀하시니 그대로
될 줄로 믿는 것입니다. 이것이 아브라함의 위대한 믿음입니다.

우리가 잘 아는 모세도 그렇지 않습니까. 그는 애굽에서 40년,
그리고 처가에서 양을 치면서 40년을 지냈습니다. 벌써 나이가 80세
입니다. 그때 하나님께서 말씀하십니다. "네가 이 민족을 구원하리
라." 모세는 변명합니다. "제가 어떻게 하겠습니까. 안 됩니다. 저는
나약하고, 말도 잘 못 합니다." 하지만 정작 하나님 앞에서 모세가
하고 싶은 말은 따로 있습니다. "아니, 저더러 애굽을 가라고요? 저
는 애굽에서 사람을 죽인 몸입니다. 저는 애굽을 배신했습니다. 저
는 애굽에 들어갈 수 없는 사람입니다." 하지만 모세는 이 말을 차마
못 합니다. 그때 하나님께서 냉정하게 말씀하십니다. "내가 너와 함
께할 것이다. 이 민족을 네가 구원하라." 모세는 이 말씀을 그대로
믿고 일어서서 이스라엘을 구원합니다. "내가 너와 함께하리라." 이
말씀을 믿은 것입니다.

여러분도 잘 아시는 너무나도 극적인 이야기가 있지 않습니까.
예수님께서 돌아가실 때 그 바로 옆에 강도가 있었습니다. 이 강도
는 정말 죽어 마땅한 죄인입니다. 그러나 마지막 순간 고백합니다.
"이분은 의로운 분이시다. 이분께는 아무 죄가 없다." 그때 예수님
께서는 이 회개하는 강도에게 말씀하십니다. "네가 오늘 나와 함께
낙원에 있으리라." 그는 강도입니다. 스스로도 죽어 마땅한 줄 알고
있습니다. 그러나 예수님의 말씀을 그대로 믿습니다. "네가 오늘 나
와 함께 낙원에 있으리라." 그래서 구원에 이릅니다.

또 여러분이 너무나 잘 아시는 탕자의 이야기도 있습니다. 탕자

가 집으로 돌아옵니다. 아무리 봐도 이 탕자는 자격이 없습니다. 자식 된 자격을 다 잃어버린 사람입니다. 상속자로서 권리가 없지만, 이 탕자가 돌아왔을 때 아버지는 그냥 기뻐합니다. "내 아들이 죽었다 살았다. 내가 아들을 잃었다 얻었노라. 잔치를 하자!" 이렇게 그저 기뻐하기만 합니다. 저는 이 아들이 참 뻔뻔한 놈이라고 생각합니다. 저가 어쩌자고 떡하니 앉아서 잔치를 받아먹는 것입니까. 여러분, 예수 믿는다는 것, 약간 뻔뻔해야 합니다. '어찌 감히 내가 구원받을 수 있겠나? 내가 어떻게 하나님의 자녀가 될 수 있겠나?' 뻔뻔해야 합니다. 이것이 바로 믿음입니다. 하나님께서 말씀하시면 그만입니다. 나를 아들이라고 하시면 나는 아들이요, 나를 사랑한다고 하시면 나는 사랑받는 자입니다. 그대로 받아들이는 것이 바로 믿음입니다. "네가 오늘 나와 함께 낙원에 있으리라." 강도는 그것을 믿었습니다. 아버지가 탕자에게 말합니다. "너는 네 아들이라." 믿었습니다. 믿는 순간 아버지는 나의 사랑하는 아버지요, 나는 아버지의 사랑하는 자녀입니다. 내 과거는 다 십자가에 못박아버립니다. 이제 나는 과거와 전혀 관계가 없습니다. 그리고 약속된 미래가 있습니다. 하늘나라가 앞에 있습니다. 그리고 지금 내가 당하는 시련과 어려움 속에 하나님의 구체적인 사랑의 경륜이 있습니다. 이걸 믿는 것입니다.

제가 아는 여자 목사님 한 분이 계십니다. 그분이 늘 하는 재미있는 이야기가 있습니다. 그 이야기를 듣고 제가 많이 웃었습니다. 정말 그럴까 싶었습니다. 그분이 어렸을 때 말썽을 피우면 어머니가 그분을 나무라시고 막 때리기도 하셨는데, 그때마다 이러셨다는 것입니다. "너는 다리 밑에서 주워왔다." 한데, 이 쓸데없는 우스갯소리를 그분은 진짜로 믿었다는 것입니다. 고등학교 졸업할 때까지 자기는 이 집 딸이 아니라고 생각했다는 것입니다. '나를 다리 밑에서 주워왔기 때문에 이렇듯 나를 못살게 구는구나.' 이렇게 진짜로 믿은 것이지요. 여러분, 믿음이라는 게 얼마나 중요합니까.

　종교개혁자 마르틴 루터는 그의 신학연구 자세에 대하여 세 가지로 말합니다. 첫째가 Oratorio, 기도입니다. 믿음의 사람은 하나님과 관계를 정립해야 하므로 기도가 먼저라고 하는 것입니다. 둘째는 Meditatio, 묵상입니다. 성령의 역사를 받아들이고, 성령의 감화를 받아들여야 하나님께 나아갈 수 있습니다. 그래서 묵상입니다. 셋째는 Tentatio, 시련입니다. 중요한 말입니다. 시련 속에 있는 하나님의 사랑을 읽을 수 있어야 한다, 이것입니다. 시련을 통해서 나를 인도하시는 하나님의 축복을 수용할 수 있어야 비로소 바른 믿음 위에 설 수 있다는 것입니다. 이 얼마나 귀한 말씀입니까.

　오늘본문에서 하박국 선지자는 이스라엘 민족이 많은 죄악으로 말미암아 하나님 앞에 심판받는 것을 봅니다. 현실은 가망이 없습니다. 정치, 경제, 문화, 종교 할 것 없이 다 망가졌습니다. 멸망할 수밖에 없습니다. 하나님께서 말씀하신 것을 들을 때 하나님의 심판을 그는 체온으로 느낄 수 있었습니다. 체감할 수 있었습니다. '이것은 하나님의 심판이다. 하나님의 백성에 대한 하나님의 심판이다.' 확실하게 하나님의 심판을 믿었습니다. 그러나 오늘본문 마지막 절은 말씀합니다. "의인은 그의 믿음으로 말미암아 살리라(4절)." 하나님의 심판, 믿습니다. 하지만 그 심판 속에 하나님의 구원이 있음을 또한 믿습니다. 하나님께서 내리시는 심판과 멸망이 있는 가운데 하나님의 사랑 또한 있음을 믿는 그 믿음입니다. 오직 의인은 믿음으로 말미암아 살리라— 대단히 중요한 말씀입니다. '호 데 디카이오스 에크 피스테오스 제세타이.' 오직 의인은 믿음으로 말미암아 산다— 무슨 말씀이냐 하면, 두 가지로 해석됩니다. 문법적으로, '의인은 믿음으로 산다'라는 말도 되고, '믿음으로 말미암은 의인은 산다'라는 말도 됩니다. 두 가지 해석이 다 가능한 것입니다. 믿음으로 말미암은 의인, 그는 삽니다. 의인은 믿음으로 사는 것입니다. 보는 것으로 살지 않습니다. 보이지 않는 것을 믿습니다. 듣는 대로 판단하지 않습니다. 나만 들을 수 있는 하나님의 음성이 있습니다. 그런고로 의인은 믿음으로 말미암아 살리라— △

하나님의 비밀을 맡은 자

사람이 마땅히 우리를 그리스도의 일꾼이요 하나
님의 비밀을 맡은 자로 여길지어다 그리고 맡은 자들
에게 구할 것은 충성이니라 너희에게나 다른 사람에
게나 판단 받는 것이 내게는 매우 작은 일이라 나도
나를 판단하지 아니하노니 내가 자책할 아무 것도 깨
닫지 못하나 이로 말미암아 의롭다 함을 얻지 못하노
라 다만 나를 심판하실 이는 주시니라 그러므로 때가
이르기 전 곧 주께서 오시기까지 아무 것도 판단하지
말라 그가 어둠에 감추인 것들을 드러내고 마음의 뜻
을 나타내시리니 그 때에 각 사람에게 하나님으로부
터 칭찬이 있으리라

(고린도전서 4 : 1 - 5)

하나님의 비밀을 맡은 자

유명한 작가 레오 톨스토이의 글 가운데 「세 가지 질문」이라는 작은 논문이 있습니다. 우선, 우리가 인생을 살면서 가장 소중한 순간은 언제인가 할 때 그것은 바로 지금이라는 것입니다. 이걸 지나간 것이라고 생각하기 시작하면서부터 불행하다는 것이지요. 가장 소중한 순간이 미래에 있겠다고 생각하는 것도 마찬가지로 불행합니다. 인생에서 가장 소중한 순간은 바로 지금이라고 생각하는 사람이 가장 지혜로운 사람이라는 것입니다. 또한, 가장 소중한 일은 무엇인가 할 때 그것은 바로 현재라는 것입니다. 기회를 잃어버린 옛날이야기가 아니고, 막연한 미래가 아닙니다. 지금 하고 있는 일이 가장 중요하다고 생각하는 사람이 지혜로운 사람이라는 것입니다. 마지막으로, 가장 소중한 일은 무엇인가 할 때 그것은 바로 지금 내가 하고 있는 일이라는 것입니다. 지금 내가 만난 사람을 위해서 좋은 일을 하는 것, 이것이 가장 소중한 일이라고 톨스토이는 말하는 것입니다.

심리학자 로저스의 유명한 심리학적 분석이 있습니다. 직장을 비롯하여 어떤 공동체에도 다섯 가지 유형의 사람이 있다는 것입니다. 여러분, 이 다섯 가지 유형 가운데 자신은 어디에 속하는지, 한번 생각해보시기 바랍니다. 첫째는 창의적이고 혁신적으로 새로운 아이디어를 개발하는 사람입니다. 이런 사람이 전체의 10퍼센트 정도 된다는 것입니다. 열 명 중 하나는 그런 사람이라는 것이지요. 둘째는 어떤 의견이든지 좋게, 긍정적으로 지지하는 사람입니다. 이런

사람이 전체의 12퍼센트에서 15퍼센트 정도 된다는 것입니다. 셋째
는 남의 눈치를 보면서 그저 좋은 게 좋다고, 이래도 좋고 저래도 좋
다고 하는 기회주의적인 사람입니다. 이런 사람이 전체의 25퍼센트
정도 된다는 것입니다. 넷째는 이기주의적인 사람입니다. 어떤 곳
에서든지 우리는 철저히 이기적인 사람을 만날 수 있습니다. 속으로
늘 손익계산을 합니다. '이 일을 하면 내게 얼마가 돌아올까?' '이렇
게 하면 내가 얼마나 손해를 볼까?' 이렇듯 경제적으로, 또 자기 위
신과 체면을 비롯한 모든 면에서 손익계산이 빠른 사람입니다. 이런
사람이 무려 전체의 30퍼센트 정도 된다는 것입니다. 다섯째는 이유
없이 반대하는 사람입니다. 반대를 위한 반대는 어디에나 있습니다.
이런 사람이 전체의 15퍼센트 정도 된다는 것입니다. 여러분은 어느
쪽입니까? 교회에서도 가만히 보면 아주 열심히 일하는 충성된 사
람이 있는가 하면, 또 자꾸 이유 없이 반대만 하는 사람도 있습니다.
그러니 어쩌라는 얘기입니까. 어디에나 여러 가지 유형의 사람들이
있게 마련인데, 그 가운데 나는 어디에 속하는가, 생각해볼 만하지
않습니까.

　　내가 예수를 믿어 하나님의 자녀가 되고, 구원을 받습니다. 이
것은 틀림없습니다. 내가 예수를 믿어 구원을 받습니다. 믿음으로
구원을 받습니다. 그리고 하나님께서 나를 믿으실 때 내가 축복의
자녀가 되는 것입니다. 내가 하나님을 믿어서 구원을 받고, 하나님
께서 나를 믿으실 수 있을 때 내가 복을 받는 것입니다. 생각해보십
시오. 건강을 주셨는데, 믿을 수가 없습니다. 건강을 주셨는데, 술집
으로 가버렸습니다. 이거 되겠습니까. 돈을 주셨는데, 더 나빠집니
다. 지혜를 주셨는데, 악의 근원이 됩니다. 그렇다면 하나님께서 어

찌 그에게 복을 주시겠습니까. 그런고로 내가 하나님을 믿어 구원에 이르고, 하나님께서 나를 믿으실 수 있을 때 비로소 내가 복을 받는 것입니다. 이걸 잊지 말아야 합니다.

저는 결혼주례를 많이 하는 편입니다. 그때마다 제가 잊어버리지 않으면 신랑 신부에게 꼭 하는 말이 있습니다. "지금까지 사랑한다고 했고, I love you, You love me, 이런 말들을 많이 했겠지만, 이제는 그만해라. 이제부터는 사랑한다는 말은 그리 중요하지 않다. 가장 중요한 것은 이 말이다. I trust you(나는 너를 믿는다). 이런 형편에서도, 저런 형편에서도 나는 당신을 믿는다. 당신의 진실을 믿고, 당신의 능력을 믿는다. 이 믿음이 중요하다." 이렇게 당부합니다. 여러분, 믿음이 얼마나 중요합니까. 우리가 하나님을 믿습니다. 그리고 이제는 하나님께서 우리를 믿으실 수 있어야 합니다. 믿을 수 있는 사람이 되어야 합니다. 사랑이라는 말은 감성적일 때가 많습니다. 사랑이라는 이름으로 남을 괴롭히기도 합니다. 그러나 믿음은 그렇지 않습니다. 믿음은 그 인격과 진실에 대한 신뢰입니다. "나는 너를 믿는다."

언젠가 신문에 이런 기사가 난 적이 있습니다. 어머니가 자녀를 가르치는데, 이 녀석이 말을 안 듣습니다. 아무리 해도 안 되니까 결국 유학을 보냈습니다. 많은 어려움이 있었지만, 우여곡절 끝에 마침내 그가 성공했습니다. 그는 성공의 비결에 대해서 이렇게 말합니다. "우리 어머니는 내가 잘못된 것을 알면서도 계속해서 이렇게 말씀해주셨다. '나는 너를 믿는다. 나는 너를 믿는다.' 이 신뢰 때문에 오늘의 내가 있다." 그의 어머니는 그에 대해서 한 번도 실망한 적이 없다는 것입니다. 이 얼마나 중요한 이야기입니까. 어떤 경우에도 자녀들에게 실망해서는 안 됩니다. 또 실망을 보여주어서도 안 됩니다. 그것이 사랑입니다. 그런고로 무엇보다도 중요한 것은 신뢰받을 수 있고, 믿을 수 있고, 믿어지는 사람입니다. 어딘가 모르게 믿어지는 사람, 그런 인격이 필요하다는 말입니다. 그런고로 자기 원칙이 필요합니다. 내가 나를 믿지 못하는데, 누가 나를 믿겠습니까. 내가 하나님을 믿고, 하나님을 믿는 신앙 안에서 내가 나 자신을 믿을 수 있어야 합니다. 내가 나를 믿지 않는데, 누가 나를 믿어주겠습니까. 이것은 완전히 끝난 일입니다. 파산된 인격입니다.

　오늘성경은 제가 특별히 사랑하는 본문입니다. 아주 귀한 바울 사도의 정체의식이 여기에 있습니다. 하나님 앞에 나는 누구냐, 어떤 존재가 되어 어떤 존재로 살아가느냐를 사도 바울이 고백하고 있습니다. 놀라운 자기 정체의식입니다. 그것을 두 가지로 말합니다. 첫째는 그리스도의 일꾼입니다. 이 일꾼이라는 말이 참 마음에 듭니다. 헬라어로 '휘페레타스'입니다. '휘페'가 '밑'이라는 말이고, '레타스'는 '밑에서 노를 젓는다'는 뜻입니다. 그 어원이 너무나 좋습니다. 옛날의 노예선을 떠올려보십시오. 큰 배가 있습니다. 옛날에는 노를 저었고, 그 노 젓는 사람들은 다 배 밑에 있었습니다. 그래 그 깜깜한 데서 기다란 노를 젓는데, 선장이 북을 둥둥 치면 거기에 맞추어서 노를 젓는 것입니다. "저어라!" 하면 젓습니다. "멈춰라!" 하면 멈춥니다. 한 가지 잊지 말아야 할 것이 있습니다. 이 노를 젓는 사람들은 배가 어디로 가는지 모른다는 것입니다. 알 필요도 없습니다. 저으라고 할 때 그저 저으면 그뿐입니다. 여러분의 신앙이 어디에 있습니까? 내가 어디로 가는지도 모릅니다. 왜 그리해야 하는지도 알 수 없습니다. 내 운명이 어떻게 될 것인지도 모릅니다. 그저 노를 젓는 것입니다. 밑에서 노를 젓는 그가 바로 그리스도의 일꾼입니다. 내 운명이 어디로 가는지, 알아서 뭐 할 겁니까? 물을 필요도 없습니다. 의심하지도, 두려워하지도 말 것입니다. 슬퍼하지도, 걱정하지도 말 것입니다. 그냥 저으라 하면 젓고, 멈추라 하면 멈추는 것입니다. 이렇게 순종하는 사람이 바로 그리스도의 일꾼입니다. 그리스도의 일꾼, 너무나도 귀한 사도 바울의 자기표현이라고 생각합니다.

둘째는 하나님의 비밀을 맡은 자입니다. 여기서 '맡았다'라는 말은 '오이코노무스'입니다. 요즘 말로 하면 '집사'라는 뜻입니다. 옛날 말로는 '청지기'입니다. 집사란 일을 맡은 자일뿐만 아니라, 다른 사람에게 일을 맡기기도 하는 사람입니다. 주인의 명령을 받아서 순종하는 사람이기도 하지마는, 자기 자신이 자발적으로 일을 만들어서 하는 사람, 그런 자발적 능력을 지닌 사람입니다. 그가 집사입니다. 온 집안의 일을 주인의 뜻을 따라 잘 다스려 나가는 사람이 집사인 것입니다.

그런가 하면, 오늘본문에서 특별히 강조된 것이 '비밀을 맡은 자'입니다. '비밀'은 '뮈스테리온'입니다. Mystery가 '뮈스테리온'에서 나온 말입니다. 비밀을 맡았다, 하나님과 나와의 비밀이 있다는 것이지요. 이 얼마나 신비로운 말입니까. 발달심리학적으로 말하면, 자랄 때 아이들은 다들 이렇게 믿습니다. '어머니는 무조건 나를 사랑하신다. 아버지도 나를 사랑하신다. 모든 사람이 다 나를 사랑한다.' 자기중심적인 것입니다. 자기가 우주의 중심이라고 생각하는 것입니다. 그러다가 조금씩 크면서 달라집니다. 무얼 하나 주면 아이들이 그걸 뒤에다 감추는 때가 있습니다. 그러고는 좋아합니다.

왜요? '이건 나만 아는 거다. 나만의 비밀이다.' 이런 짜릿한 행복감을 느끼는 것입니다. 나만이 알고, 나만이 가지고 있는 비밀― 그런가 하면, 조금 더 커서는 이제는 비밀을 공유합니다. 엄마에게 와서 이렇게 말하는 것이지요. "엄마, 엄마하고 나하고 둘이서만 알자." 그러고 나서는 돌아다니면서 다 말해버립니다. 너와 나, 우리― 비밀의 공유입니다.

　　여러분, 하나님의 사람은 하나님과 나만이 압니다. 하나님과 나만이 알고, 하나님만이 인정하시는 내 정체가 있습니다. 온 세상 사람이 다 몰라도 좋습니다. 하나님께서 알고 계십니다. 그분만은 내 중심을 아십니다. 하나님과 나 사이에 비밀이 있습니다. 이 비밀이 귀한 것입니다. 이 신비, 이 행복이 있어야 합니다. 하나님께서는 내 편이시고, 하나님께서는 나를 사랑하시고, 하나님께서는 나를 아십니다. 온 세상 그 누구도 모르는 것을 하나님께서는 아십니다. 하나님께서는 나를 사랑하십니다. 그 신비가 십자가에 계시되어 있습니다. 십자가로 그 사랑을 확증해주셨습니다. 십자가를 바라보는 사람의 마음속에 이 비밀이 있습니다. 이 비밀에 대한 깊은 감격이 있습니다. 사도 바울은 말합니다. "하나님의 비밀을 맡은 자, 나는 하나님과 나만이 아는 비밀이 있다. 세상 사람들이 뭐라고 해도 상관없고, 누가 무슨 오해를 해도 나는 상관없다." 하나님과 나만이 아는 비밀, 하나님의 비밀을 맡은 자, 이렇게 자기 자신의 정체를 말하고 있는 것입니다.

　　오늘본문은 또 말씀합니다. "맡은 자들에게 구할 것은 충성이니라(2절)." 여기서 '충성'은 '피스티스'입니다. 하나님께서 믿으실 수 있는 사람입니다. 내가 하나님을 믿을 뿐만 아니라, 하나님께서 나를 믿어주신다는 정체의식을 고백하고 있는 것입니다. 그러면 이런 사람은 어떻게 살아야겠습니까? 오늘본문의 말씀은 제가 자주자주 읽으면서 위로받고, 제 생활의 지침으로 삼는 교본입니다. 사람들의 판단이 있습니다. 그리스도의 일꾼이요, 하나님의 비밀을 맡은 자로 살아갈 때 다른 사람들이 나를 판단하고 비판합니다. 그런데 오늘본문에서 사도 바울이 자세하게 말합니다. 다른 사람들이 하는 말, 다른 사람의 평판, 다른 사람이 평가하는 것을 무시할 수는 없습니다. 요새 흔히 하는 말로 하면 여론입니다. 물론 여론을 전혀 무시할 수는 없습니다. 그러나 여론을 따라서 사는 사람은 안 됩니다. 여러분, 이걸 아셔야 합니다. 다른 사람이 판단하는 것, 중요하지 않습니다. 물론 중요하지마는, 중요하지 않습니다. 이것이 바울의 말입니다. 그래서 신앙적 인격이란 상당히 고독한 것입니다.

여러분은 어떻게 생각하십니까? 순교자는 고독합니다. 많은 오해를 받으면서 죽어갑니다. 때로 신앙생활은 독선으로 보이기도 합니다. 다른 사람들은 다 적당히 사는데, 나 혼자서 이 길을 간다는 것, 얼마나 고독하고 힘든 일입니까. 이걸 알아야 합니다. 우리는 그리스도인으로서 자기반성을 해야 합니다. 그러나 바른 신앙 안에서 때로는 독선으로 보이기도 하고, 독단으로 보이기도 하고, 고독하기도 합니다. 왜요? 하나님께서만 아실 것입니다. 하나님과 나만이 아는 일이기 때문입니다. 그래서 사도 바울은 말합니다. "너희에게나 다른 사람에게나 판단 받는 것이 내게는 매우 작은 일이라……(3절)" 잘했다고 하든, 못했다고 하든, 성공했다고 하든, 실패했다고 하든, 그것은 자기에게 별로 중요하지 않다, 이것입니다. 여러분, 여기까지 도달해야 합니다.

바울은 또 말합니다. "내가 자책할 아무것도 깨닫지 못하나……
(4절)" 자기 자신을 평가함에 자책할 것이 없다는 것입니다. 이 본문
은 참 가슴을 뜨끔하게 합니다. "나는 나 자신에 대해서 자책할 것
이 없다. 최선을 다했노라. 자책할 것을 깨닫지 못하노라." 반성이라
는 것은 너무 깊이 하다 보면 자칫 교만이 됩니다. 그리고 반성이 너
무 엄격하면 절망이 됩니다. 반성만 하다가 다 무너지고 맙니다. 그
런가 하면, 반성은 너무 소홀히 해도 안 됩니다. 너무 집착해서도 안
되고요. 반성에 너무 집착하면 그냥 한숨만 쉬다 갈 수밖에 없습니
다. 그런고로 사도 바울은 말합니다. "내가 나를 생각할 때 많이 반
성도 하겠지만, 나는 나 스스로에 대해서 자책할 것을 깨닫지 못하
노라. 적어도 내가 아는 대로는 최선의 생을 살아왔노라." 이 얼마나
당당한 얘기입니까. "내가 평가하는 나 자신이 소중하지마는, 참으
로 나를 평가해주시는 분은 하나님뿐이시다. 하나님만은 나를 평가
해주실 것이다. 주님의 판단, 주님의 심판만 믿고, 오직 그리스도 중
심적 신앙생활을 하겠다." 이런 말입니다.

사도 바울은 고린도전서 9장에서 이런 말도 합니다. "누구든지
내 자랑하는 것을 헛된 데로 돌리지 못하게 하리라(15절)." 나의 자
랑을 누구에게도 빼앗기지 아니하리라— 그는 나름대로 깊은 반성
도 있거니와, 자기 자랑이 있습니다. 자기 긍지가 있습니다. 그리고
유명한 얘기가 있지 않습니까. "그리스도의 날에 너는 나의 자랑이
되고, 나는 너의 자랑이 되리라. 나는 높은 긍지를 가지고 사노라."
아, 대단합니다. 여러분, 교만도 하지 마시고, 절망도 하지 마십시
오. 판단 없이 교만은 죄입니다. 너무 깊은 자책에 빠져서 절망하는
것도 죄입니다. 모든 판단은 주께 맡기고, 주께서 잘했다고 하실 때

잘한 것입니다. 주께서 잘했다고 하시는 그날을 바라보며 오늘을 사는 것입니다. 맡은 자에게 구할 것은 충성입니다. 사도 바울의 이 신앙적 자기 고백이 오늘과 내일의 우리 고백이 될 수 있기를 바랍니다.　△

두 주인을 섬기려는 자

내가 너희에게 말하노니 불의의 재물로 친구를 사귀라 그리하면 그 재물이 없어질 때에 그들이 너희를 영주할 처소로 영접하리라 지극히 작은 것에 충성된 자는 큰 것에도 충성되고 지극히 작은 것에 불의한 자는 큰 것에도 불의하니라 너희가 만일 불의한 재물에도 충성하지 아니하면 누가 참된 것으로 너희에게 맡기겠느냐 너희가 만일 남의 것에 충성하지 아니하면 누가 너희의 것을 너희에게 주겠느냐 집 하인이 두 주인을 섬길 수 없나니 혹 이를 미워하고 저를 사랑하거나 혹 이를 중히 여기고 저를 경히 여길 것임이니라 너희는 하나님과 재물을 겸하여 섬길 수 없느니라

(누가복음 16 : 9 – 13)

두 주인을 섬기려는 자

아주 여러 해 전에 제가 옥포라는 곳을 방문한 적이 있습니다. 그곳에는 3만 명이 넘는 많은 노동자가 일하는 큰 조선소가 있습니다. 거기에 제가 초대를 받아서 간 것입니다. 그래 여기저기 구경도 하고 그랬는데, 그 옥포조선소 사장님이 밤에 노동자들을 광장에다 모아놓고 저더러 전도 강연을 해달라는 것이었습니다. 전도 강연, 참 어려운 일입니다. 저는 주로 교인들 앞에서 설교하는데, 믿지 않는 사람들 앞에서 한다는 것은 참 어려운 일입니다. 하지만 특별히 부탁을 받았으니 피할 수가 없지요. 그러자니 우선 저를 소개하는 시간이 있지 않겠습니까. 보통의 경우라면 사장님이 저를 강단에 세워놓고는, 이분은 이런 분입니다, 어쩌고 하면서 분위기를 띄울 것입니다마는, 그분은 대뜸 이렇게 운을 떼는 것이었습니다. "이분은 제가 나가는 교회의 목사님이십니다. 그런데 보통 목사님이 아닙니다." 어째서 그런 식으로 소개를 하나 했더니, 그분이 예전에 담배를 원체 많이 피웠답니다. 그래서 예수를 믿고 집사가 되고 나서도 좀처럼 담배를 끊지 못하고 하루에 무려 다섯 갑씩 계속 피웠다는 것입니다. 그렇게 줄담배를 피우다가 어느 순간 '아, 계속 이러다가는 지레 죽겠구나!' 싶은 생각이 들어서 급기야 담배 끊는 학교에 들어갔답니다. 청량리 쪽에 있는 학교입니다. 하여튼 거기에서 일주일 동안 갇혀서 담배 끊는 교육을 받았는데, 그 훈련소만 벌써 세 번을 갔다 왔다는 것입니다. 그러고도 또 담배를 피운 것입니다. 도저히 끊을 도리가 없었습니다. 그래 이런 생각까지 했다는 것이지요.

'나는 그저 담배 피우다가 담배 때문에 죽을 것이다.' 그런데 어느 날 교회에서 제가 하는 설교를 듣게 되었습니다. 오늘처럼 인간의 자유에 대한 내용이었답니다. 그 설교 가운데 이런 말씀이 있더랍니다. "창조주께서 주신 고귀한 콧구멍을 굴뚝으로 만들어서야 되겠습니까." 저도 기억이 잘 안 나는데, 하여튼 제가 그런 말씀을 전했나 봅니다. 그리고 이랬답니다. "그런 사람들은 하찮은 담배에 자유를 빼앗기고 사는 불쌍한 인간들입니다." 바로 그 말을 듣는 순간, 그분, 다시는 담배 피울 생각이 없어졌다는 것입니다. 그래서 마침내 자기가 담배를 끊었노라고 하면서 "이 목사님이 이렇게 위대하신 분입니다!" 하고 다들 박수를 치게 하는 거였습니다. 그러고 나서 제가 강연을 시작했습니다.

담배를 안 피우시는 분들은 잘 모르실 테지만, 그거 정말 힘든 일입니다. 담배는 자기 스스로 피우는 것인데, 그러다 보면 모르는 사이에 스스로 담배의 노예가 되는 것입니다. 얼마나 불쌍합니까. 여러분, 공항에 가보십시오. 요새는 공항에서 담배를 아무 데서나 못 피우게 합니다. 그래 한쪽 구석에다 유리로 칸막이를 해놓고 거기에 들어가서만 담배를 피울 수 있도록 하고 있습니다. 그 모습을 보고 있노라면 이게 동물인지 사람인지 알 수가 없습니다. 참으로 불쌍합니다. 어쩌다가 하찮은 담배에 자유를 빼앗겨서 그토록 비참하게 살아야 하는지…… 여러분, 폐암의 50퍼센트가 담배에서 오는 것이라고 하지 않습니까. 그렇다는 사실을 뻔히 알면서도 못 끊는 것이 또 담배입니다. 그런가 하면, 요즘에는 차 사고가 많이 나는데, 자동차 타고 다닐 때마다 참 위험합니다. 그런데 이 차 사고의 40퍼센트가 또 술 때문에 일어납니다. 다시 말하면, 술만 다 끊을 수 있으면 차 사고의 40퍼센트가 줄어드는 것입니다. 이 얼마나 굉장한 얘기입니까. 그런데도 술을 못 끊습니다. 음주운전은 정말 말도 안 되는 것입니다. 자살행위만이 아니라, 타살행위입니다. 한데도 뻔히 알면서 그걸 못 끊습니다. 이게 도대체 무슨 꼴입니까. 어쩌자고 이 먹고 피우는 것 하나를 자기 마음대로 못 한다는 말입니까. 먹을 때는 먹고, 먹어서는 안 될 것은 안 먹고…… 그거 하나 뜻대로 못합니까? 돈도 벌어야 하고, 힘든 일도 많겠지 만, 술 담배 정도는 자기 마음대로 할 수 있어야 하지 않겠습니까. 그거 하나 못한다면 이 얼마나 초라한 인간입니까. 노예가 된 것입니다. 무의식화가 되고, 문화화가 되고, 습관화되어서 마침내 자유를 빼앗기고 맙니다. 통제력 상실입니다. 그래서 흔히들 이렇게 변명합니다. "마음에는 원이로 되 육신이 약하도다." 아니올시다. 마음도 없었던 것입니다. 마음에 있는데 왜 못한다는 것입니까. 스스로 변명하며 그렇게 살아가다가 어느 사이에 내가 선택한 것의 노예가 되어서 세상을 마치는 불쌍한 심령들, 참 많이 봅니다. 오늘본문에서 예수님 말씀하십니다. "두 주인을 섬길 수 없나니……(13절)" 주인이 있다, 이것입니다. 인간은 무엇엔가 예속되어 있다는 것입니다. 인간은 무엇인가를 섬기며 산다는 것입니다. 여러분, 스스로 자기를 진단해봅시다. 나는 얼마나 자유합니까? 내가 하고 싶은 대로 하고 있는가? 아니면, 하고 싶어도 못 하는가? 아니, 해서는 안 될 것을 알면서도 계속하고 있는가? 나는 어느 정도의 자유를 누리고 있는가? 깊이 생각해야 할 문제입니다.

예전에 제가 소망교회에서 목회할 때 여 집사님 한 분이 저를 찾아와 이렇게 말했습니다. "목사님, 제가 지금 절박합니다. 이혼

할까요, 말까요?" 아이가 둘인 분입니다. 그래서 제가 되물었지요.
"아니, 왜 이혼하시려는 겁니까?" 보통 이야기가 아닙니다. 남편은
서울대학교를 나왔고, 본인은 고려대학교를 나왔답니다. 그것도 법
학과를요. 두 분 다 일류대학을 나온 것입니다. 한데 그 서울대 나온
남편이 항상 고려대 나온 아내인 자기를 무시한다는 것입니다. 그게
어느 정도냐 하면, 꼭 이렇게 말한다는 것입니다. "어디 가서 당신,
대학 나왔다고 하지 마라. 그것도 대학이냐?" 하지만 그것까지는 좋
은데, 남편에게 밥상을 차려주고 남편이 식사하는 동안 자기는 옆에
앉아서 신문 사설을 읽는답니다. 그러고 있는데 남편이 식사를 끝내
면 밥상을 물리면서 아내가 보고 있던 신문을 비인격적으로 빼앗는
다는 것입니다. 신문이 보고 싶으면 점잖게 그 신문 자기도 보게 해
달라고 부탁하면 될 일 아닙니까. 한데 꼭 이렇게 말을 한다는 것입
니다. "여자가 왜 신문 사설을 보나?" 그러면서 신문을 딱 빼앗는다
는 것입니다. 그럴 때면 이분은 속으로 '내가 이래 봬도 법대를 나온
사람이고, 나름대로 신문 사설에 흥미가 있는데, 10년씩이나 이런
소리를 들으면서 살아야 하나?' 하는 생각이 든답니다. 그럼 그냥 다
뒤집어엎고 싶어진다는 것입니다. 그래 이제 저한테 와서 묻는 것이
지요. 어떻게 해야 하느냐고요. 여러분은 어떻게 판단하십니까? 이
런 남자하고 계속 살아야 합니까, 말아야 합니까? 생각해보면 그게
뭐 그리 대단하다고 한평생 같이 살면서 이렇게까지 해야 하나, 싶
은 생각도 듭니다. 깊이 생각해야 합니다.

　　더 재미있는 이야기가 있습니다. 소망교회에 돈이 좀 넉넉한 집
사님 한 분이 있었습니다. 부모님으로부터 물려받은 재산도 많고,
결혼도 미스코리아 출신의 여자하고 했습니다. 제가 보기에도 예

뽑니다. 부부간에 교회에 같이 나오는 모습이 보기 좋더라고요. 그래 제가 슬쩍 한마디 했습니다. "그래, 이렇게 미스코리아이신 분하고 사시니 얼마나 행복하시오?" 그랬더니 그분, 정색을 하고 말합니다. "아닙니다. 목사님, 제 말 좀 들어보세요. 이 사람은 아침마다 두 시간 동안 화장대 앞에 앉아 있습니다. 그렇게 화장하는 동안은 아무 말도 걸면 안 됩니다. 어쩌다 한마디 했다가는 벼락이 떨어집니다." 그 집사님이 결혼한 뒤로 지금까지 그렇게 살아오고 있다는 것입니다. 나르시시즘이지요? 자기를 사랑해서 자기를 사랑의 대상으로 삼고, 그것에 도취가 되어서 사는 것 말입니다. 자기의 얼굴을 보면서 거기에 미치는 사람, 자기 재능, 자기 지식에 미쳐서 정신을 못 차리는 것입니다. 자기를 잃어버리고 사는 사람입니다. 돈 있다고 돈에 미친 사람, 지식이 있다고 지식에 미친 사람, 남달리 건강하다는 생각에 건강에 자부심이 강한 사람…… 모두 스스로 미친 것입니다. 자기가 비참한 노예 상태에 빠져 있음을 스스로 모르고 있습니다. 자기 존재가 없어지는 것입니다. 이렇게 스스로 노예화되어서 비참해진 인격을 볼 수가 있습니다. 예수님 말씀하십니다. "두 주인은 없다. 하나를 선택하기 위해서는 하나를 버려야 한다." 여러분, 내 주인은 누구입니까? 내가 알게 모르게, 아니, 무의식의 세계에서까지 내가 섬기고, 내가 따라가고, 내가 존경하고, 내가 기뻐하고, 내가 사랑하는 그는 누구입니까? 모르는 사이에 주인이 되어서는 안 될 것을 섬기며 사는 불쌍한 사람들이 많다는 말입니다. 돈이 있어도 교만하지 않고, 지식이 있어도 겸손할 수 있고, 권세가 있어도 스스로 낮출 줄 아는 자유인, 그가 자유인이라는 말입니다. 내 주인이 누구입니까? 내 건강입니까? 내 명예입니까? 다 소용없는 것입니다.

　제가 예전에 미국 풀러 신학교에 해마다 가서 강의했습니다마는, 올해에는 호주에 가서 강의하고 왔습니다. 일주일 동안 하루에 6시간씩 강의했습니다. 강의를 끝내고 마지막으로 파티를 할 때 그 총장님이 제게 말씀하셨습니다. "이번에 참 분위기가 좋았는데, 내년에도 또 와주십시오." 그래서 제가 정식으로 말씀드렸습니다. "총장님, 잘 들으세요. 나이가 80이 넘은 사람에게 내년은 없습니다. 그러니까 내년 3월에 얘기하세요." 여러분, 내년에 만납시다. 그거 할 수 있는 이야기입니까? 누가 내년이라는 말을 할 수 있습니까? 우리는 우리 생명의 주인이 아닙니다. 주인이 부르시면 가야 합니다. 그렇지 않습니까.

　이번 월요일에 에덴낙원에서 설교아카데미가 있었는데, 제가 그 자리에서 참 좋은 이야기, 기쁜 이야기를 들었습니다. 성결교 총회장까지 지낸 목사님이 계신데, 그분은 목회도 아주 성공적으로 잘하셨고, 목회자로서 크게 존경받는 어른이십니다. 은퇴하고 미국에 계시다가 한국에 잠깐 나오셨는데, 그만 돌아가셨습니다. 그 돌아가실 때가 중요합니다. 마지막 임종 때에 옆에서 사람들이 다 지켜보는 가운데 하시는 말씀입니다. "지금 나를 위해서 잔치를 한대. 그 잔치에 나를 초대했대. 새 옷을 입고 오래. 그러니 내게 새 옷을 입혀줘." 그러면서 빙그레 웃으시고 세상을 떠나셨다는 것입니다. 그래 장례식을 했는데, 우리 에덴낙원에 그분을 모셨습니다. 중요한 것은 그날 장례식에 참여한 사람들 가운데 한 사람도 우는 사람이 없었다는 것입니다. 여러분, 얼마나 부러운 이야기입니까. 얼마나 아름다운 이야기입니까. 이걸 잊지 말아야 합니다.

내 주인이 누구냐? 한평생 하나님을 섬기고, 한평생 그리스도를 주로 섬기는 우리의 신앙고백이 무엇입니까? 백과사전에도 나와 있습니다. '기독교인이란 예수 그리스도를 주로 고백하는 자를 말한다.' 예수님을 주로, 예수님을 나의 하나님으로 모시는 바로 그 사람이 그리스도인입니다. 주인의식을 분명히 해야 합니다. 내가 주인이 아닙니다. 내 몸도, 내 자녀도, 내 명예도 다 하찮은 것들입니다. 나의 주인은 오직 하나님이십니다. 나의 주는 그리스도뿐입니다. 오직 그리스도만을 섬기는 것입니다. 오늘 주님께서 말씀하십니다. "두 주인을 섬기지 못한다. 이를 높이면 저를 배신해야 하고, 저를 높이면 이를 버려야 한다." 결국, 무슨 말씀입니까? 한 주인을 섬기기 위해서는 또 다른 주인을 버려야 한다는 말씀입니다. 다른 것은 주인이 되어서는 안 된다는 것입니다. 돈도, 명예도, 건강도, 그 어떤 것도 나의 주인이 될 수 없습니다. 오직 하나님께서만 내 주인이 되실 때 내가 자유인이라는 사실을 잊지 말아야 합니다. 나머지 다른 것은 절대로 내 주인이 되어서는 안 됩니다. 주인의식을 가져서도 안 됩니다. 다 버려야 합니다. 그래서 예수님께서 말씀하십니다. "내 제자가 되려면 자기를 부인하고, 자기 십자가를 지고 나를 좇을 것이니라." 무슨 말씀입니까? 버려야 한다는 것입니다. 예수님만 생각하고, 나머지는 다 버려야 한다, 이것입니다. 하나님만 높이고, 나머지는 다 버릴 때 비로소 자유인이 될 수 있습니다. 이걸 잊지 말아야 합니다. 깨끗이 버려야 합니다.

사도 바울은 특별히 고린도전서 2장에서 이런 신앙고백을 합니다. "내가 너희 중에서 예수 그리스도와 그가 십자가에 못 박히신 것 외에는 아무 것도 알지 아니하기로 작정하였음이라(2절)." 나는 십자가 외에는 알지 아니하기로 작정하였노라— 지식의 세계에서까지 오직 그리스도만을 높이고, 십자가만을 생각하고, 그 외에는 다 분토와 같이 여기겠다는 신앙고백입니다. 사도 바울의 또 유명한 말이 있습니다. "I am crucified with Christ(내가 그리스도와 함께 십자가에 못박혔다)." 오직 그만이 주입니다. 그만이 내가 사랑하는 분입니다. 그만이 내가 기뻐하는 분입니다. 그렇게 사는 사람이 진정한 자유인이라는 말입니다.

유명한 종교개혁자 장 칼뱅은 말합니다. '하나님께 완전히 예속될 때 비로소 인간은 자유할 수 있다.' 그렇습니다. 마르틴 루터는 말합니다. '죄와 사망과 사탄과 율법, 진노로부터 자유할 수 있는 그때만이 진정한 자유인이다.' 이것이 구속받은 사람의 정체성입니다. 「논어」에 이런 말이 있습니다. '인격을 덕으로 수양하지 않는다.' 인격을 생각하면서 덕을 잊어버리면 안 됩니다. 돈 번다고 인격이 생기는 것이 아닙니다. 지식이 있다고 인격이 되는 것이 아닙니다. 인격을 생각한다면 덕을 쌓는 수양을 가지라는 말입니다. 또 말합니다. '배운 것을 익히지 않는다.' 책에서 배웠다고 지식이 아닙니다. 익혀야 합니다. Practice, 실천해야 한다는 것입니다. '의를 알면서 실천하지 않는다.' 의를 말하고 의를 주장하지만, 정작 의를 행하지는 않는다는 것입니다. '잘못을 알고 고치지 않는다.' 그 많은 날 저지른 잘못을 생각합니다. 그럼 고쳐야지요. 바꿔야지요. 그걸 실천하지 않을 때 그 인격은 무너진다는 것입니다.

여러분, 스스로 속이지 맙시다. 내가 누구입니까? 아니, 내 주인이 누구십니까? 나는 누구를 주인으로 섬기며 살고 있습니까? 누구를 영화롭게 하고, 누구를 사랑하며 살고 있습니까? 잊지 말아야 합니다. 두 주인을 섬기지 못한다— 오직 한 주인, 한 하나님, 한 그리스도를 섬길 때 내가 온전한 자유인이 될 수 있다, 이것입니다. 그렇게 할 때 어느 사이에 온전한 자유인으로서 그리스도를 닮아가는 인격을 보게 될 것입니다.   △

큰 기적을 부른 감사

이에 유대인들이 말하되 보라 그를 얼마나 사랑하셨는가 하며 그 중 어떤 이는 말하되 맹인의 눈을 뜨게 한 이 사람이 그 사람은 죽지 않게 할 수 없었더냐 하더라 이에 예수께서 다시 속으로 비통히 여기시며 무덤에 가시니 무덤이 굴이라 돌로 막았거늘 예수께서 이르시되 돌을 옮겨 놓으라 하시니 그 죽은 자의 누이 마르다가 이르되 주여 죽은 지가 나흘이 되었으매 벌써 냄새가 나나이다 예수께서 이르시되 내 말이 네가 믿으면 하나님의 영광을 보리라 하지 아니하였느냐 하시니 돌을 옮겨 놓으니 예수께서 눈을 들어 우러러 보시고 이르시되 아버지여 내 말을 들으신 것을 감사하나이다 항상 내 말을 들으시는 줄을 내가 알았나이다 그러나 이 말씀 하옵는 것은 둘러선 무리를 위함이니 곧 아버지께서 나를 보내신 것을 그들로 믿게 하려 함이니이다 이 말씀을 하시고 큰 소리로 나사로야 나오라 부르시니 죽은 자가 수족을 베로 동인 채로 나오는데 그 얼굴은 수건에 싸였더라 예수께서 이르시되 풀어 놓아 다니게 하라 하시니라

(요한복음 11 : 36 - 44)

큰 기적을 부른 감사

유명한 신학자 메튜 헨리(Matthew Henry) 목사님이 한번은 길에서 강도를 만나 지갑을 빼앗긴 적이 있습니다. 그날 목사님은 집에 돌아가서 일기장에 이렇게 써놓았습니다. '나는 오늘 강도를 만남으로 말미암아 하나님께 감사하노라. 첫째, 비록 지갑은 강탈당했어도 나의 생명은 빼앗기지 아니하였으니 감사하노라. 둘째, 비록 내 돈은 다 빼앗겼어도 그렇게 많지 않은 돈이었으니 감사하노라. 셋째, 비록 내가 강도는 당했어도 나 자신이 강도가 되지 아니하였으니 감사하노라.' 이렇게 그는 강도를 당했지만, 오히려 하나님 앞에 감사했습니다. 철학자 플라톤은 주장합니다. '사람과 동물의 차이가 무엇이냐? 동물은 감사할 줄 모르지만, 사람은 감사하는 동물이다.' 바꾸어 말하면, 감사하면 사람이 되고, 감사를 잃어버리면 사람이 동물로 전락한다는 것입니다. 그래서 우리는 종종 은혜를 모르는 사람을 보고 뭐라고 합니까? 짐승만도 못하다고 그러잖아요? 결국, 은혜를 모르면 사람이 아니라는 것이지요. 더욱이 철학자 플라톤은 이렇게 말하고 있습니다. '인간에게 주어진 소중한 것은 이성이다. 이성적 판단에서 감사할 수 있기에 이성을 가진 인간의 특권 그 자체가 감사다.'

여러분, 우리는 그리스도인입니다. 그리스도인은 그리스도적인 감사가 있습니다. 같은 그리스도인이라도 수준이 다릅니다. 초보 수준이 있고, 중간이 있고, 아주 높은 수준의 그리스도인이 있습니다. 그 수준은 무엇으로 평가하는 것입니까? 간단합니다. 어느 때 감사하느냐, 어떤 일에까지 감사하느냐, 얼마나 감사하느냐, 얼마나 감사한 마음으로 모든 것을 소화하고 극복하느냐, 또 얼마나 내가 하는 생활을 통해서, 또 다른 사람의 입을 통해서 감사하게 하느냐, 이것입니다. 중요합니다. 나는 감사하다고 할지 모르지만, 나를 만나는 사람이 감사해야 합니다. 솔직히 말하면 여러분이 모든 주변의 사람들한테서 "고맙습니다! 감사합니다!"라는 말을 많이 들어야 합니다. 감사할 만하고, 감사의 반응을 하면서 살아야 합니다. 그런데 반대로 생각하면, 우리가 주변을 돌아보니 전부 원망입니다. 아내도 원망, 자식도 원망, 이웃도 원망…… 그저 주변에서 나와 관계된 모든 사람이 나와 만나면서 원망을 하고 있습니다. 뭔가 잘못된 것입니다. 이유를 묻지 마십시오. 다시 깊이 돌아가서 내 주변으로부터 감사를 전하는 마음이 내게 돌아와야 합니다. 감사의 응답을 받아야 그가 진짜 그리스도인입니다.

어느 때 어떤 형편에서 어떤 감사를 하고 있는가, 어느 정도의 감사를 하고 있는가, 하는 것이 문제입니다. 그런데 오늘본문은 아주 특별한 말씀입니다. 특별한 감사로 말미암아 기적이 나타났습니다. 감사로 말미암아 기적이 나타난다― 성경에는 이런 이야기가 참 많습니다. 절박한 시간에, 원망도 하고 좌절도 해야 할 시간에 오히려 감사했더니 큰 역사가 나타납니다. 다니엘 같은 사람은 분명히 사자 굴에 들어가서 죽을 수밖에 없는 운명이었습니다. 그 자신 그걸 잘 알고 있었습니다. 그러면서도 예루살렘 쪽을 향한 창문을 열어놓고, 전에 하던 대로 하나님 앞에 감사기도를 했습니다. 아무리 읽어봐도 정말 그럴 수 있을까 싶지 않습니까. '과연 그 시간에 감사할 수 있을까? 사자 굴에 들어가서 죽는다는 것을 알고, 이 모순되고 부조리한 세상에서 이제 생을 마치게 되었는데, 어찌 감사할 수 있을까?' 그런데 다니엘이 감사의 기도를 드렸더니 하나님께서 사자의 입을 막아주시어 그가 그 사자 굴에서 살아나와 하나님께 영광을 돌리지 않습니까. 감사의 기도가 기적을 낳은 것입니다.

오늘본문말씀도 아주 특별합니다. 예수님에 대한 것입니다. 예수님의 경우입니다. 예수님의 친구 나사로가 죽었습니다. 성경은 분명히 말씀합니다. '예수님께서 지극히 사랑하시는 사람'이라고요. 그 사랑하시는 제자가 죽었습니다. 그런데 실상 지금 나사로가 죽어간다는 소식을 들으시고 바로 오셔서 기도하시고 치유하셨으면 좋았을 텐데, 예수님께서는 바로 오지 않으셨습니다. 요한복음 11장에는 오히려 이상한 말씀이 있습니다. "이 병은 죽을병이 아니라……(4절)" 이렇게 말씀하시며 예수님께서 늑장을 부리시던 중에 그만 나사로가 죽은 것입니다. 그러니까 적지 않은 원망이 여기에 있습니다. 이 요한복음 11장을 자세히 읽어보면, 나사로의 누이인 마르다가 오빠가 죽은 다음에 오신 주님께 이렇게 원망의 소리를 합니다. "주께서 여기 계셨더라면 내 오라버니가 죽지 아니하였겠나이다……(32절)" 예수님께서 진작 오셨더라면 자기 오라비가 안 죽었을 텐데, 하는 것입니다. 또 오늘본문을 더 자세히 읽어보면 예수님께서 이렇게 말씀하십니다. "돌을 옮겨 놓으라……(39절)" 무덤의 돌을 옮기라, 하신 것입니다. 그때 마르다가 말합니다. "주여 죽은 지가 나흘이 되었으매 벌써 냄새가 나나이다(39절)." 그런데 이 말 속에 묘한 것이 있습니다. "옮겨 놓기는요? 이미 죽은 지 나흘이나 돼서 냄새가 나는데, 지금에야 오셔서 무덤은 무슨 무덤입니까." 이런 묘한 불평이 여기에 있는 것입니다. 원망과 불평이 있다는 말입니다. 바로 그런 와중입니다. 예수님께서는 이제 나사로를 향하여 나오라고 말씀하시기 전에 우선 하나님 앞에 기도를 드립니다. 오늘본문은 말씀합니다. "눈을 들어 우러러 보시고……(41절)" 이 장면을 가만히 보십시오. 앞에는 지금 무덤이 있습니다. 그 무덤 속에는 나사로의 시체가 있고, 많은 사람이 바야흐로 원망하고 불평하고 있습니다. 심지어 말하기 좋아하는 사람들은 이렇게 조롱하기까지 합니다. "아니, 소경의 눈을 뜨게 하는 자가 죽지 않게 할 수는 없더냐?" 어찌 보면 맞는 말입니다. "죽지 않게 할 수 없었더냐……(37절)" 왜 죽은 다음에 와서 이렇게 무덤 앞에 기도하느냐, 이것입니다. 진즉에 오시지 않고, 진즉에 살리시지 않고, 왜 다 끝난 지금 이 자리 이 시간에 오셔서 무덤 앞에 서시었느냐, 하는 것입니다. 이 모든 비방, 비난, 불신앙, 원망의 소리를 다 들으시면서 주님께서는 우러러 하나님을 보셨습니다. 이 우러러보셨다는 것이 너무나 중요합니다. 이스라엘 사람들의 격언에 이런 말이 있습니다. '앞이 막혔느냐? 뒤를 보라. 뒤가 막혔느냐? 옆을 보라. 앞뒤가 다 막혔느냐? 위를 보라.' 이제는 위를 보는 것, 우러러보는 것이 중요합니다. 이것은 하나님을 말합니다. 하나님께 마음을 향하는 것입니다. 땅을 보면 안 됩니다. 땅을 보면 원망하는 사람과 함께 원망하게 됩니다. 이걸 잊지 말아야 합니다. 그 옛날 모세는 원망하는 백성들을 보다가 자신도 원망했습니다. 그래서 하나님 앞에 큰 책망을 받았습니다. "이 패역한 놈들아!" 이렇게 원망한 것입니다. 땅을 보면 그렇습니다.

　최근에 어떤 분이 제게 이렇게 말합니다. "요새는 제가 신문을 안 봅니다." "왜 안 보십니까?" "신문을 보면 마음이 어두워져서요.

영영 살고 싶은 생각이 없어집니다." 어떻습니까? 이 세상일이라는 것이, 땅을 보는 것이 다 그렇습니다. 우리는 우러러보아야 합니다. 그 옛날 스데반도 순교할 때 그랬습니다. 그에게 돌을 던지던 사람들은 다 헬라파 유대인들입니다. 옛날 친구들입니다. 불과 엊그제까지도 친구였습니다. 그런 사람들이 스데반에게 돌을 던집니다. 하지만 그는 돌에 맞아 쓰러지면서 하늘을 우러러봅니다. 그랬더니 그리스도께서 하나님 우편에 서신 것을 봅니다. 그 순간 스데반의 얼굴이 천사의 얼굴과 같이 되었습니다. 여러분, 위를 보아야 합니다. 기도하면서도, 기도한다고 하나님의 이름을 불러놓고도 땅의 생각만 하는 것이지요. 생각이 위로 가야 합니다. 기도한다고 다 기도가 아닙니다. 하나님의 뜻을 생각하고, 하나님의 영광을 생각하고, 하나님께서 주신 은총을 생각해야 합니다. 위를 보고, 하나님과 나의 관계를 적립할 때 감사가 이루어지는 것입니다. 땅의 일에는 감사가 없습니다. 오늘본문에도 땅의 일을 생각한다면 원망과 불평만 나옵니다. 그러나 예수님께서는 그 절박한 가운데서도 하늘을 우러러보셨습니다. 너무나 귀한 말씀입니다. 우러러보는 믿음— "우러러볼 때 믿음을 얻고, 믿으면 영광을 보리라!" 예수님 말씀입니다. "네가 믿으면 하나님의 영광을 보리라……(40절)" 그 절박한 시간에도 믿으면 영광을 보리라, 하십니다. 이는 위를 보는 사람만이 느낄 수 있고, 위를 보는 사람만이 알 수 있는 체험입니다.

이제 예수님께서 위를 보고 기도하십니다. "항상 내 말을 들으시는 줄을 내가 알았나이다……(42절)" 아주 귀한 말씀입니다. 지난날 응답해주신 것에 대한 감사입니다. 여러분, 어떤 절박한 시간에도 과거의 은총을 잊어서는 안 됩니다. 전에 받은 은혜를 잊어서는 안 됩니다. 제가 잘 아는 친구 한 사람은 저와 같이 군대에 있을 때 총에 맞은 일이 있었습니다. 저는 무사하게 3년 동안 군 생활을 마쳤습니다마는, 그는 총을 맞았습니다. 수색대에 같이 나갔다가 그만 무릎에 총알이 몇 개 박힌 것입니다. 그런데 수술을 하면서 신경을 잘못 건드리면 안 된다고 해서 그만 총알 하나를 빼지 못했습니다. 그런데 이분이 가끔 이런 이야기를 합니다. 날이 흐리면 꼭 그 무릎이 시큰시큰 하다는 것입니다. 그리고 마치 그 총알이 움직이는 것 같은 느낌이 든다나요? 그럴 때마다 그는 그 옛날 총에 맞고 쓰러진 일을 생각하고 감사드린다고 합니다. 무릎이 시큰해야 감사하다는 것입니다. 왜요? 그때마다 '내가 그런 일을 겪고도 이렇게 살아남지 않았는가?' 하고 과거를 기억하는 것입니다. 그래서 시큰거릴 때마다 쿡 찌르는 것 같다는 것입니다. 과거의 은혜를 기억하라고요. 과거의 은총을 잊어서는 안 됩니다.

　이스라엘 백성들이 출애굽을 한 뒤 광야에서 범한 가장 큰 죄가 무엇입니까? 사도 바울은 딱 한 마디로 말합니다. '하나님을 원망한 죄.' 그들은 하나님을 원망하다가 광야에 엎드려 죽었다, 이것입니다. 원망은 감사의 반대입니다. 왜 원망한 것입니까? 과거를 잊어버렸기 때문입니다. 불과 얼마 전에 있었던 사건입니다. 하나님께서 애굽에 열 가지 재앙을 내리셨습니다. 그래서 그들이 구원을 받은 것입니다. 그리고 홍해가 갈라지는 기적을 보았습니다. 반석을 쳐서 물이 나오는 기적을 보았습니다. 그렇듯 수많은 은혜 가운데 살아왔는데, 그 과거에 받은 은총을 다 잊어버린 것입니다. 그렇습니다. 망각하는 순간 원망하게 되는 것입니다. 과거의 은혜를 잊어버리면 미래가 보이지 않습니다.

    그런가 하면, 또 중요한 것은 이스라엘 백성들이 앞에 있는 약속, 가나안 땅에 주신 약속을 잊어버린 것입니다. 그럴 때마다 그들은 하나님을 원망합니다. 여러분, 꼭 잊지 마십시오. 사람은 현재에 삽니다. 그러나 현재에 집착하면 동물입니다. 사람의 사람됨은 현재에 있으면서도 과거를, 또 미래를 생각할 줄 아는 데에 있습니다. 그 기능을 하나님께서 주셨습니다. 그것이 하나님의 형상입니다. 순간에 매이고, 본능에만 끌리는 것이 아닙니다. 어떤 순간에도 이 사건의 다음은 무엇인가, 이 사건 전의 일은 무엇인가를 생각할 줄 알아야 합니다. 현재를 보면서 과거를 은혜로 생각하고, 그 과거에 주신 은총으로 말미암아 오늘을 해석하는 것입니다. 그래서 감사할 수 있는 것입니다. 또 지금은 이렇게 어렵지만, 우리 앞에는 약속이 있습니다. 가나안 땅의 약속— 하나님께서는 분명히 약속을 지키십니다. 가나안 땅에는 반드시 들어갈 것입니다. 그렇다면 가나안의 영광을 생각하며 오늘을 이기고, 오늘을 감사할 수 있어야 하지 않겠습니까. 이것이 그리스도인입니다. 그래서 오늘본문 40절은 말씀합니다. "믿으면 하나님의 영광을 보리라……" 굉장한 말씀 아닙니까. 믿으면 하나님의 영광을 보리라— 믿음, 무엇입니까? 하나님의 영광이 나타날 것을 믿는 것, 하나님의 영광으로 모든 것이 소화될 것을 믿는 것입니다. 예수님께서는 그 앞날과 그 궁극을 믿으시면서 하늘을 우러러 감사하십니다. 여러분, 잊지 마십시오. 기적이 나타난 다음에 감사하는 것이 아닙니다. 감사한 다음에 기적이 나타나는 것입니다. 이걸 잊지 말아야 합니다. 감사가 먼저입니다. 기적이 먼저가 아닙니다. 이 절박한 시간에도 예수님께서는 감사하셨습니다.

    저는 오늘본문을 읽을 때마다 감탄합니다. '아, 참 대단하다. 어떻게 바로 이 시간에 감사가 있을 수 있을까? 하나님이시여, 빨리 기적을 주세요. 저 죽은 자를 살려주세요. 이 어리석은 자들이 정신을 차리게 해주세요.' 이렇게 저 같으면 할 말이 많습니다. 하지만 예수님께서는 하늘을 우러러 감사기도를 하십니다. "주여, 제 기도를 들으시는 것을 감사하나이다. 주의 영광을 보게 해주십시오. 감사하나이다." 이렇게 감사기도를 드릴 때 죽은 자가 되살아나는 기적이 나타나게 됩니다. 여러분, 어떤 절박한 현실에서도 오늘 예수님께서 무덤 앞에서 모든 원망과 불평을 물리치시고 하늘을 우러러 보신 것을 잊지 말아야 합니다. 예수님께서는 하나님의 영광을 바라보며 감사기도를 하셨습니다. "아버지여 내 말을 들으신 것을 감사하나이다(41절)." 기도를 들어주시어서 감사하다, 이것입니다. 하지만 여기에는 나사로를 살려주십사, 하는 말은 없습니다. 그러나 감사할 때 기적은 있는 것입니다. 감사하는 마음이 속에서 우러날 때 기적은 있습니다. 왜 그렇습니까? 그것이 하나님의 뜻이니까요. 우리가 범사에 감사하고, 쉬지 말고 기도하는 것이 하나님의 뜻입니다. 하나님께서 그렇게 원하고 계십니다. 반대로 말하면, 감사할 때 하나님의 뜻이 이루어지고, 하나님의 뜻이 이루어질 때 내게 기적이 있는 것입니다. 여러분, 이 중요한 원리를 다시 한번 이 시간에 새겨봅시다. 기적이 있음으로써 감사하는 것이 아니라, 감사가 있음으로써 기적이 있는 것입니다. 감사 그 자체가 기적에 우선한다는 것을 잊지 마십시오. 감사할 때 거기에 놀라운 역사가 이루어집니다.

제가 인천에서 목회할 때 있었던 어느 전도사님의 이야기입니다. 이 전도사님에게 아들 셋이 있었는데, 그 가운데 둘째가 좀 특별했습니다. 다른 아이들은 용돈을 탈 때마다 와서 그저 이런답니다.

"엄마 용돈 주세요. 빨리 주세요. 좀 더 주세요." 이렇게 흥얼흥얼하며 졸라대는데, 둘째 아들은 그렇지 않다는 것입니다. 딱 한 마디 한답니다. "어머니, 어려운 살림에 얼마나 고생하십니까? 우리 용돈 주시느라고 얼마나 수고하십니까?" 그러면 어머니는 "징그럽다! 가지고 가라!" 하면서 용돈을 주신다는 것입니다. 저는 그 이야기를 들으면서 그 아들이 나중에 뭐가 되려나, 하고 궁금했는데, 지금 목사가 되어 있습니다. 여러분, 다시 한번 생각합시다. 감사가 기적을 낳습니다. 기적은 감사하는 마음이 있을 때만 일어납니다. 감사가 있을 때만 응답이 있다, 이것입니다. 이런 놀라운 진리를 알고, 이제부터는 범사에 감사하면서 하나님을 기쁘게 해드리고, 날마다 하늘의 영광을 보는 축복이 여러분과 함께하기를 바랍니다.　△

중보자 모세의 기도

이튿날 모세가 백성에게 이르되 너희가 큰 죄를 범하였도다 내가 이제 여호와께로 올라가노니 혹 너희를 위하여 속죄가 될까 하노라 하고 모세가 여호와께로 다시 나아가 여짜오되 슬프도소이다 이 백성이 자기들을 위하여 금 신을 만들었사오니 큰 죄를 범하였나이다 그러나 이제 그들의 죄를 사하시옵소서 그렇지 아니하시오면 원하건대 주께서 기록하신 책에서 내 이름을 지워 버려 주옵소서 여호와께서 모세에게 이르시되 누구든지 내게 범죄하면 내가 내 책에서 그를 지워버리리라 이제 가서 내가 네게 말한 곳으로 백성을 인도하라 내 사자가 네 앞서 가리라 그러나 내가 보응할 날에는 그들의 죄를 보응하리라 여호와께서 백성을 치시니 이는 그들이 아론이 만든 바 그 송아지를 만들었음이더라
(출애굽기 32 : 30 - 35)

중보자 모세의 기도

　제2차 세계대전 때 있었던 실화입니다. 신임 비행중대장이 임명되었습니다. 비행단장으로부터 이 신임 비행중대장이 아주 엄한 메시지를 받았습니다. 그 내용은 이렇습니다. "귀하가 어젯밤에 장교클럽에서 과음했다는 소식을 들었다. 다시는 그런 일이 없도록 하라." 비행사는 절대 술이나 담배를 못 하게 되어 있습니다. 그런데도 이런 사건이 생긴 것입니다. 다음날 이 중대장은 마음이 몹시 괴로워서 비행단장을 찾아가 해명했습니다. "저는 그 술자리에 없었습니다." 비행단장이 말합니다. "나도 안다. 그러나 네 부하가 과음했으면 그것은 곧 자네가 한 것이야." 여러분, 책임지는 인격이 바로 지도자상입니다. 내가 한 일도 내가 책임지거니와 다른 사람이 한 일도 내가 책임져야 합니다. 이것이 인격자의 모습입니다. 또 기도자의 모습이기도 합니다. 잠언 14장 34절은 말씀합니다. "공의는 나라를 영화롭게 하고 죄는 백성을 욕되게 하느니라." 나라가 되게 하는 것은 경제가 아닙니다. 정치도 아닙니다. 도덕성입니다. 이것이 가장 중요하다는 걸 잊지 말아야 합니다. 눈에는 보이지 않지만, 도덕성이 무너지면 경제, 정치, 문화가 다 무너지고 맙니다. 이걸 잊지 말아야 합니다.

　여러분이 잘 아시는 너무나 유명한 이야기가 있습니다. 어느 날 공자의 제자인 자공이 그 스승님에게 물었습니다. "나라가 튼튼하게 서려면 어찌하면 되겠습니까?" "아, 그거야 간단하지. 식량이 넉넉하고, 군비가 충실하고, 신의가 있으면 된다." 여기서 식량은 경제요, 군비는 국방이요, 신의는 도덕의 문제입니다. 자공이 또 묻습니다. "만일 이 세 가지 중에서 부득이 하나를 빼야 한다면 무엇이겠습니까?" "아, 그야 군비를 빼야지." 국방보다 경제가 더 중요하다, 이것입니다. 자공이 다시 묻습니다. "이제 둘 남았는데, 이 둘 중 하나를 또 뺄 수밖에 없다면 무엇을 빼야 하겠습니까?" "식량을 빼야지." 무슨 말입니까? 경제와 국방이 다 무너져도 도덕성이 있으면 나라는 산다, 그 말입니다. 우리는 걸핏하면 경제, 경제, 국방, 국방 하지만, 모든 국민의 도덕성이 나라를 지탱하고 있다는 것을 그 옛날 공자 선생님이 벌써 언명한 것입니다. 나라든 개인이든, 의가 무너지면 다 무너집니다. 여러분, 깊이 생각해야 합니다.

여러분이 너무나도 잘 아시는 이야기가 또 있습니다. 소돔과 고모라가 죄로 말미암아 멸망하지 않았습니까. 오늘날 이스라엘에 가면 사해라는 바다를 방문하게 됩니다. 그걸 바라보면서 '여기가 소돔과 고모라가 있었던 곳이구나!' 하고 생각하면 섬뜩합니다. 무서운 저주를 받아 소돔과 고모라가 무너졌고, 그 자리에 지금의 사해 바다가 있는 것입니다. 그러나 한 번 더 깊이 생각하면 실은 소돔과 고모라가 죄 때문에 망한 것이 아님을 알 수 있습니다. 소돔과 고모라는 의인이 없었기 때문에 망한 것입니다. 어차피 백성은 다 죄인입니다. 다 죄지을 수 있고, 다 잘못될 수 있습니다. 그러나 이 소돔과 고모라 사건에서 가장 중요한 진리는 아무리 많은 죄를 저질렀다 하더라도 하나님께서 찾으시는 의인 열 명만 있으면 지탱될 수 있고, 살 수 있다는 것입니다. 하나님께서는 바로 거기에 기대를 거십니다. 의인 열 명만 있으면 바로 그 의인 열 명을 통해서 언젠가는 이 죄 많은 소돔과 고모라가 다시 살아날 것을 하나님께서는 기대하고 계시는 것입니다. 그런데 하나님께서 찾으시는 그 의인 열 명이 소돔과 고모라에는 없었습니다. 그래서 소돔과 고모라는 무너진 것입니다. 온 백성이 다 정결하고, 진실하고, 근면하면 얼마나 좋겠습니까. 하지만 중요한 것은 하나님께서 찾으시는 그 몇 사람입니다. 그 몇 사람만 있다면 이 땅은 구원을 받을 것입니다. 하나님께서 찾으시는 지도자, 하나님께서 찾으시는 의인이 필요하다는 말씀입니다.

예레미야 5장 1절에는 더욱 절절한 말씀이 있습니다. 저는 이 말씀을 늘 중요하게 생각합니다. 하나님의 절규 같은 말씀입니다. "너희는 예루살렘 거리로 빨리 다니며 그 넓은 거리에서 찾아보고 알라 너희가 만일 정의를 행하며 진리를 구하는 자를 한 사람이라도 찾으면 내가 이 성읍을 용서하리라." 놀라운 말씀 아닙니까. 소돔과 고모라는 의인 열 명이 없어서 망했습니다. 예루살렘은 의인 한 사람이 없어서 망했습니다. 하나님께서 찾으시는 의인 한 사람만 있으면— 그야말로 절규 같은 말씀입니다. 한 사람이라도 찾으면 이 성을 사하리라— 이 얼마나 귀한 말씀입니까.

현대 경영학의 아버지로 일컬어지는 피터 드러커는 제가 개인적으로 좋아하는 분입니다. 그래서 그분의 저서들을 많이 읽어보았습니다. 그는 경영의 근본에 대해서 이렇게 말합니다. '경영은 효율성보다 주체인 인간성이다.' 기술이 아니고, 자본이 아니고, 인간을, 인간관계를, 인간성을 강조하는 것입니다. 이것이 피터 드러커 경영학의 핵심입니다. 그래서 경제가 되고, 나라가 되려면 참 지도자가 필요하다는 것입니다. 참 지도자는 어떤 사람이냐? 피터 드러커는 말합니다. '참 지도자는 카리스마도 아니고, 능숙한 책략도 아니고,

근면과 헌신으로 사람에게 감동을 주는 지도자다.' 우리에게 참 감동을 주는 말입니다. 똑똑한 사람, 능력 있는 사람이 참 지도자가 아니라는 것입니다. 많은 사람에게 깊은 감동을 주는 지도자가 참 지도자라는 것입니다. 영리함이나 기술이 아니고, 순수하고 성실해서 조금씩 조금씩 본을 보이는 지도자가 참 지도자라는 것입니다. 예수님께서도 마지막으로 제자들의 발을 씻기시면서 말씀하셨습니다. "내가 너희들에게 본을 보이노라." 본을 보이노라— 여러분, 다들 자녀교육을 위해 애 많이 쓰시지요? 이거, 말로 되는 일입니까? 본을 보여야 합니다. 그래야 자녀교육이 제대로 됩니다.

　저는 아직도 옛날에 제 어머니께서 농사를 지으시던 일을 기억합니다. 얼마나 힘들고 어려운 일입니까. 그런데도 어머니께서는 새벽마다 교회에 나가서 기도하셨습니다. 그리고 틈틈이 시간을 내시어 꼬박꼬박 성경을 읽으셨습니다. 소리를 내서 읽으셨습니다. 어머니께서 성경 읽으시던 소리를 제가 아직도 기억합니다. 저는 그래서 특히 구약성경에 나오는 이야기들은 제가 직접 성경을 읽어서 기억하는 것보다도 어머니께서 소리 내어 읽으셨던 성경을 들음으로써 배우고 기억하는 것이 더 많습니다. 우리 어머니께서 기도와 성경 읽기로 몸소 제게 본을 보이셨기에 오늘의 제가 있는 것입니다. 이걸 잊지 말아야 합니다. 제 어머니께서 저더러 이래라 저래라 하신 것은 별로 기억나는 게 없습니다. 말로 되는 것이 아닙니다. 지도자는 본을 보여야 합니다. 그 본으로 말미암아 우리에게 감동을 주어야 합니다. 감동 없는 교훈은 아무 소용이 없습니다.

　피터 드러커는 또 이런 말도 합니다. '참된 지도자는 사람들을 좋아한다. 사람 만나기를 좋아하고, 교제하기를 좋아한다. 뿐만이 아니라, 사람을 즐겁게 해준다. 모든 사람이 즐겁게 일할 수 있도록 해준다. 그것이 바로 지도자다.' 이걸 잊지 말아야 합니다.

　이스라엘 백성은 하나님 앞에 큰 죄를 범했습니다. 하나님께서 십계명을 전해주시기 위해 모세를 산으로 부르셨을 때 그 산 밑에서 이스라엘 백성은 생각합니다. '물도 없고, 먹을 것도, 마실 것도 없는 곳에서 어떻게 40일 동안을 버틸 수 있다는 것인가? 상상도 할 수 없다. 아, 이거 모세는 죽은 게 틀림없다. 우리는 지도자를 잃어버렸다. 우리가 그렇게 소중하게 따르던 지도자 모세는 이제 없다.' 그래서 이스라엘 백성의 마음이 여지없이 흩어져버립니다. 그래 아론한테 금으로 우상을 만들게 시킵니다. 그리고 그 우상을 섬깁니다. 나중에 산에서 모세가 내려와서 보니까 이게 어디 말이나 되는 일입니까. 하나님의 은혜로 애굽에서 구원을 받은 백성이 이제 금송아지를 섬기고 있는 것입니다. 있을 수 없는 일입니다. 모세가 얼마나 화가 났으면 하나님께서 주신 그 귀한 십계명 돌판을 사정없이 내려쳤겠습니까. 그 순간 모세는 완전히 절망한 것입니다. 백성도 미래도 아무것도 보이지 않았던 것입니다. 그냥 분노한 것입니다.

　그런 사건 다음에 하나님께서 오늘본문 32장 7절에서 이렇게 말씀하십니다. "네 백성이 부패하였도다." 이스라엘 백성이 부패하였도다— 또 9절에서는 이런 말씀을 하십니다. "목이 뻣뻣한 백성이로다." 겸손할 줄 모르고, 순종할 줄 모르는 목이 곧은 백성이다, 이것입니다. 그런고로 진멸하리라, 말씀하십니다. 더 중요한 것은 그다음 말씀입니다. "다 진멸한 다음 내가 너만은 특별히 선택하고 보존해서 너와 네 후손은 가나안에 들어가게 해주마." 모든 백성을 진멸하되, 너와 네 가족만은 살려주신다, 이것입니다. 뿐만이 아니라, 그를 다시 번성케 하셔서 가나안에 들어가게 해주신다는 특별한 말씀을 하십니다. 다시 말하면, 백성은 망하되 모세는 예외라는 것입니다. 모세로서는 구원받을 수 있는 때가 된 것입니다. 바로 이런 때입니다.

저는 이 본문을 읽을 때마다 생각합니다. 이 정도 되면 보통 사람은 이랬을 것이라고요. "오, 하나님. 감사합니다!" 다 망했는데, 나만은 살려주신다고 하시니 얼마나 감사합니까. 하지만 모세는 아닙니다. 이때 하는 기도입니다. "그들의 죄를 사하시옵소서. 그러지 아니하시오면 원하건대 주께서 기록하신 책에서 제 이름을 지워주시옵소서." 그의 이 중보기도를 보면 나름의 특징이 있습니다. 11절입니다. "어찌하여 그 큰 권능과 강한 손으로 애굽 땅에서 인도하여 내신 주의 백성에게 진노하시나이까." 하나님께서 그토록 소중하게 구원해내신 백성입니다. 하나님의 이름이 있는 백성입니다. 이들이 망하면 하나님의 이름에 흠집이 생기고, 하나님의 이름에 욕이 돌아가는 것입니다. 그런데도 어찌하여 하나님의 백성에게 이렇듯 진노하시느냐, 이것입니다. 모세의 더 깊은 속뜻은 이런 것입니다. '본래 이 백성이 애굽에서 우상을 섬기지 않았습니까. 이 백성은 본래 그런 사람들입니다. 그런데 그들을 기껏 여기까지 인도하셔놓고 새삼스럽게 왜 진노하십니까? 이 백성이 원래 그런 사람들 아닙니까. 하나님의 이름을 위하여 이 백성에 대한 진노를 거두어주십시오.' 이런 속뜻이 있는 것입니다.

뿐만이 아니라, 재미있는 말씀이 있습니다. '애굽에 열 가지 재앙을 내리시면서까지 구원하셨는데, 어찌하여 결국 광야에서 다 죽여버리시려는 것입니까? 애굽 사람들이 뭐라고 하겠습니까. 이유야 어찌되었든, 하나님께서 이스라엘 백성을 광야에서 진멸하시기 위해 구원해내셨다고 말하지 않겠습니까. 그러면 하나님의 이름에 누가 되고, 하나님의 이름이 욕되게 됩니다. 그런고로 그리하지 마십시오.' 더 나아가 13절을 보면, 아브라함과 이삭과 야곱에게 약속하신 거룩한 약속을 기억해달라고 모세는 절절히 기도합니다. 그리고 마지막으로 이렇게 말합니다. "정 그리하시려거든 제 이름을 생명책에서 지워주십시오. 저도 이 백성과 함께 죽겠나이다." 함께 죽는 것은 대속이 아닙니다. 예수 그리스도께서는 죄가 없으신데도 저주받은 자처럼 우리를 대신하여 십자가를 지셨습니다. 예수님께서는 죄가 없으신 분이기 때문에 대속하십니다마는, 우리는 누구도 의인이 아닙니다. 대속할 의인은 없습니다. 그런고로 우리가 할 수 있는 일은 딱 하나뿐입니다. 함께하는 것입니다. 죽는 자와 함께 죽는 것입니다. 죄가 있어서 죽는 자가 있습니다. 그럴 때 죄 없는 자가 죄 있는 자와 함께 죽는 것입니다. 그것이 우리가 가지고 있는 마지막 의라는 것을 잊지 말아야 합니다.

이런 아주 재미있는 이야기가 있습니다. 어느 날 왕이 신하와 더불어 얘기를 하다가 그 신하들이 충성을 다하는 것을 보고 고맙게 생각하는 가운데 한 가지 질문을 합니다. "홍수가 나서 내가 그만 홍수에 떠내려가게 됐다. 그리고 자네 아버지도 떠내려가게 됐다. 그대들의 아버지도 떠내려가고, 임금인 나도 떠내려가는데, 딱 한 사람만 구원할 수 있다면 누구를 구원하겠는가?" 그때 모든 신하가 말합니다. "아, 그거야 임금님을 구원해드려야지요." 아첨입니다. 그런데 정작 임금 옆에 있던 가장 충성된 신하는 말이 없습니다. 그래 임금이 묻습니다. "자네는 어찌하겠나?" 그 충성된 신하가 답하니다. "저는 아버지를 건지겠습니다. 아버지를 구원해놓고 다시 들어가서 임금님과 같이 죽겠습니다." 유명한 이야기입니다. '충즉진명(忠則盡命)'입니다. 구원한다, 사랑한다, 무얼 한다…… 그러지 마십시오. 같이 죽는 것, 그것이 사랑입니다. 같이 죄인이 되는 것입니다. 같이 심판을 받는 것입니다. 죄가 없지만, 죄 있는 자와 같이 죽는 것입니다.

모세의 중보기도를 들어보십시오. 우리는 하나님 앞에 이렇게 기도하기가 쉽습니다. '구원해주십시오. 구원해주십시오. 다 무너지고, 다 망하더라도 저만은 구원해주십시오.' 하지만 아닙니다. 참으로 능력 있는 중보기도는 이런 것입니다. '저는 죄가 없습니다. 제가 망해야 할 이유가 아직은 없습니다. 하지만 망해야 할 저 사람들을 제가 사랑하므로 저 사람들하고 함께 죽게 해주십시오.' 이리할 때 중보기도는 능력이 있는 것입니다. 대속과 중보는 다릅니다. 대속은 죄가 전혀 없으신 하나님의 아들이 우리를 대신하시어 십자가에 죽으심으로써 만백성의 죄를 사하신 것입니다. 이것은 atonement입니다. 그러나 우리는 identification, 동일시하는 것입니다. '저는 부족하지만, 제가 사랑하는 사람들이 죽을 때 제가 그들과 함께 죽을 것입니다.' 이런 마음입니다. 같은 죄인으로서 책임을 지는 것입니다. 벌까지도 함께 받겠다고 충성하는 것입니다. 하나님께서는 이 중보기도를 들으시고 응답하십니다.

여러분, 오늘도 우리가 어떤 기도를 하든지, 특히 이 민족을 위해서 기도할 때 민족으로부터 나를 제외해서는 안 됩니다. 이 민족이 죄인일 때 우리도 죄인입니다. 이 민족이 망하면 우리도 망합니다. 함께하는 마음으로, 함께 아파하는 마음으로 함께 가는 것입니다. 이것이 바로 중보자의 마음입니다. 이런 중보자의 거룩한 마음으로 기도할 때 하나님께서는 이 기도를 들으시고, 이스라엘 백성에게 새로운 은총을 베푸십니다. 오늘 우리야말로 모세의 중보기도와 같은 거룩한 기도를 드려야 할 시점에 있습니다. 이 거룩한 역사가 우리 가운데에서 이루어지기를 바랍니다.   △

참 자녀 됨의 속성

너희가 피곤하여 낙심하지 않기 위하여 죄인들이
이같이 자기에게 거역한 일을 참으신 이를 생각하라
너희가 죄와 싸우되 아직 피흘리기까지는 대항하지
아니하고 또 아들들에게 권하는 것 같이 너희에게 권
면하신 말씀도 잊었도다 일렀으되 내 아들아 주의 징
계하심을 경히 여기지 말며 그에게 꾸지람을 받을 때
에 낙심하지 말라 주께서 그 사랑하시는 자를 징계하
시고 그가 받아들이시는 아들마다 채찍질하심이라
하였으니 너희가 참음은 징계를 받기 위함이라 하나
님이 아들과 같이 너희를 대우하시나니 어찌 아버지
가 징계하지 않는 아들이 있으리요 징계는 다 받는
것이거늘 너희에게 없으면 사생자요 친아들이 아니
니라 또 우리 육신의 아버지가 우리를 징계하여도 공
경하였거든 하물며 모든 영의 아버지께 더욱 복종하
며 살려 하지 않겠느냐 그들은 잠시 자기의 뜻대로
우리를 징계하였거니와 오직 하나님은 우리의 유익
을 위하여 그의 거룩하심에 참여하게 하시느니라 무
릇 징계가 당시에는 즐거워 보이지 않고 슬퍼 보이나
후에 그로 말미암아 연단 받은 자들은 의와 평강의
열매를 맺느니라 그러므로 피곤한 손과 연약한 무릎
을 일으켜 세우고 너희 발을 위하여 곧은 길을 만들
어 저는 다리로 하여금 어그러지지 않고 고침을 받게
하라

(히브리서 12 : 3 - 13)

참 자녀 됨의 속성

우리에게 늘 깊은 감동을 주는 유명한 에피소드가 전해지고 있습니다. 우리가 존경하는 김구 선생님이 중국 상해 임시정부의 주석으로 있을 때입니다. 경제적으로 몹시 어려웠던 것 같습니다. 그는 홀어머니를 모시고 있었습니다. 하루는 저녁 끼니가 없어 어머니가 망설이던 끝에 시장에 나가 배추 장사들이 다듬고 내버린 시래기를 주워다가 그걸 씻어서 배춧국을 끓여놓았더랍니다. 저녁에 아들이 돌아왔을 때 어머니는 이 배춧국을 아들에게 내놓았습니다. 김구 선생님이 물었습니다. "어머니, 어디서 이런 귀중한 배추를 얻어와 배춧국을 끓이셨습니까?" 어머니가 대답했습니다. "시장에 나가서 배추 장사들이 내버린 것을 주워와 씻어서 배춧국을 끓여놓았다." 김 주석은 마음이 아팠습니다. "어머니, 죄송합니다. 제가 무능해서 이렇듯 늘 어렵게 지내게 된 것, 죄송합니다. 그러나 아무리 그래도 한 나라 주석의 어머니가 시장 사람들이 버린 시래기를 주워다가 이렇게 할 수 있단 말입니까." 그때 어머니가 엄하게 말했습니다. "너, 일어서라. 종아리를 걷어라." 그리고 회초리로 아들을 때렸습니다. "너, 언제부터 그렇게 교만해졌느냐? 깨끗한 것 같다가 먹으면 되는 거지, 언제부터 그렇게 높아졌느냐?" 그러면서 때렸다는 것입니다. 그렇게 다 큰 아들을 때렸는데, 김 주석이 그 매를 맞으면서 울었습니다. 그러자 어머니가 다시 말합니다. "이놈아, 다 큰 놈이 왜 울어?" 그때 김 주석 말이 이랬습니다. "어머니, 작년에 때리실 때보다 어머니 팔에 힘이 없으셔서 그걸 생각하고 제가 우는 것입니다."

이 일화는 생각할수록 우리에게 귀중한 진리를 말해줍니다. 참 자녀라면 징계를 받을 때, 그 징계하는 분의 징계 속에서 사랑을 느껴야 합니다. 맞는다는 생각을 하는 것이 아닙니다. 아프다는 생각을 하는 것이 아닙니다. '왜 때리실까?' 하고 생각하는 것이 아닙니다. 오직 때리시는 분의 마음을 생각하고, 그분의 큰 사랑을 느낄 수 있어야 비로소 그분의 자녀가 되는 것입니다.

종교개혁자 마르틴 루터는 자기 아버지가 광부였고, 스스로 성격이 거칠었기 때문에 아버지께 매를 많이 맞았다고 합니다. 그래 그는 아버지를 많이 무서워했습니다. 그런데 그가 어느 날 아들을 때리고 나서 마음 아파하는 아버지를 보게 되었습니다. 자기를 때리고 나서 마음 아파하는 아버지를 본 뒤로 그는 생각이 바뀌었습니다. 그는 이렇게 기록합니다. "아버지는 내 속에 예수 그리스도의 초상을 그려주셨다." 이렇게 그는 아버지께 깊이 감사하는 사람으로 바뀌었습니다. 제가 미국에서 공부할 때 이 마르틴 루터를 한 학기 공부한 적이 있습니다. 그의 책을 열심히 읽고, 나름대로 그를 연구하고 난 다음 마지막으로 제가 그의 신학에 대해서 얻은 결론은 이렇습니다. 'God's love is concreted in his wrath.' 한마디로 말하면 이것입니다. '하나님의 사랑은 진노 속에서 구체화 된다.' 제가 이렇게 논문을 써서 냈더니 A＋를 받았습니다. 진노 속에서 구체화 된다─진노가 없는 사랑은 사랑이 아니라, 감상입니다. 그것은 기본입니다. 그것은 무책임입니다. 사랑은 진노 속에서 구체화 된다는 것을 느낄 줄 알고, 읽을 줄 알아야 한다는 말입니다. 사랑은 낭만이나 감상적인 애정이 아닙니다. 참사랑은 창조적입니다. 창조적인 사랑이어야 합니다. 그렇기에 낳아놓는 것만이 다가 아닙니다. 나았으니 키워야 합니다. 양육해야 합니다. 몸도, 정신도, 신앙도, 인격도 키워야 할 책임이 아버지에게 있는 것입니다. 그래서 진노가 있는 것입니다. 행동적 사랑입니다. 그리고 아버지에게는 인내가 있습니다. 때로는 자기희생이 있습니다. 피눈물 나는 희생이 있습니다. 그리고 아픔이 있습니다. 이것이 아버지의 마음입니다.

여러분이 잘 아시는 대로, 탕자가 집을 나갔을 때 그 아버지가 어떻게 했을 것 같습니까? 그 못된 아들이 집을 나가겠다고 합니다. 내보낼 수밖에 없습니다. 그리고 그렇게 내보낸 다음에는 그 아들을 기다립니다. 그가 어떻게 되리라는 것을 뻔히 다 알고 있습니다. 그렇게 끝까지 기다리다가 마침내 아들을 맞이하는 이 아버지는 그 아들의 과거를 묻지 않습니다. "왜 집을 떠났느냐? 왜 돌아왔느냐? 아니, 그동안 어떻게 살았느냐?" 전혀 묻지 않습니다. 아버지는 딱 한 마디를 할 뿐입니다. "나갔다가 돌아왔고, 죽었던 아들이 다시 살아 돌아왔으니, 이것만으로도 나는 족하다." 이것이 아버지의 마음입니다. 그런고로 오늘본문도 구절마다 자세히 말씀합니다. 아버지의 사랑이란 어떤 것이냐? 첫째는 권면입니다. 여러 가지 알아들을 말로 권면합니다. 행동하도록 권면합니다. 그다음에는 꾸지람합니다. "그것은 아니다!" 그런 다음에는 징계합니다. 이것이 오늘본문에 자세하게 기록되어 있습니다. 또 채찍질합니다. 때리는 것입니다. 사랑하는 자식이기에 때립니다. 오늘본문 8절은 말씀합니다. "징계는 다 받는 것이거늘 너희에게 없으면 사생자요 친아들이 아니니라." 징계가 있어야 그가 참 아들이다, 이것입니다. 남의 아들을 왜 때리겠습니까. 내 아들이 아닌 아들, 포기한 아들은 때리지 않습니다. 생각에서 지워버립니다. 그러나 아직도 관심이 있고, 사랑이 있고, 기대가 있고, 애정이 있습니다. 그래서 때리는 것입니다. 그런고로 참 아들이란 누구겠습니까. 참 자녀라면 아버지의 마음을 이해해야 합니다. 그 채찍 속에 사랑이 있음을 알아야 합니다. 그 징계 속에 깊은 사랑이 있음을 알아야 하는 것입니다.

또 한 가지, 참 자녀라면 아버지의 인내하심을 알아야 합니다. 아버지가 오래오래 참으시면서 기다리고 계심을 알아야 합니다. 깊은 믿음으로 아버지의 희생을 이해해야 합니다. 내 아픔보다 아버지의 아픔이 더 큰 것입니다. 내 생각은 버릇없고 가볍습니다. 하지만 아버지는 내 장래를 깊이 생각하며 슬퍼하고 계십니다. 그 깊은 희생을 이해해야 합니다. 징계 속에 있는 사랑, 그 깊은 뜻을 읽을 줄 알아야 합니다. 그런가 하면 참 자녀는 아버지의 그 깊은 마음에 동참해야 합니다. 아버지의 마음에 함께해야 그가 참 자녀입니다. 더 나아가 아버지의 소중한 사랑을 느끼게 될 때 내가 소중해집니다. 내가 그만큼 소중하므로 아버지가 이렇게 하는 것이기 때문에 내 가치, 내 존재가치, 내 삶의 의미가 높은 가치를 가지게 됩니다. 이걸 잊지 말아야 합니다.

제가 얼마 전에 읽은 논문에 이런 내용이 있었습니다. 하버드대학의 비즈니스 스쿨에서 낸 'Family Management'라는 논문입니다. 아버지, 어머니, 할아버지, 할머니의 사랑을 받은 자녀는 절대 문제아가 없고, 통계학적으로 자살자가 없다는 것입니다. 아주 중요한 얘기입니다. 아버지의 사랑을 알고, 할아버지, 할머니의 사랑을 한 번이라도 경험한 사람은 절대 잘못되지 않는다는 말입니다. 정신병자가 없다는 말입니다. 통계학적으로 그렇다는 것입니다. 이 얼마나 중요한 얘기입니까. 그런고로 내가 아버지께 받은 소중한 사랑을 생각할 때 내가 소중해집니다. 내가 너무나도 소중합니다. 그래서 우리가 잘 아는 아우구스티누스는 말합니다. '자녀를 위해서 기도하는 어머니를 둔 자녀는 절대로 망하지 않는다.' 그렇습니다. 아우구스티누스는 여러 번 집을 나갔고 방탕했습니다마는, 그는 항상 어머니의 기도를 기억했습니다. 그래서 마침내 돌아왔고, 그래서 성 아우구스티누스가 됩니다. 이걸 잊지 말아야 합니다. 나를 위해서 기도하는 분이 있습니다. 나는 소중합니다. 나를 위해서 참고 기다리고 마음 아파하는 분이 있습니다. 그러면 나는 더더욱 소중합니다. 내 존재의 가치가 소중합니다. 그것을 아는 것이 아버지에 대한 나의 응답이라는 말입니다. 참 자녀는 진노 속에 있는 큰 사랑을 생각합니다. 아버지는 나보다 더 많은 경험이 있습니다. 더 많은 것을 알고 있습니다. 더 많은 생각이 있습니다. 그리고 나를 징계하십니다.

우리는 성경 속에서 예수 그리스도의 아버지에 대한 마음을 생각하게 됩니다. 예수님께서는 열두 살 때 성전에 올라가시어 어린 나이지만 성전에서 많은 사람과 성경을 토론하십니다. 그 와중에 유명한 말씀을 하십니다. "내가 아버지 집에 있어야 할 줄을 몰랐습니까?" 이 성전이 하나님 아버지의 집이다, 이것입니다. 그래서 그 어디에 계실 때보다 이 성전에 들어서실 때 마음이 편안하십니다. 아버지의 품에 안긴 것 같은 마음, 그 마음이 예수님께 있었다고 하는 것입니다. 그리고 예수님께서는 겟세마네 동산에서 기도하실 때 눈앞의 십자가를 바라보며 이렇게 말씀하십니다. "내 뜻대로 마옵시고 아버지의 뜻대로 하옵소서." 내 뜻을 버리고, 아버지의 깊은 사랑과 경륜과 능력을 믿고, 그분의 손에 나를 위탁하는 것입니다. 내 뜻대로가 아니라, 아버지의 뜻대로— 그것이 예수 그리스도의 결론입니다. 또한, 요한복음 18장 11절에서 예수님 하신 말씀은 제가 늘 좋아하는 말씀입니다. "아버지께서 주신 잔을 내가 마시지 아니하겠느냐." 이거 보통 말씀이 아닙니다. 십자가를 말씀하신 것입니다. 지금 십자가가 바로 눈앞에 다가왔습니다마는, 예수님께서는 이걸 아버지의 뜻으로 받아들이십니다. 아버지의 경륜으로 받아들이십니다. 아버지께서 주신 잔을 내가 마시지 아니하겠느냐— 그리고 십자가를 지십니다. 가룟 유다도 아니고, 가야바도 아닙니다. 로마 군병도 아닙니다. 예수님의 마음 깊은 곳에서는 아버지께서 주신 잔을 아버지께서 사랑하시는 아들에게 주시는 것으로 받아들이십니다. 그런고로 이것입니다. 나는 아버지께 순종하는 마음으로 이 십자가를 지겠다—

그런가 하면, 누가복음 23장 46절에 나오는 예수님의 마지막 말씀을 보십시오. "아버지 내 영혼을 아버지 손에 부탁하나이다." 그리고 운명하십니다. 이것이 예수 그리스도의 아버지에 대한 사랑이요, 그 사랑에 대한 응답입니다. 야고보서 1장 2절에는 이런 말씀이 있습니다. "너희가 여러 가지 시험을 당하거든 온전히 기쁘게 여기라." 시험과 시련이 있습니다. 그러나 다 하나님께 말미암은 줄 알아야 합니다. 아버지가 자녀에게 주는 시련이요, 교육이요, 교과과정이요, 사랑인 것을 알아야 합니다. 그리고 그때마다 이 시련을 감사함으로 받아들여야 합니다. 그가 그리스도인입니다. 시련을 만나거든 온전히 기쁘게 여기라— 왜요? 이것이 하나님의 사랑이기 때문입니다. 시련은 당연히 있습니다. 하나님의 징계도 있습니다. 그러나 우리는 이 시련을 통해서 주의 음성을 듣습니다.

제가 언젠가 한 번 특별한 경험을 한 적이 있습니다. 연세대에서 박사 공부를 하는 사람들 가운데 어떤 분이 논문을 썼는데, 그 논문이 주임교수 보기에 조금 부족했나 봅니다. 그래 교수님이 그분에게 그 논문에 부록을 달았으면 좋겠다고 했습니다. 내용을 보충하는 의미에서 부록을 달면 박사 논문을 통과시켜주겠다고 한 것입니다. 그런데 그 부록의 내용이 뭐냐 하면, 1만 명 이상의 교인이 모이는 서울의 초대형 교회 열 군데를 분석한 것입니다. 그 Mega Church 열 군데를 모아서 교회도 분석하고, 목사님도 분석하고, 해서 부록을 달았습니다. 바로 그 심사를 제가 맡게 되었습니다. 그래 제가 그 내용을 보게 되었지요. 읽으면서 깜짝 놀랐습니다. 교인 수가 1만 명 이상인 교회들을 조사해보았더니 목사님 열 분 가운데 여섯 분이 폐결핵을 앓았습니다. 그리고 대다수가 대학을 제대로 나오지 못했습니다. 이것이 무엇을 말합니까? 그분들 대부분이 적어도 폐결핵에 걸리든가, 암에 걸리든가, 하는 어떤 절박한 경험을 하고 나서 하나님의 사람이 되고, 목사가 되었다, 이것입니다. 다른 말로 바꾸면, 그분들은 다 하나님의 징계를 받아들인 것입니다. 징계를 통해서 하나님의 음성을 들은 것입니다. 징계를 통해서 하나님의 손길을 경험한 다음 목사가 되었다, 이것입니다. 징계가 없으면 사생아요 참 아들이 아니니라—

　　여러분 개개인들에게도 경제적으로, 사회적으로, 가정적으로, 이모저모 여러 가지 많은 시련이 있을 것입니다. 하지만 바로 그 시련들 속에 징계가 있습니다. 이 징계의 의미를 알고 소화한 다음 "하나님은 사랑이시다!" 할 수 있을 때 비로소 참 자녀가 되는 것입니다. 　△

하나님의 말씀으로 살리라

내가 오늘 명하는 모든 명령을 너희는 지켜 행하라
그리하면 너희가 살고 번성하고 여호와께서 너희의
조상들에게 맹세하신 땅에 들어가서 그것을 차지하
리라 네 하나님 여호와께서 이 사십 년 동안에 네게
광야 길을 걷게 하신 것을 기억하라 이는 너를 낮추
시며 너를 시험하사 네 마음이 어떠한지 그 명령을
지키는지 지키지 않는지 알려 하심이라 너를 낮추시
며 너를 주리게 하시며 또 너도 알지 못하며 네 조상
들도 알지 못하던 만나를 네게 먹이신 것은 사람이
떡으로만 사는 것이 아니요 여호와의 입에서 나오는
모든 말씀으로 사는 줄을 네가 알게 하려 하심이니라
(신명기 8 : 1 - 3)

하나님의 말씀으로 살리라

1964년, 아주 오래전 얘기입니다. 부활절 즈음에 제가 미시간대학에 가서 잠깐 공부하고 있을 때인데, 유니언 밸리라고 하는 곳에서 부활절 한 주간 휴가를 보냈습니다. 그곳에서 저는 아주 인상적이고, 일생토록 기억에서 지워지지 않는 대단히 좋은 경험을 했습니다. 부활절 아침인데, 교회에서 예배드리는 게 아니고, 새벽 캄캄할 때 공동묘지에 가서 예배를 드립니다. 안개가 자욱한데, 공동묘지 그 깜깜한 데 가서 예배를 드리는, 참 인상적인 광경을 보았습니다. 말하자면 산 자와 죽은 자가 같이 예배를 드리는 것입니다. 그걸 보면서 참 의미가 있다는 생각을 했습니다.

그리고 또 이런 소중한 경험도 있었습니다. 그때 제가 목사님 댁에서 일주일을 지냈는데, 초등학교 한 2, 3학년쯤 되어 보이는 아이들 둘이 학교에서 공부를 마친 뒤 한바탕 축구를 하고 귀가했습니다. 얼마나 뛰어다녔는지, 온몸이 땀으로 범벅이었습니다. 그러니 얼마나 배가 고팠겠습니다. 그 아이들이 집으로 들어오자마자 음식이 차려져 있는 식탁으로 달려가 다짜고짜 밥을 먹으려고 합니다. 그러자 어머니가 한소리 합니다. "안 된다! 성경말씀을 먼저 먹어야 해!" 보니 그 아이들 앞에는 어느 틈에 큰 성경책이 펼쳐져 있었습니다. 어머니는 벌써 다 읽었지요. 그래 어디서부터 어디까지 읽으라고 가르쳐줍니다. 모두 세 절입니다. 그걸 읽으라고 알아볼 수 있도록 표시까지 해두었습니다. 그렇게 아이들은 꼼짝없이 식탁에서 성경말씀을 읽게 되었습니다. 그리고 말합니다. "엄마, 다 읽었어요."

"됐다. 이제 밥 먹어라." 그 광경이 제게는 너무나 인상적이었습니다. 아무리 배가 고파도 말씀을 먼저 먹어야 한다, 이것입니다. 언제나 하나님의 말씀이 먼저다, 이것입니다. 아주 철학적으로, 또 신학적으로 중요한 의미가 있습니다.

작은 일에나, 큰일에나 이 원리가 반드시 작용합니다. 무엇입니까? 빵이 먼저냐, 말씀이 먼저냐, 하는 것입니다. 빵은 물질을 말합니다. 빵만 있으면 된다, 모두가 배불리 먹을 수 있으면 된다, 모든 것의 근본은 빵이다, 물질이다…… 이것이 바로 공산주의 이론입니다. 모든 것의 근본은 물질이고, 모든 문제의 해결도 물질이고, 모든 문제의 종국도 물질이다, 이것입니다. 이렇게 보는 것이 이른바 유물사관입니다. 유물사관, 아주 무서운 것입니다. 이것이 바로 공산주의입니다. 또 우리 마음속에서 우리를 종종 시험하는 사건입니다.

이에 반대되는 이야기를 하겠습니다. 예수님께서는 광야에서 40일 동안 금식하셨습니다. 성경은 절절하게 말씀합니다. "몹시 주리신지라." 그렇습니다. 40일이나 금식을 하셨으니 예수님께서 얼마나 힘드셨겠습니까. 여러분은 금식을 몇 번 해보셨습니까? 한 사흘만 굶어보십시오. 오직 먹을 생각밖에 나지 않습니다. 정말 정신이 하나도 없습니다. 그런데 예수님께서는 무려 40일 동안이나 굶으셨습니다. 성경은 그 일을 너무도 자세히 말씀해줍니다. "이 돌로 떡을 만들어 먹어라." 이렇게 사탄이 유혹합니다. 이 대목을 이렇게도 해석합니다. 예수님께서 너무너무 배가 고프신 나머지 광야에 있는 돌덩어리가 떡 덩어리처럼 보였다, 이것입니다. 그래서 마음속에 시험이 왔다, 이것입니다. '저 돌덩어리가 떡이라면 얼마나 좋을까?' 하고요. "저 돌로 떡을 만들어 먹어라. 당신은 하나님의 아들이 아닌

가? 당신은 능력이 있지 않은가? 말씀 한마디면 되지 않는가?" 이 것이 사탄이 예수님을 시험한 내용이었다는 것입니다. 여기서 놀라운 것은 이 절박한 시간입니다. 40일을 굶으셨습니다. 돌덩어리가 떡 덩어리처럼 보이는 아롱아롱하는 시간이지만, 예수님께서는 대답하십니다. "사람이 떡으로만 사는 것이 아니요 하나님의 말씀으로 사느니라." 아직도 말씀이 먼저라는 것입니다. 장장 40일을 굶었는데도 말씀이 먼저인 것입니다. 이걸 잊지 말아야 합니다. 물질이 먼저가 아닙니다.

평소 저는 수많은 사람을 만나보는데, 다들 결혼문제를 놓고 시험에 빠집니다. '어떤 사람하고 결혼해야 하나?' 큰 시험입니다. '신앙은 있는데 돈이 없는 사람이냐, 신앙은 없는데 돈이 많은 사람이냐? 돈이냐, 인격이냐? 보이는 물질이냐, 보이지 않는 내면세계냐?' 이런 갈등에 빠지는 것입니다. 그리고 많은 사람이 돈을 택하고, 나중에 눈물깨나 흘립니다. 일생을 후회합니다. 물질을 앞세우는 사람처럼 하찮은 인간이 없습니다. 그런데 예수님께서는 참 대단하셨습니다. 40일이나 굶은 절박한 시간에도 말씀이 먼저셨습니다. 말씀이 근본이셨습니다. 말씀은 생명입니다. 사람들은 돈만 있으면 모든 문제가 다 해결될 것처럼 여깁니다. 아닙니다. 이것은 큰 시험입니다. 어떤 절박한 형편에서도 하나님의 말씀이 먼저임을 잊지 말아야 합니다.

문제가 여기에 있습니다. 이 소중한 말씀이 있는데, 이 말씀을 말씀 되게 하는 나의 자세가 문제다, 이것입니다. 이 말씀에 내가 어떤 자세, 어떤 마음가짐으로 임하느냐, 하는 것이 중요합니다. 사람에게는 지능도 있고, 능력도 있습니다. 하지만 가장 중요한 것은

Attitude, 자세입니다. 자세가 문제입니다. 마음의 자세에 따라서 말씀이 말씀 되기도 하고, 말씀이 능력 되기도 하고, 말씀이 생명 되기도 합니다. 그러나 자세가 비뚤어지고 잘못되면 그만 모든 것이 허사로 돌아갑니다.

오늘 본문에서 하나님께서는 말씀을 말씀 되게 하시기 위하여 이스라엘 백성에게 큰 시련을 주셨습니다. 바로 40년 광야 생활입니다. 이 광야 40년, 특별한 것입니다. 저는 어렸을 때부터 생각하기를, 광야라고 하면 그저 모래사장을 생각했습니다. 어렸을 때 저는 바닷가의 모래사장이 광야라고 여겼습니다. 미국 LA에서 라스베이거스까지는 차로 여섯 시간쯤 걸립니다. 가서 보면 그 라스베이거스 주변에 있는 것이 바로 광야입니다. 끝도 없는 사막입니다. 거기에 엉겅퀴도 나 있고, 선인장들도 서 있습니다. 전혀 비가 오지 않는 바짝 마른 광야, 무서운 광야입니다. 거기에 한 번 들어갔다가 잘못되면 두 번 다시 나오지 못합니다. 한데 하나님께서는 40년 동안이나 예수님을 광야에 두셨습니다. 왜 그러셨을까요? 말씀으로 말씀되게 하시기 위함입니다. 하나님의 말씀을 말씀으로 알고, 하나님의 말씀만 의지하는 사람, 이스라엘을 그런 민족이 되게 하시려고 하나님께서 그와 같이 섭리하신 것입니다.

오늘 본문은 누누이 말씀합니다. 하나님께서 이스라엘 백성에게 광야 40년을 주신 이유는 그들이 스스로를 낮추고, 하나님만을 의지하게 하시기 위함입니다. 그들로 사람이 떡으로 사는 것이 아니라 여호와의 말씀으로 산다는 사실을 알고 믿고 따르게 하시기 위하여 광야 40년을 주셨다, 이것입니다. 그 40년의 분명한 이유를 깊이 생각해야 합니다. 마치 어린아이가 어머니의 젖을 사모하는 것처럼 그 외에는 아무것도 소원이 없습니다. 그런 순전한 마음이 되게 하시려고 하나님께서 광야 생활을 주셨다는 것입니다. 하나님만 의지하는 simple mind, 그 아주 단순한 마음, 단순한 믿음입니다. 아시다시피 광야에는 물이 없습니다. 그래서 농사도 짓지 못합니다. 그야말로 아무것도 없는 광야입니다. 그런 곳에다가 그들을 40년 동안이나 놓아두신 이유가 무엇이겠습니까? 하나님만 의지하는 단순한 마음, 단순한 믿음을 주시기 위해서입니다.

우리가 잘 아는 인도의 간디가 남긴 글 가운데 이런 것이 있습니다. 간디는 항상 진실을 최우선으로 역설했습니다. 그러면서 몇 가지를 우리에게 가르쳐주고 있습니다. 첫째, 진실은 문제를 단순하게 만든다는 것입니다. 진실하고 정직하면 마음이 깨끗해집니다. 단순해집니다. 문제를 단순하게 만듭니다. 둘째, 진실한 사람은 스트레스를 받지 않는다는 것입니다. 근심, 걱정이 많은 것은 거짓되기 때문입니다. 셋째, 진실한 생각이 사람을 만든다는 것입니다. 진실함이 인격을 만듭니다. 넷째, 진실은 당당하게 책임질 수 있게 한다는 것입니다. 진실한 사람은 당당하게 책임지는 삶을 살게 됩니다. 또 간디는 이런 대단히 중요한 말도 했습니다. '진실한 사람은 속지 않는다.' 속는 이유도 자기한테 진실이 없기 때문이라는 것입니다. 그리고 마지막으로 진실한 사람은 자유롭다는 것입니다. 거칠 것이 없습니다. 그에게 용기와 지혜가 있다, 이것입니다. 이렇게 간디는 가르쳐주었습니다. 하나님께서 이스라엘 백성을 이 광야에서 40년 동안이나 걷게 하신 이유가 무엇입니까? 그들이 겸손하게 스스로 낮추고 낮추어서 하나님만 의지하는 진실한 사람이 되게 만들려고 하셨기 때문입니다.

특별히 광야에서 주신 교훈 가운데 하나가 바로 만나입니다. 그 만나를 하늘에서 내려주시어 아침마다 밖으로 나가면 그 떡가루가 땅에 내려와 있었습니다. 그걸 거두어다가 빵을 만들어 먹는 생활을 그들은 40년 동안이나 했습니다. 농사를 지은 일이 없습니다. 지을 수도 없었습니다. 그런 그들을 하나님께서는 만나로 40년 동안 먹이셨습니다. 그야말로 일용할 양식입니다. 욕심을 내어 좀 더 거두어 가면 그것들은 다 썩어버리고 맙니다. 안 됩니다. 날마다 일용할 양식만 주셨습니다. 딱 필요한 만큼만 주신 것입니다. 그 이상은 필요가 없으니까요. 그런데 이것을 받아들이기가 어려운 것입니다. '내일 만나가 내리지 않으면 어떡하나?' 이것은 오늘 일용할 양식이 아니라, 내일의 양식을 위해서 걱정하는 것입니다. 그런데 날마다 주시는 일용할 양식으로 만족하도록 하시기 위해서, 그들을 숫제 그런 체질로 만드시기 위해서 하나님께서는 40년 동안이나 그들을 광야에 두셨다, 이것입니다. 대단히 중요한 이야기입니다. 일용할 양식입니다.

가끔 보면 요즘 재벌이라는 말도 하고, 부자라는 말도 있습니다마는, 저는 생각해봅니다. 어차피 하루에 세 끼 먹는 것은 다 마찬가지입니다. 부자라고 더 많이 먹습니까? 아닙니다. 소화가 안 되니까요. 결국, 먹는 만큼만 내 것입니다. 먹은 것만 내 것입니다. 밥상에 놓인 것도 다 내 것이 아닙니다. 다 못 먹고 죽을 수도 있습니다. 그러니까 먹은 것만이 내 것입니다. 먹는다는 것, 참 중요합니다. 일용할 양식입니다. 많이 먹을 수 없습니다. 많이 먹어서도 안 됩니다. 이걸 가르쳐주신 것입니다. 하나님의 능력 가운데 하나님께서 주시는 일용할 양식만 먹고 만족하라, 이것입니다. 그것만으로 만족할 수 있는 성격, 그런 성품, 그런 인간성을 하나님께서 만들어 가신 것입니다. 그래서 하루도 하나님을 의지하지 않고는 살 수가 없습니다. 주기도문 가운데에도 일용할 양식을 달라는 말씀이 있지만, 일용할 양식으로 만족해야 합니다. 그 이상을 바라지 않아야 합니다. 그런 인간, 그런 성품을 만드시려고 40년 동안 그들을 광야에 두신 것입니다.

　그뿐 아니라, 더 중요한 말씀이 하나 있습니다. 이것은 단조로운 생활입니다. 만나, 배부르게 먹기는 합니다. 굶어 죽지는 않습니다. 그러나 정말 따분합니다. 항상 똑같은 걸 먹어야 하니까요. 그래서 사람들은 만족하지 못합니다. 좀 다양한 것을 좋아합니다. 요즘은 '집밥'이라는 말이 있습니다마는, 집밥으로 만족하면 좋은데, 밖에서 먹는 것은 좋고, 집밥은 싫다, 하면 문제가 되는 것입니다. 건강의 비결은 집밥에 있다, 하지 않습니까. 이 단조로운 음식인 만나를 하나님께서는 40년 동안이나 주셨습니다. 그래서 사람들이 불평합니다. 성경에 보면 재미있는 이야기가 있잖아요? 항상 만나만 먹다 보니까 사람들이 고기가 먹고 싶다고 불평합니다. "고기가 먹고 싶다!" 그러니까 하나님께서 메추라기를 보내주시어 코에서 누린내가 날 만큼 먹을 수 있었다는 것입니다. 어디 고기 실컷 먹어봐라— 그러나 한번 지나간 일입니다. 그런데 그 사건에 대해서도 믿지 못하는 사람이 있습니다. 어떻게 그토록 많은 메추라기가 왔느냐, 이것입니다. 언젠가 외신에서 이런 기사를 보고 놀랐습니다. 이스라엘 군인들이 광야에 가서 천막을 치고 야영을 하는데, 밤중에 메추라기 수만 마리가 날아와 거기에 떨어지더랍니다. 흡사 비가 쏟아지듯이 말입니다. 그래 다 주워다가 구워서 먹었답니다. 그리고 이게 도대체 웬일인가 싶어서 살펴봤더니, 메추라기는 광야를 날다가 힘이 떨어지면 땅에서 하룻밤을 쉬고 에너지를 회복하여 아침에 다시 날아간다는 것입니다. 그걸 보고서야 성경의 사건을 알게 되었다는 것 아닙니까. 진작부터 믿을 것이지……

어쨌든 이스라엘 백성들은 만나로 만족하지 못하고 고기를 달라고 불평했습니다. 또 부추와 마늘이 없어서 하나님을 원망합니다. 원망도 여러 가지입니다. 이것이 이스라엘 백성입니다. 다시 한번 생각해봅시다. 단조로움에서 만족해야 합니다. 여러분의 가정생활도 단조로움에서 만족해야 합니다. 내가 하루하루 사는 것, 단조롭습니다. 그러나 만족해야 합니다. 이 단조로움에서 생의 의미를 찾을 수 있어야 합니다. 이걸 잊지 말아야 합니다. 오늘 우리가 교회에 나오지 않습니까. 찬송을 부르고, 기도하고, 설교하고. 또 찬송을 부르고, 설교하고, 기도하고…… 단조롭잖아요? 어떤 분들은 말합니다. "그 설교, 예전에 듣던 내용인데, 또 했구먼." 그럼요. 듣던 설교도 또 해야지요. 중요한 이야기니까요. 먹던 것 또 먹고, 먹던 것 또 먹고…… 매번 집에서 밥 먹듯이 말입니다. 그것이 하나님의 말씀입니다. 우리가 찬송가 9장 1절을 늘 부릅니다. 벌써 2년을 불렀는데, 내년에는 어떻게 할까요? 같은 찬송을 부르는 것, 좋은 일입니다. 왜요? 죽을 때까지 부를 것이니까요. 단조로움에서 만족하는 성격이 중요합니다. 같은 아내하고 일생을 살지 않습니까. 만족해야 합니다. 곁눈질하면 안 됩니다. 아니면, 망하는 것입니다. 특별히 하나님 앞에 예배하고, 기도하고, 말씀 듣는 것, 이 단조로움 속에서 만족하고, 말씀을 사모해야 합니다.

그리스도인이 누구입니까? 말씀이 들려야 합니다. 고개를 숙일 때마다, 기도할 때마다, 어떤 사건을 당할 때마다 말씀이 귀에 들려와야 합니다. 겸손한 자에게는, 믿음이 있는 사람에게는 언제나 새롭게 들려옵니다. 사도행전 27장에서 바울이 탄 배가 로마로 가지 않습니까. 그 배에는 276명이 타고 있습니다. 그런데 이탈리아로 가다가 큰 풍랑을 만나게 됩니다. 다 죽게 된 것입니다. 열나흘 동안 굶었습니다. 사도 바울이 서서 말합니다. "여러분, 두려워하지 말고 안심하세요." 이유는 딱 하나였습니다. 어젯밤에 하나님의 말씀이 들려왔다는 것입니다. "네가 가이사 앞에 서야 하겠다. 많은 사람을 네 손에 붙이노라." 이렇게 하나님의 말씀이 바울에게 들려왔습니다. 그런고로 안심하라는 것입니다. 오늘 어떤 상황에 있더라도 하나님의 말씀이 들려와야 됩니다. 하나님의 말씀이 들려오면 그게 사는 길입니다. 세상을 떠날 때도 하나님의 말씀이 들려와야 됩니다. "내가 너를 사랑하노라." 이 하나님의 말씀이 들려와야 합니다. 말씀이 들려오지 않으면 살 수가 없습니다. 그리고 말씀이 믿어져야 합니다. 말씀이 용기와 지혜와 능력이 될 뿐만 아니라, 말씀을 기뻐해야 합니다. 달고 오묘한 그 말씀이 내 발의 등이 됩니다. 내 생명입니다. 말씀을 기뻐하고 순종할 때 여기에 능력이 나타나는 것입니다.

칼 바르트(Karl Barth)의 유명한 말이 있습니다. '하나님의 말씀이 성경 안에서 우리를 기다리고 있다.' 성경을 읽으십시오. 읽는 동안에 하나님의 음성을 들을 수 있습니다. 조용하게 내게 주시는 하나님의 음성이 들려옵니다. 이 말씀이 믿어집니다. 이 말씀을 사랑하게 됩니다. 이 말씀에 내 전 생애를 위탁하게 됩니다. 그리할 때 그 말씀을 의지하고, 그 말씀에 이끌리어 하나님 나라에 갈 수 있는 것입니다. 사람이 떡으로만 사는 것이 아닙니다. 하나님의 말씀으로 사는 것입니다. 말씀으로 산다, 이것입니다. 말씀이 말씀 되고, 내 안에서 말씀 될 때 내가 하나님의 사람으로 살아갈 수 있는 것입니다. △

두려워 말고 믿기만 하라

아직 예수께서 말씀하실 때에 회당장의 집에서 사람들이 와서 회당장에게 이르되 당신의 딸이 죽었나이다 어찌하여 선생을 더 괴롭게 하나이까 예수께서 그 하는 말을 곁에서 들으시고 회당장에게 이르시되 두려워하지 말고 믿기만 하라 하시고 베드로와 야고보와 야고보의 형제 요한 외에 아무도 따라옴을 허락하지 아니하시고 회당장의 집에 함께 가사 떠드는 것과 사람들이 울며 심히 통곡함을 보시고 들어가서 그들에게 이르시되 너희가 어찌하여 떠들며 우느냐 이 아이가 죽은 것이 아니라 잔다 하시니 그들이 비웃더라 예수께서 그들을 다 내보내신 후에 아이의 부모와 또 자기와 함께한 자들을 데리시고 아이 있는 곳에 들어가사 그 아이의 손을 잡고 이르시되 달리다굼 하시니 번역하면 곧 내가 네게 말하노니 소녀야 일어나라 하심이라 소녀가 곧 일어나서 걸으니 나이가 열두 살이라 사람들이 곧 크게 놀라고 놀라거늘 예수께서 이 일을 아무도 알지 못하게 하라고 그들을 많이 경계하시고 이에 소녀에게 먹을 것을 주라 하시니라

(마가복음 5 : 35 - 43)

두려워 말고 믿기만 하라

어느 교회 주일학교 학생들에게 있었던 이야기입니다. 아이들을 가르치는 전도사님이 아이들에게 하나님의 기적이라는 개념을 설명해주고 싶어서 많은 고민 끝에 이렇게 말했답니다. "얘들아, 만일 어떤 사람이 우리 교회 3층 베란다에 올라갔다가 그만 떨어졌는데, 다치지도 않고 멀쩡하게 살아 있다면 이런 경우를 뭐라고 하겠니?" 그랬더니 한 어린아이가 빤히 전도사님을 쳐다보면서 하는 말입니다. "재수가 좋은 거죠." 그래서 전도사님이 깜짝 놀라 다시 설명했습니다. "두 번째 올라갔다가 또 떨어졌는데, 이번에도 멀쩡하다면 뭐라고 하겠니?" "그건 우연한 거죠." 아, 이건 안 되겠다 싶어서 전도사님이 어떻게 설명해야 할까 고민하다가 기적이라는 말이 꼭 나오게 해야 되겠기에 이렇게 다시 물었습니다. "세 번째로 올라갔다가 또 떨어졌는데, 이번에도 무사하다면 뭐라고 하겠니?" 그러니까 꼬마가 하는 말입니다. "그건 말짱 거짓말입니다." 기적이 무엇입니까? 여러분은 기적을 믿습니까? 아인슈타인 박사는 말했습니다. '기적을 믿는 신앙이 과학을 하는 자세의 근본이다.' 굉장히 의미 있는 이야기 아닙니까. 인간은 아는 지식만큼 행복합니다. 아무리 우리가 좋은 환경에 있더라도 모르면 행복하지 않습니다. 내 주변에서 일어나는 모든 사건의 의미를 알게 될 때 비로소 행복한 것입니다.

그런가 하면, 믿는 만큼 능력의 사람이 됩니다. 의심하면 아무것도 되는 일이 없습니다. 어떤 귀한 일도 믿음이 없어지고 기초가 무너지면 다 허무와 불행으로 빠지게 됩니다. 그런고로 우리는 알아야 합니다. 지식은 합리성에 기초하고, 합리성은 언제나 경험에서 나옵니다. 그러나 믿음이라는 것은 지식을 초월합니다. 믿음은 경험에서 벗어나는 것입니다. 바로 이 사건 때문에 우리가 많은 문제에 시달리게 되는 것입니다. 과학은 합리성에 기초하고, 합리성은 경험에 기초합니다. 그래서 경험할 수 있는 것만 인정하고, 경험할 수 없는 것은 부정하려고 하는 잘못된 인식이 있습니다. 과학과 신비는 정반대의 말입니다. 그러나 신비란 경험의 한계를 넘어서는 것입니다. 초 경험적 사건입니다. 깊이 생각해보시기 바랍니다.

제가 잊을 수 없는 중요한 경험을 한 적이 있습니다. 제가 북한에 갔을 때입니다. 그때 그곳 고위관리들과 함께 만찬을 하는 시간이 있었습니다. 그 자리에서 김일성대학 철학과 교수가 제게 이상한 질문을 했습니다. "목사 동무, 한 가지 물어봅시다." "아, 그러시지요." 그랬더니 이렇게 묻더라고요. "그런데, 예수 믿는 사람들은 하나님을 믿는다면서요?" "믿지요." 그랬더니 또 이렇게 묻습니다. "목사 동무는 하나님을 만나보았습니까?" "못 만나봤지요." 그랬더니 이렇게 되묻더라고요. "못 봤는데도 믿습니까?" 그들은 과학적이기 때문에 보이는 것밖에는 믿지 않는다며 이렇게 말합니다. "우리는 보고 경험한 것 외에는 일절 믿지 않습니다." 그래서 제가 이랬습니다. "교수님, 그럼 제가 하나 물어봅시다. 그렇다면 못 본 것은 없는 것입니까?" 마침내 그 교수가 대답을 못 합니다. 여러분, 못 본 것은 못 본 것이지, 없는 것은 아니거든요. 그래서 제가 좀 비웃느라고 이렇게 물었습니다. "미안하지만, 할아버지 봤어요?" "못 봤는데요?" "있어요, 없어요?" "있겠죠, 뭐." "거 보세요. 못 봐도 있잖아요." 간단합니다. 못 본 건 못 본 것이고, 경험하지 못한 것은 경험하지 못한 것이지, 없는 것은 아닙니다. 이걸 잊지 말아야 합니다. 그래 제가 말했습니다. "보지 못한 세계가 원인이라면 보이는 세계는 현상입니다. 보이지 않는 세계가 보이는 세계를 지배하고 있습니다. 보이지 않는 세계가 더 온전한 것입니다. 아니, 내가 경험하지 못한 세계가 무궁무진하고 더 확실한 것이라고 믿고 있습니다." 그랬더니 그 철학과 교수가 아무 말도 못 합니다. 그러니까 그 옆에 있던 간부가 보다못해 이러더라고요. "동무, 뭐라고 말 좀 하라우." 하지만 그 교수는 끝내 아무 말도 못 하고 말았습니다. 여러분, 꼭 잊지 말아야 합니다. 못 본 것은 없는 것이 아닙니다. 내가 경험하지 못한 것은 경험하지 못한 것뿐이지, 그것이 없다고 생각해서는 안 됩니다. 잊지 말아야 합니다.

신비란 아직도 경험하지 못한 미지의 사건이라는 것을 잊지 말아야 합니다. 나는 경험하지 못했습니다. 그러나 언젠가는 경험할 것입니다. 오늘까지는 경험하지 못한 세계입니다. 그러나 내일은 경험하게 될 것입니다. 오늘까지는 내가 보지 못했습니다. 그렇다고 없는 것이 아닙니다. 언젠가는 보게 될 것입니다. 이걸 다른 말로 하면 오늘은 비과학적이고 초 과학적이지만, 내일은 과학적이라는 것입니다. 지금은 아니지만, 앞으로 언젠가는 확실한 과학적 설명으로 우리가 인식하게 될 것입니다. 그러므로 지금은 내가 이렇게 있다, 없다, 불확실하게 생각하지만, 언젠가는 내가 다 경험하고 나서 '아, 그렇구나! 그 말이 맞구나! 그것이 진리구나!' 하고 더 확실하게 깨닫게 되는 날이 올 것이다, 그런 말입니다.

우리는 한계를 꼭 잊지 말아야 합니다. 현대철학의 가장 중요한 주제가 한계입니다. 사람이 어느 정도 살 수 있을까? 사람의 지능은 어디까지 갈 수 있을까? 과학의 발달은 어디까지 갈 수 있을까? 인간이 생각할 수 있는 능력의 한계가 어디까지인가? 또, 합리성의 한계가 있습니다. 우리가 합리적으로 설명합니다마는, 어딘가 가서는 부딪칩니다. 그리고 그다음에는 불합리한 것 같습니다. 그러나 합리성의 한계를 스스로 인정해야 합니다. 경험이라는 것이 더욱 그렇습니다. 내가 경험하지 못한 것 전부가 다 그렇습니다. 내 경험이란 아주 미미하고 작은 것인데, 이 경험한 것만 인정하고, 이것만 믿고 고집을 부린다면 이 얼마나 바보 같은 생각입니까. 그래서 아인슈타인은 이렇게 말합니다. "마치 넓은 바다에 가서 거기 바닷가에 있는 자개 돌을 줍는 것과 같다." 무궁무진한 세계의 진리 속에서 내가 조그마한 것을 안다고 그것을 고집부리고 교만하면 안 된다는 것이지요. 겸손하게 인정을 해야 합니다. 요한복음 11장 26절에 보면 예수님께서 단호하게 한마디로 말씀하십니다. "이것을 네가 믿느냐? 네 오라비가 살리라." 아, 어려운 말씀입니다. 또한, 요한복음 11장 40절에서 예수님 말씀하십니다. "네가 믿으면 하나님의 영광을 보리라."

　　오늘 본문 말씀은 참으로 애매한 순간이고, 아주 미묘한 사건입니다. 회당장, 상당히 높은 지위의 사람입니다. 이 회당장의 열두 살난 딸이 지금 병들어 죽어가고 있습니다. 웬만하면 예수님께 가서 무릎을 꿇을 사람이 아닙니다마는, 바야흐로 아이가 죽어가니까 그 아이를 사랑하는 마음에 자존심 따위 다 팽개치고 예수님 앞에 무릎을 꿇은 것입니다. 그리고 간청합니다. "제 딸이 지금 죽어갑니다. 빨리 오셔서 도와주시길 바랍니다." 그러자 예수님께서 고맙게도 선뜻 나서주십니다. "그래 가자." 이제 회당장이 예수님을 자기 집으로 모시고 갑니다. 그래서 아이가 죽기 전에 예수님을 만나기만 하면 병 고침을 받을 수 있으리라고 회당장은 믿습니다. 그런데 가는 도중에 혈루증 앓는 여인을 만나면서 시간이 좀 지체되었습니다. 그러는 동안에 회당장의 집에서 사람이 와서 소식을 전합니다. "당신 딸이 죽었습니다. 그런고로 선생님을 괴롭히지 마십시오." 다시 말하면, 이제 예수님을 모시고 갈 필요가 없게 되었다, 이것입니다. 딸이 이미 죽었으니까요. 이 순간 회당장의 입장이 참 난처해졌습니다. 예수님만 모시고 가면 꼭 병이 나으리라 믿고 가는 중인데, 집에서 아이가 죽었다는 소식이 왔으니 말입니다. 그야말로 예수님을 모시고 가야 하느냐 말아야 하느냐, 하는 아주 애매모호한 시간입니다. 동시에 대단히 중요한 시간입니다. 생각해보십시오. 죽기 전까지는 예수님을 모시고 갈 수 있지만, 이미 죽었다는 말을 듣고도 모시고 갈 수 있을까요? 여기에 한계가 있는 것입니다. 죽어간다고 할 때는 의사가 필요합니다. 그러나 이미 죽었다고 하면 이제는 끝입니다. 의사가 더는 필요 없는 시간입니다.

여기서 이 회당장 야이로의 마음속에 중요한 신학적 사건이 생깁니다. 예수님을 의사로 생각하느냐, 아니면 예수님을 메시아로 생각하느냐, 또 예수님을 단순히 의사로 보느냐, 아니면 생명의 주인, 하나님의 아들 메시아로 생각하느냐, 하는 것입니다. 애매모호하지요? 지금 회당장 야이로는 이 문제를 놓고 이럴 수도 없고, 저럴 수도 없는 처지입니다. 그런데도 예수님께서는 "가자!" 하시면서 회당장의 집으로 향하십니다. 여기서 한 가지 생각하고 넘어가게 됩니다. 가장 중요한 것이 있습니다. 이 야이로가 군말 없이 예수님의 뒤를 따라간다는 것입니다. 아마도 예수님께서 이미 죽은 딸을 살려

내시리라고까지 믿었던 것 같지는 않습니다. 그렇다고 딸이 이미 죽었으니 가지 말자고도 하지 못합니다. 참으로 묘한 상황입니다. 예수님께서 죽어가는 딸을 살리실 수는 있을지 몰라도 이미 죽은 딸을 살리실 것이라고는 생각하지 못하고 있습니다. 그러나 예수님께서 가자고 말씀하시자 회당장 야이로는 반신반의하면서도 예수님을 따라서 집으로 갑니다. 아니나 다를까, 집에 갔더니 벌써 아이가 죽었다고 온 집안이 울음바다가 돼 있습니다. 그때 예수님께서 말씀하십니다. "죽은 것이 아니라 잔다!" 그러자 아이가 죽은 걸 확인한 사람들이 예수님을 비웃습니다. "아이가 죽은 걸 내가 확실히 아는데, 잔다니? 이 무슨 소린가?" 이런 생각인 것이지요. 그러나 예수님께서는 안으로 들어가셔서 이렇게 말씀하십니다. "달리다굼! 딸아, 일어나라!" 그리고 그 열두 살 난 딸의 손을 잡아 일으키시자 그 아이가 거짓말처럼 벌떡 일어납니다. 기적이었습니다. 이 얼마나 중요합니까.

　여러분, 한 번 더 생각해봅시다. 죽어간다고 할 때는 기적을 바랄 수 있지만, 이미 죽었다고 할 때는 부활의 능력을 믿기가 어렵습니다. 인간의 한계를 넘어가는 일이기 때문입니다. 그런고로 하나님의 아들을 믿는 것, 예수 그리스도를 믿는 것은 인간의 지식과 경험의 한계를 넘는 일입니다. 그다음에 오묘한 말씀이 하나 있습니다. 잘 생각해보십시다. 죽어가는 딸의 병을 고치시는 것과 그 딸이 이미 죽은 다음에 "딸아, 일어나라!" 하시는 것과 어느 쪽이 더 신바람나는 일입니까? 어느 쪽이 더 멋집니까? 어느 쪽이 더 확실합니까? 사람들은 대개 다 끝나갈 때, 인간의 한계, 지식의 한계에 거의 다 다다른 시점에 기적이 나타나기를 바랍니다. 그러나 하나님께서는 아니십니다. 회당장의 딸이 완전히 죽은 다음에 기적을 나타내십니다. 여러분, 그런고로 이 귀중한 진리를 생각해보십시다. 우리가 당하는 고난, 우리가 당하는 시련이 많습니다마는, 어찌해야 하겠습니까? 극한의 한계까지 가야 합니다.

예전에 제가 특별한 경험을 한 적이 있습니다. 1953년, 전쟁이 아직도 한창 진행 중일 때입니다. 저는 27육군병원에서 보조 군목으로 있었습니다. 군목이 모자라서 신학교 1학년이었던 제가 군복에 십자가 배지를 달고 전도사로 일했던 것입니다. 저는 부상이 심한 사람 쪽과 부상이 적은 사람 쪽을 다 오가며 전도를 했는데, 바로 그때 특별한 경험을 한 것입니다. 작은 부상을 입은 사람들은 대체로 말썽꾸러기들입니다. 술도 먹고, 툭하면 서로 싸우고 하면서 날마다 사고를 칩니다. 도대체 들어가서 전도할 수가 없습니다. 하지만 심한 부상을 당한 사람들이 있는 병실에 들어가면 분위기가 완전히 다릅니다. 그때 저는 아직 신학교 1학년 학생이었는데도 그 중상을 입은 환자들은 저를 보고 "목사님, 반갑습니다!" 하면서 저를 붙들고 기도해달라고 간청합니다. 그래 그 사람들을 밤늦게까지 붙들고 성경을 읽어주고 기도한 경험이 있는 것입니다. 여러분, 큰 부상을 당해야겠습니까, 작은 부상을 당해야겠습니까? 우리가 당하는 고난이 좀 어렵기는 합니다마는, 사람들은 생각할 때 그저 의사도 고칠 수 있고, 나도 고칠 수 있는 병일 때는 기도도 쉽게 하고 잘 기다립니다. 하지만 이제는 끝났다고, 인간으로서는 고칠 수 없다고 할 때 가서는 그만 손을 들고 마는 것입니다. 왜냐하면, 한계를 넘어서야 하기 때문입니다. 그래서 하나님의 능력을 믿는다고 할 때 고난은 크면 클수록 그 이적성이 높아지는 것입니다. 하나님의 능력의 계시적 의미가 높이 나타나는 것입니다. 이것이 바로 이 땅에 고난이 있어야 하는 이유이기도 합니다.

하나님의 아들 그리스도께서 권능으로 역사하십니다. 이 계시적으로 역사하는 사건은 확실합니다. 우리가 나사로의 사건을 보더라도 그가 병들어 죽어갈 때 예수님께서 급하게 찾아가셨다면 어떻게 되었겠습니까? 그런데 예수님께서는 지금 나사로가 병들어 죽어간다는 말을 들으시고도 바로 안 가셨습니다. 나사로가 이미 죽고 장례식까지 끝난 다음에야 비로소 그 무덤을 찾아가셨습니다. 예수님께서 병들어 죽어가는 나사로를 찾아가시어 "나사로야!" 하시는 것과 나사로가 이미 죽은 다음 장례식까지 끝나고 나서야 비로소 가시어 "나사로야, 나오라!" 하시는 것 사이의 차이는 무엇입니까? 이 차이에 엄청난 의미가 있는 것입니다. 이걸 잊지 말아야 합니다. 우리가 당하는 고난에 우리는 스스로 한계를 정합니다. 지식의 한계입니다. 우리의 경험은 어디까지나 한계가 있는 것입니다. 그러나 이 한계를 넘어서는 하나님의 역사에는 기적이 있습니다.

오늘 예수님께서 말씀하십니다. "두려워 말고 믿기만 하라. 네가 하나님의 영광을 보리라." 여러분, 우리 앞에 당한 일들이 때로는 상식적으로 암담합니다. 다 끝난 것도 같고, 이대로 망가지는 것도 같습니다. 아니, 그래야 합니다. 오히려 그래야 합니다. 그래야 하나님의 역사가 나타납니다. 하나님의 능력, 그 위대한 역사는 인간의 한계, 그 끝에서 나타난다는 걸 잊지 말아야 합니다. 계속 물어보십시다. "두려워 말고 믿기만 하라." 불안에 떨 것 없습니다. "두려워 말고 믿기만 하라. 네가 하나님의 영광을 보리라." △

주의 길을 준비하라

그 때에 세례 요한이 이르러 유대 광야에서 전파하여 말하되 회개하라 천국이 가까이 왔느니라 하였으니 그는 선지자 이사야를 통하여 말씀하신 자라 일렀으되 광야에 외치는 자의 소리가 있어 이르되 너희는 주의 길을 준비하라 그가 오실 길을 곧게 하라 하였느니라 이 요한은 낙타털 옷을 입고 허리에 가죽 띠를 띠고 음식은 메뚜기와 석청이었더라 이 때에 예루살렘과 온 유대와 요단 강 사방에서 다 그에게 나아와 자기들의 죄를 자복하고 요단 강에서 그에게 세례를 받더니 요한이 많은 바리새인들과 사두개인들이 세례 베푸는 데로 오는 것을 보고 이르되 독사의 자식들아 누가 너희를 가르쳐 임박한 진노를 피하라 하더냐 그러므로 회개에 합당한 열매를 맺고 속으로 아브라함이 우리 조상이라고 생각하지 말라 내가 너희에게 이르노니 하나님이 능히 이 돌들로도 아브라함의 자손이 되게 하시리라 이미 도끼가 나무 뿌리에 놓였으니 좋은 열매를 맺지 아니하는 나무마다 찍혀 불에 던져지리라

(마태복음 3 : 1 - 10)

주의 길을 준비하라

　유명한 사회학자인 커밍 워크(Cumming Walk)는 성공하기 위해서는 네 가지가 필요하다고 가르쳐주고 있습니다. 첫째는 자본입니다. 세상에는 돈 없이 되는 일이 없습니다. 그래서 자본이 있어야 된다고 하는 것입니다. 저는 옛날 어른들이 곧잘 이런 얘기 하는 것을 들었습니다. "소도 언덕이 있어야 비빈다." 옛날 우리 어른들은 참 어렵게 살았습니다. 결국, 토지가 자본입니다. 땅이 없으면 농사짓지 못하잖아요? 남의 땅을 가지고는 일생토록 농사를 지어도 자립할 수 없습니다. 땅이 아주 중요하다, 이것입니다. 이렇듯 자본이 기본입니다. 한데 이 땅이 없다면 결국 한평생 남의 집 머슴살이나 하다 마는 것입니다. 그 기본이 자본입니다. 둘째는 지식입니다. 자본도 있고, 돈도 있습니다. 하지만 지식이 없습니다. 공부한 것이 없습니다. 그러면 아무것도 되는 일이 없습니다. 자본을 잘 운영할 수 있는 지식이 있어야 합니다. 사람은 그 지식이 있는 데서부터 비로소 인간이라고 볼 수 있습니다. 우리가 공부를 많이 하게 되면 그만큼 존재가치가 높아지는 것 아니겠습니까. 그래서 지식이 중요한 것입니다. 셋째는 기술입니다. 요즈음 우리는 이런 걸 많이 느낍니다. '공부는 많이 했는데, 기술이 없다.' 다시 말해서, 공부한 것을 활용할 수 있는 능력이 없다, 이것입니다. 이 공부를 활용하는 능력이 없으면 그 공부, 다 말짱 헛것입니다. 그렇지 않습니까. 그렇게나 공부를 많이 하고도 자기 마음 하나 못 다스리지 않습니까. 그래서 여러 가지로 실수를 하고, 마지막에는 자살까지 합니다. 이 모두가 다 무엇을 의미하는 것입니까? 공부한 것은 많은데, 정작 그 공부를 다스릴 수 있는 지혜가 없다, 이것입니다. 다른 말로는 기술이 있어야 한다, 이것입니다. 여기서 기술이란 지식을 활용할 수 있는 능력을 말합니다. 넷째는 자세(Attitude)입니다. 이렇게 네 가지인데, 맨 마지막 것이 가장 중요합니다. 정신적 상태를 말합니다. 자본도 아니고, 지식도 아니고, 기술도 아닙니다. 자세란 근본적으로 마음의 상태를 말합니다. 정신적 요소입니다. 새로운 지식, 새로운 경험, 새로운 사건을 받아들일 수 있고, 소화할 수 있는 마음의 바른 자세입니다. 이것이 근본이고, 중요한 것입니다. 그러기 위해서는 먼저 믿음이 있어야 합니다. 무슨 말이든 의심하려고 들면 끝이 없습니다. 순수한 마음으로 받아들일 수 있다는 것, 얼마나 중요합니까. 지식의 근본입니다.

　　예전에 이스라엘 사람들과 종교 세미나를 함께 한 일이 있습니다. 마지막 시간에 이런 질문이 나왔습니다. 그 세미나에 참가한 한 이스라엘 랍비에게 던져진 질문입니다. "이스라엘 사람들은 인구는 5백만밖에 안 되지만, 노벨상 수상자의 40퍼센트가 이스라엘 사람이라고 합니다. 그 비결이 무엇입니까? 다들 그 비결이 가정교육에 있다고 하는데, 정말 어떤 비결이 있는 것입니까?" 제가 그 질문을 통역하는데, 이 랍비가 빙그레 웃으면서 아주 간단히 대답합니다. "별것 아닙니다. 거짓말을 하지 않는 것입니다." 이 한 마디, 자녀들에게 거짓말하지 말라는 것입니다. 아이들에게 아버지와 어머니는 하나님 같은 존재입니다. 그런데 아버지 어머니를 못 믿는 사람이 되면 어떻게 되겠습니까. 모든 과학도 다 믿음 위에 세워지는 것입니다. 자기가 하는 말에 대하여 자식한테 백 퍼센트의 믿음을 주는 부모가 되어야 합니다. 아이들은 어머니가 한번 거짓말을 하면 하늘이 무너지는 것 같은 고통을 느낀다고 합니다. 심지어 이런 이야기도 있습니다. 이스라엘의 아이들은 하나님께서 계시느냐 안 계시느냐, 이것이 옳으냐 그르냐, 하고 토론을 할 때면 마지막에는 꼭 이런다는 것입니다. "토론할 필요 없어. 우리 아버지가 있다고 말씀하셨어. 그럼 있는 거야." 우리 어머니가 있다고 하셨으면 있는 것이다, 하는 이것이 믿음입니다. 이런 믿음의 자세가 필요한 것입니다. 그런가 하면, 더 중요한 것은 순종하는 의지입니다. 그래서 참 진리가 있다고 할 때 진리 아닌 것을 과감하게 버릴 줄 알고, 끊어버릴 줄 아는 결단과 용기가 있어야 합니다. 그래야 성공할 수 있다고 커밍 워크는 말하고 있습니다.

여러분, 복음의 핵심이 무엇입니까? 요한복음 3장 16절에서 예수님 말씀하십니다. "하나님이 세상을 이처럼 사랑하사 독생자를 주셨으니……" 그렇다면 이 하나님의 사랑에 대한 반응은 무엇이어야 합니까? 오직 믿음입니다. 이걸 잊지 말아야 합니다. 사랑에 대한 응답은 오로지 믿음입니다. 사랑을 의심한다면 세상은 끝난 것입니다. 의심할 수밖에 없다면 살아야 할 이유가 없습니다. 이걸 알아야 합니다. 사랑을 믿는다— 이 얼마나 중요합니까. 또, 믿지 않고는 어떤 지식도 성립되지 않습니다. 예수님 당시에 모든 사람이 메시아를 기다리고 있었습니다. Messianic Expectation, 곧 '메시아 대망사상'으로 충만했습니다. 왜요? 정치, 경제, 문화, 종교가 다 타락했습니다. 당시의 사회적 형편이라는 것은 말이 아니었습니다. 게다가 식민지 문화에서 거리로 나가면 외국 군대가 있었고, 또 권력에 아첨하는 사람들이 있었습니다. 하나에서 열까지 기대할 것이 아무것도 없었습니다. 그래서 많은 사람은 메시아께서 오시는 길 외에는 소망이 없다고 생각했습니다. 그들은 그런 마음으로 메시아를 기다렸고, 그 메시아 대망사상으로 충만했습니다. 심지어는 이런 전설까지 있었습니다. 메시아께서 베들레헴에 오신다고 하니, 당시에 스스로 예수님을 잉태해보겠다고 베들레헴에 가서 결혼하지 않고 처녀로 늙은 여인들이 수천 명이나 있었다는 것입니다. 예수님께서 곧 오실테니, 그 예수님을 스스로 잉태해보겠다, 자기가 몸으로 맞이하겠다, 이것입니다. 그렇게 전설이 전해질 만큼 그들은 메시아를 간절히 기다렸습니다.

뿐만이 아니라, 누가복음에서 시므온과 안나는 주님의 오심이 가까워진 줄로 믿으며 성전을 떠나지 않고 기도했습니다. 이 성전으로 오시리라 믿으면서 그곳을 떠나지 않고 기도했던 것입니다. 그렇듯 메시아를 간절하게 기다렸습니다. 그런데 놀라운 일이 벌어졌습니다. 막상 예수님께서 오시니 영접하지 않았던 것입니다. 놀라운 일 아닙니까. 헤롯왕 같은 사람은 유대인을 대표하는 사람인데도 아기 예수가 났다는 말을 듣고 그 아기 예수를 죽이려고 베들레헴 지방에서 태어난 아이들을 다 죽이지 않습니까. 어찌 이런 일이 있습니까. 메시아께서 오셨는데, 그 메시아를 영접하지 않고 아예 죽이려고 행동으로 옮긴 것입니다. 헤롯왕만이 아닙니다. 당시 제사장, 바리새교인, 서기관 같은 종교지도자들이 얼마나 간절히 메시아를 기다렸습니까. 또 메시아를 얼마나 가르쳤습니까. 그러나 정말 예수님께서 오시고 나니 그들은 예수님을 십자가에 못박아버립니다. 제사장 가야바는 말합니다. "한 사람이 죽어서 온 민족이 평안할 수 있다면 그렇게 하는 게 좋지 않으냐?" 결국, 종교지도자들이 예수님을 십자가에 못박은 장본인인 것입니다. 당연히 메시아를 영접해야 하고, 메시아 앞에 무릎을 꿇어야 할 사람들이 그 메시아 예수님을 십자가에 못박았습니다. 예수를 대망하면서도 영접하지 못하고, 예수를 기다리다가도 맞이하지 못하고, 예수의 표적을 보고 감동하면서도 영접하지 못합니다. 왜 그랬을 것 같습니까? 그 원인이 어디에 있을까요? 이에 대해서 오늘본문은 간단명료하게 우리에게 말씀해 주고 있습니다. 그들이 그리스도를 영접하지 못한 이유는 바로 회개하지 않았기 때문이다, 이것입니다. 회개는 추상적인 감상이 아닙니다. 행동입니다. 사건입니다. 그들은 행동적이고 창조적인 회개가 없었기 때문에 예수 그리스도를 영접할 수 없었던 것입니다. 그렇게나 바라고, 그렇게나 기다렸으면서도 정작 예수님께서 오셨을 때는 영접할 수 없었던 것입니다.

그렇듯 영접하고 회개할 수 없었던 사람들은 두 부류로 나눌 수 있습니다. 하나는 절망한 사람입니다. 자기 자신에게 절망했습니다. 도덕적으로 타락한 자신을 보며 스스로 절망해서 자기 존재가치를 완전히 부정한 사람들입니다. 그러고 나니까 메시아께서 오신들 자기와 무슨 상관이 있느냐고 합니다. 나는 이미 다 망했고, 내게는 아무 소망도 없다고 스스로 절망합니다. 그래서 예수님을 영접할 수 없었습니다. 성경을 보면 예수님께서 38년 된 병자를 찾아가시어 이렇게 말씀하시지 않습니까. "네가 낫고자 하느냐?" 이 질문, 참 아이러니합니다. 세상에 낫고자 하지 않는 환자가 어디 있습니까. 그러나 38년 동안이나 누워 있는 환자니까 그에게 물으시는 것입니다. "네가 낫고자 하느냐?" 다시 말하면, 아직도 여전히 낫고자 하는 소망을 품고 있느냐, 하는 말씀입니다. 그러니까 그 소망에 대한 진단,

소망 진단입니다.

제가 이 근래에 여러 가지 일로 양로요양병원에 갈 일이 자주 있었습니다. 거기에서 어떤 환자는 누워 있은 지가 벌써 10년이나 되었다는 것입니다. 그 긴 세월을 병상에 누워서 살아온 것입니다. 제가 그분을 보면서 성경에 나오는 저 38년 된 병자가 생각났습니다. 그래서 제가 묻고 싶었습니다. 대체로 그런 장기요양환자들은 낫고자 하는 생각을 다 지워버리고 지내거든요. 그런 소망을 다 버리고 살아가는 것입니다. 그래 제가 그분에게 물었습니다. "소원이 무엇입니까?" 그러자 그분이 답합니다. "이 사람, 저 사람 들은 가끔 아들도 오고, 딸도 오는 수가 있는데, 우리 아이들은 일 년에 한 번도 안 옵니다. 단 한 번이라도 찾아오는 그 얼굴을 보았으면 좋겠습니다." 더도 덜도 아니고 딱 그 정도가 소원이라고 하는 것입니다. 그런데 예수님께서 38년 된 환자에게 물으십니다. "네가 낫고자 하느냐?" 절망한 자에게는 메시아가 없습니다. 자기의 가치를 부정하는 자에게는 회개가 없습니다. 이걸 잊지 말아야 합니다.

또 하나는 교만한 사람들입니다. 자기 의에 만족하는 사람들입니다. 그들은 스스로 자기 의에 매여서 교만합니다. 특별히 성전에 올라갔던 바리새인의 기도를 우리는 잘 압니다. 그 바리새인이 기도하면서 하는 말입니다. "하나님, 감사합니다. 제가 저 세리와 같지 않게 됨을 감사하나이다." 이렇듯 스스로 자기에게 만족하고, 자기 교만에 빠지고, 자기 의의 감옥에서 헤어 나오지 못한 자에게는 회개가 없습니다. 이걸 잊지 말아야 합니다. 그런고로 성경은 말씀합니다. "회개하고 회개의 열매를 맺어야 한다." 그러고 나서야 비로소 주님을 영접할 수 있습니다.

죄에는 우선 '죄를 짓는 죄'가 있습니다. 그리고 '죄를 반복하는 죄'가 있습니다. 잘못인 줄 알면서도 계속 똑같은 죄를 반복하는 것입니다. 셋째는 '죄를 변명하는 죄'입니다. 내가 죄를 짓기는 했지만, 누구누구 때문이다, 하는 것입니다. 사회 때문이라고, 제도 때문이라고, 이렇게 저렇게 원인을 전가하는 것입니다. 그래서 변명을 합니다. 결국에 가서는 짓는 죄마다 남을 원망하게 됩니다. 부모를 원망하고, 마지막에는 하나님까지 원망합니다. 여기까지 가면 회개할수가 없습니다. 회개의 기회를 잃어버리는 것입니다. 스스로 감옥에 갇혀서 헤어 나오지 못하는 것입니다. 회개하라는 말의 헬라어는 '메타노이아'입니다. 방향을 돌린다는 의미입니다. 생각의 세계가 아닙니다. 원래는 군사용어입니다. 군인들이 행진할 때 "앞으로!" 하면서 가다가 "뒤로 돌아!" 하지 않습니까. 앞으로 가다가 뒤로 도는 이것이 바로 회개입니다. 내가 가던 방향에서 180도 돌리는 것이 회개다, 이것입니다. 제자리에 머물러서 눈물방울이나 흘린다고 회개가 아닙니다. 누구를 원망한다고 회개가 아닙니다. 회개는 행동입니다. 마음의 방향을 바꿀 뿐만 아니라, 행동을 바꾸는 것입니다. 세상으로 가던 마음을 하나님께로 돌리는 것입니다. 탕자와 같이 자기 멋대로 세상 속으로 갔지마는, 이제 방향을 확 돌려서 내 아버지 집으로 가는 것입니다. 탕자가 멀리 나가서 눈물이나 흘리고, 절망하다가 죽었다면 아무것도 아닙니다. 탕자는 스스로 깨닫고 돌이켜 아버지 집으로 돌아옵니다. 그때 그가 얼마나 부끄럽고 수치스러웠겠습니까. 하지만 그 돌아오는 행동, 액션, 바로 그것이 회개입니다.

그래서 세례 요한은 말합니다. "회개하라. 회개의 합당한 열매를 맺으라. 그러고야 메시아를 영접할 것이다." 메시아께서 오신다는 것, 오셨다는 것은 중요하지 않습니다. 영접하는 것이 중요합니다. 영접해야 되는 것입니다. 내가 영접하지 않는다면 메시아와 나는 아무 상관이 없는 것입니다. 회개가 없이는 그리스도를 영접할 수 없습니다. 회개 없이 영접하니까 교회를 나와도 이상한 생각에 사로잡히는 것입니다. 예수를 믿는다고 하면서 기복 사상에 빠지는 것입니다. 여러분, 이런 이야기 아십니까? 헌금하고, 십일조를 드리고, 봉사를 열심히 하다가도 정작 장사가 안 되면 교회 찾아와서 십일조를 도로 물려달라고 하는 사람들이 있다는 이야기 말입니다. 이러저러하게 하면 복을 받는다고 해서 그 말대로 했는데, 복을 못 받은 것입니다. 그래서 어느 목사님은 그런 이유로 누가 찾아와 자기 넥타이를 붙잡고 흔드는 바람에 혼이 났다는 것입니다. 이거 되겠습니까. 왜 그렇습니까? 중생이 없는 교인이기 때문입니다. 회개가 없는 교인이기 때문입니다. 교회에 나와서 그저 복 받을 생각만 하는 교인입니다. 교회에 나가면 장사도 잘되고, 하는 일이 다 성공하고, 시험에도 덜컥 합격하고…… 이렇게만 생각하는 것입니다. 그랬다가 막상 그 소원이 이루어지지 않으면 당장 원망하고 불평하는 것입니다. 이런 사람, 애당초 예수 믿는 사람이 아닙니다. 이걸 잊지 말아야 합니다. 회개 없이는 그리스도를 영접할 수도 없고, 그리스도의 마음으로 돌아갈 수도 없습니다. 중생 없는 교인이 문제입니다. 중생 없는 신앙생활에 큰 모순이 있는 것입니다.

그런고로 오늘본문은 말씀합니다. "회개하라! 그리고 주님의 길을 예비하라!" 헬라어 원문에는 이것이 '큐리오스 유데이아스'라고 되어 있는데, 옛날 번역에서는 이걸 직역해서 '첩경'이라고 했습니다. 첩경을 곧게 하라— 그런데 이 말이 고어(古語) 영어 성경에는 'highway'라고 되어 있습니다. 요즘 말로 하면 '고속도로'입니다. 참 중요한 말입니다. 왜 운전을 할 때 비포장도로에서는 차가 덜커 덩거리면서 속도를 잘 낼 수 없다가도 막상 아스팔트로 포장된 고속 도로에 들어가면 시원스럽게 쑥쑥 잘 나가지 않습니까. 그래서 저 는 생각합니다. '이래서 세례 요한이 그런 말을 했구나!' 예수님을 영접하는데, highway, 고속도로를 만들어야 한다, 이것입니다. 어 떤 복음이든지 시원스럽게 쑥 들어와야 합니다. 무슨 말씀이든지 그 냥 쑥 하고 들어와야 되는데, 회개 없이 예수를 믿으면 교회에 나와 서도 그저 졸든가, 아니면 이것도 마음에 안 들고, 저것도 마음에 안 들어서 그저 불평만 하다가 집에 가는 것입니다. 이래서야 되겠습니 까. 회개 없는 교인, 문제입니다. 중생 없는 교인, 문제입니다. 우리 마음에 예수님을 영접하는 고속도로가 나 있어야 합니다. 한 말씀 한 말씀이 그대로 쑥 들어와 스며드는, 그런 준비가 있어야 할 것입 니다.

가장 낮은 마음, 가장 겸손한 마음, 그리고 항상 준비된 마음이 어야 합니다. "말씀하소서. 따르겠나이다. 말씀하소서. 말씀대로 이 루어지이다." 이렇게 완전한 준비가 되어 있어야 하는 것입니다. 그 래서 예수님을 맞이할 때가 되면 예수님의 생명력이 우리에게 나타 나서 놀라운 창조적 역사를 이루게 될 것입니다. 누가복음 2장에서 시므온은 말합니다. "종을 평안히 놓아 주시는도다(29절)." "내 눈 이 주의 구원을 보았사오니(30절)." 오늘도 주의 구원을 보고, 주의 구원을 듣고, 주의 구원을 느끼는 이것이 그리스도인의 모습입니다. △

결승점에 선 사람

전제와 같이 내가 벌써 부어지고 나의 떠날 시각이
가까웠도다 나는 선한 싸움을 싸우고 나의 달려갈 길
을 마치고 믿음을 지켰으니 이제 후로는 나를 위하여
의의 면류관이 예비되었으므로 주 곧 의로우신 재판
장이 그 날에 내게 주실 것이며 내게만 아니라 주의
나타나심을 사모하는 모든 자에게도니라
(디모데후서 4 : 6 - 8)

결승점에 선 사람

오늘이 금년의 마지막 주일입니다. 금년을 보내면서 다 함께 생각해보십시다. 내가 세상에 태어난 것은 내가 선택한 것이 아닙니다. 결국, 부모님이 낳아주셔서 내가 세상에 태어난 것 아니겠습니까. 태어난 시점이 있습니다. 그러나 그것은 내가 스스로 선택한 것이 아닙니다. 어떤 의미에서 주어진 운명입니다. 이를 가리켜서 하이데거는 '던져진 운명(Thrown Life)'이라고까지 말합니다. 동시에 우리 앞에는 죽는 시간이 있습니다. 그것 또한 내가 선택하는 것이 아닙니다. 내가 죽을 날을 내가 정할 수는 없습니다. 그러나 출발이 있고, 끝이 있습니다. 출생이 있고, 죽음이 있습니다. 출발점이 있고, 종착점이 있습니다. 그런데 말입니다. 출발은 내 책임이 아니지만, 죽는 것은 내 책임입니다. 시작은 내 마음대로 한 것이 아니었습니다. 그러나 끝은 내가 결정하고, 내가 결정한 운명에 따라서 종말을 맞게 된다, 이것입니다. 그러니까 어떻게 태어났느냐는 그리 중요하지 않습니다. 굉장하고, 화려하고, 행복하게 태어난 사람들도 운명은 그리 복되지 않습니다. 문제는 마지막 끝을 어떻게 정하느냐 하는 것입니다. 이것이 그 사람의 성공 여부를 결정한다고 할 수 있습니다.

우리는 흔히 인생을 담배 연기에 비유합니다. 사람이 담배를 피울 때 그 연기가 피어오르다가 어느 순간 흔적도 없이 사라지는 것처럼 인생도 그렇게 사라진다는 것이지요. 그래서 이렇게 말합니다. '인생은 담배 연기와 같다.' 또 우리는 인생을 낙엽에도 비유합니다.

나뭇잎은 청청하게 자랐다가도 가을이 되면 어느 틈에 바짝 마른 낙
엽이 되어 땅에 떨어집니다. 그래서 이렇게 말합니다. '인생은 낙엽
과 같다.' 혹은 인생을 안개에 비유하기도 합니다. 아무리 깜깜하게
어두워서 한 치 앞도 분간하기 힘들지만, 어느 순간 안개는 싹 사라
지고 맙니다. 그래서 이렇게 말합니다. '인생은 안개와 같다.' 또 어
떤 사람은 인생을 항해자에 비유합니다. 배를 타고 저 멀리 어디 목
적지로 가는 것처럼 인생도 그렇게 간다는 것입니다. 그래서 이렇게
말합니다. '인생은 항해자와 같다.' 그리고 우리가 제일 많이 듣는 말
이 있습니다. 이것입니다. '인생은 나그네와 같다.' 나그네는 어디서
와서 어디로 가는지 모릅니다. 그런가 하면 인생을 농사꾼에 비유하
기도 합니다. 인생은 계속 무엇을 심고 거두고, 또 자기가 심은 대로
거두며 살아가는 것 아니겠는가, 하는 것입니다. 그래서 이렇게 말
합니다. '인생은 농사꾼과 같다.' 마지막으로, 인생을 꽃에 비유하기
도 합니다. 꽃은 한순간 화려하게 피었다가 어느새 시들어 땅에 떨
어집니다. 그래서 말합니다. '인생은 꽃과 같다.'

　　이렇게 소위 인생을 달관했다는 사람들이 한마디씩 남겼습니
다. 다 우리가 입버릇처럼 외우고 있는 말들입니다. 인생은 이런 것
이다― 그렇습니까? 그러면 이제 하나만 묻겠습니다. 이런 무상한
인생인데, 성공한 사람은 누구이고, 실패한 사람은 또 누구입니까?
어떤 것을 가리켜 성공했다고 말할 수 있겠습니까? 돈을 많이 벌었
다고 성공한 것은 아닙니다. 명예가 있다고, 지위가 높다고 성공한
것도 아닙니다. 적어도 그 정도를 가지고 성공했다고 할 수는 없다,
이것입니다. 그렇다면 성공과 실패란 무엇입니까? 지혜자는 이렇게
말합니다. '알고 하는 일은 성공이고, 모르고 하는 일은 실패다.' 다

시 말하면 '이럴 줄 알았다!' 하고 모든 일을 알고 대처하면서 살아온 사람이 있는가 하면, 매일같이 '이럴 줄 몰랐다!' 하면서 사는 사람도 있습니다. 그 사람이 이럴 줄 몰랐다, 돈이 이런 것인 줄 몰랐다, 명예가 이렇게 한심한 것인 줄 몰랐다…… 왜 몰랐습니까. 진작 알았어야지요. 그러니까 그것은 실패인 것입니다. 반대로, 모든 일을 할 때 언제나 '이것은 내 책임이다. 내가 잘못한 게 맞다' 하고 생각하는 사람은 성공자입니다. 실패자는 항상 남에게 책임을 돌립니다. 작은 일이나 큰일이나 다 남의 책임입니다. 마지막에는 낳아주신 부모님까지 책망합니다. 왜 나를 낳아주셔서 이렇게 고생시키느냐고 하는 것입니다. 이것이 애당초 실패자의 외침입니다.

그런가 하면, 고난이 닥쳐왔을 때 그 고난을 잘 참고 견디며, 그 고난을 통해서 얻어지는 유익을 감내하고 감사하면서 살았다면, 바로 그것이 성공입니다. 하지만 고난이 있을 때마다 늘 도피하고, 원망하고, 절망하며 살았다면, 그것은 실패한 생입니다. 그런가 하면, 생각대로 얼마나 실천했느냐, 하는 것입니다. 생각하고 결심한 대로 실천하며 살아가야 합니다. 그러나 항상 약속만 하고, 생각만 했지 실천은 못 합니다. 그것은 아닌 것이지요. 저는 오늘 아침에도 찬물로 목욕을 하고 나왔습니다. 그런데 가끔 이런 이야기를 하면, 자기도 한 번 해보겠다고 도전하는 분들이 있습니다. 그러다가 감기 걸려서 못하고, 이런저런 이유로 못한다고들 합니다. 생각했으면 실천해야지요. 실천하면 할 수 있는 일이거든요. 그런데 작은 일이나 큰일이나 행동으로 옮기지 못하고 항상 생각만 합니다. 약속만 하고 정작 실천하는 일은 없는 것입니다. 이것이 바로 실패입니다.

그런가 하면, 최선을 다했다고 생각합니다. 그런데 아닙니다.

생각해보니 최선을 다하지 못했습니다. '나는 최선을 다하지 못했고, 할 수 있는 일이 얼마든지 있었지만, 이렇게밖에는 못 살았다.' 이렇게 생각하는 것이 성공이라면 '나는 최선을 다했다' 하는 사람은 실패자입니다. 그것은 교만이기 때문입니다. 그런가 하면, '나는 뛰어난 사람이나, 내 앞에 있는 사람들에게 항상 배우며 살았다. 한평생 공부하는 마음으로 살았다' 하는 사람은 성공자입니다. 하지만 '나는 내 앞의 똑똑한 사람이나 잘난 사람을 깎아내리며 살았다. 장점을 보지 못하고 단점만 깎아내리며 살았다' 한다면 그것은 잘못 산 인생인 것입니다. 여러분은 사랑하셨습니까? 사랑했다고 생각하십니까? 아니, 희생까지도 좋습니다. 그러나 중요한 것은 사랑을 받아야 한다는 것입니다. 사랑을 했으면 사랑을 받고, 긍휼을 베풀었으면 긍휼을 받고, 은총을 베풀었으면 은총을 받고, 존경을 했으면 존경을 받아야 합니다. 그것이 성공한 것입니다. 내 딴에는 사랑한다, 봉사한다, 희생한다고 했는데도 아무 효과가 없습니다. 아무 보답도 없습니다. 그렇다면 뭔가 잘못된 것입니다. 이걸 잊지 말아야 합니다. 사랑에 대해서는 사랑의 응답이 있어야 합니다. 그래야 비로소 사랑입니다.

문제는 종말이 있음을 알아야 한다는 것입니다. 그래서 종말을 알고 이제부터라도 오늘을 지혜롭게 사는 생이 되어야 합니다. 오늘 본문에 나타난 사도 바울은 지금 로마의 감옥에 있습니다. 그 감옥에서 그가 하는 말입니다. "나의 떠날 때가 가까웠도다." 이것은 죽을 때가 가까웠다는 말입니다. 하지만 병들어 죽어간다는 말은 아닙니다. 지금 순교할 날이 가까이 다가오고 있다는 것입니다. 이것은 전혀 다른 이야기입니다. 몸이 쇠약해져서 병들어 죽을 때가 가까웠다는 이야기가 아닙니다. 순교할 날짜가 가까웠다는 것입니다. 얘기가 다르지 않습니까. 여기에서 '떠날 때가 가까웠다' 하는 말이 흥미롭습니다. 헬라어로 '아나루시스'인데, 재미있는 말입니다. 동물을 달구지나 쟁기의 멍에에서 벗어나게 한다는 뜻입니다. 또 천막을 쳤다가 장소를 옮길 때 그 천막 줄을 끊는다는 뜻입니다. 그리고 정박된 배의 닻줄을 푼다는 뜻도 있습니다. 이것이 바로 '떠날 때가 가까웠다' 하는 말의 뜻입니다.

바울은 본문에서 자기 스스로의 모습을 세 가지로 말하고 있습니다. 하나는 관제이고, 또 하나는 군인이고, 마지막 하나는 경기자입니다. 여러분은 인생을 어떻게 보고 계십니까? 오늘 사도 바울로부터 인생에 대한 깊은 이해를 터득해야 하겠습니다. 먼저 관제입니다. 바울은 말합니다. '인생은 관제다.' 바로 '제물로 드려진 존재'라는 것입니다. 자신이 그리스도께 드려진 제물이라는 것입니다. 이미 죽은 나로 오늘을 산다는 것입니다. 여러분은 어떠십니까? 한평생을 살다가 후회하는 사람들이 많습니다. 특히 참지 못한 것을 후회합니다. 그때 조금만 더 참았으면 되는데, 그만 못 참고 쓸데없는 말을 해버린 것을 후회합니다. 내가 죽어야 할 시간에 죽지 못한 것을 후회합니다. 그때 내가 죽는다는 마음으로 생각하지 못하고, 이 생각 저 생각 하다가 그만 망가지고 만 것입니다. 사도 바울은 '나는 제물이다' 하고 말합니다. 제물이란 무엇입니까? 죽어야 효과가 있는 것입니다. 제물은 죽어서 제물이지, 살아서는 제물이 아닙니다. 산 것이 죽는 것, 바로 그게 제물입니다. 그래서 사도 바울은 빌립보서 3장 12절에서 이렇게 말합니다. "그리스도 예수께 잡힌 바 된 그것을 잡으려고 달려가노라." 나는 그리스도께 포로 된 자다, 내게는

자유가 없다, 내게는 선택권이 없다, 그리스도께 포로 된 것, 그것을
내가 잡으려고 살아왔다, 이것입니다. 또 빌립보서 2장 17절은 이렇
게 말씀합니다. "만일 너희 믿음의 제물과 섬김 위에 내가 나를 전제
로 드릴지라도 나는 기뻐하고⋯⋯" 여기서 '전제(관제)'라는 말은 쏟
아붓는다는 뜻입니다. 피를 그릇에 담아서 그대로 제단 앞에 쏟아붓
는 것입니다. 그렇듯 철저하게 나는 그리스도를 위하여 제물로 존재
하고, 제물로 살았다, 이것입니다. 제물은 죽어야 제물입니다. 살아
서는 제물이 아닙니다. 우리가 후회스러운 것이 대개 무엇이냐 하
면, 죽지 못한 것입니다. 죽지 못해서 문제입니다. 자기를 죽이지 못
한 것입니다. 자존심을 죽이지 못했고, 쓸데없는 고집을 줄이지 못
했습니다. 오늘 사도 바울은 '나를 온전히 십자가에 못박고, 관제로
살았다' 하고 고백합니다.

둘째는 군인입니다. '선한 싸움을 싸웠다. 선으로 악을 이기라.'
이것이 군인의 모습입니다. 늘 군인처럼 긴장하는 것, 생명을 바치
는 충성을 말하는 것입니다. 자기에게는 선택권이 없습니다. 지휘관
이 명령하는 대로 사는 것입니다. 내 의지로 사는 것이 아니고, 철저
하게 그리스도의 의지로 사는 것입니다. 그리스도의 명령에 충성하
는 것입니다. 사도 바울은 로마서에서도 이렇게 말합니다. "그리스
도의 사랑으로 말미암아 넉넉히 이기느니라." 넉넉히 이기느니라—
주님을 대장으로 모시고, 주님께 충성을 다할 때 '넉넉히 이긴다' 하
고 말하는 것입니다. 그렇게 군인으로서의 자기 자신을 말하고 있는
것입니다.

셋째는 경기자입니다. 경기자에게는 목표가 있습니다. 또 경기
자에게는 정 코스가 있습니다. 정해진 코스대로 달려야 합니다. 거

기에서 벗어나면, 빗나가면 안 됩니다. 또한, 디모데후서 2장 15절에 있는 말씀처럼 '법대로' 해야 합니다. 파울, 반칙은 안 됩니다. 목적도 좋지만, 방법이 법대로 되어야 합니다. 법대로 살지 못한 것, 잘못입니다. 사도 바울은 법대로, 규칙대로 산다고 말합니다. 그래서 믿음을 지켰다고 말하고 있습니다. 그리고 이런 말도 합니다. "믿음으로 말미암지 않은 모든 것이 죄니라." 그는 스스로 철저한 믿음의 사람으로, 경기자의 모습으로 한평생을 살았노라고 말하고 있습니다.

그리고 마지막이 중요합니다. 오늘본문 8절은 말씀합니다. "이제 후로는 나를 위하여 의의 면류관이 예비되었으므로……" 경기자가 마지막 종착점에 왔습니다. 지금 눈앞에 결승점이 있습니다. 그곳만 넘어가면 끝나는 것입니다. 그 결승점에 왔을 때 면류관이 보인다고 말합니다. 얼마나 굉장한 얘기입니까. 결승점에 왔는데 꽉 막혔다면요? 그러면 "인생무상!" 하고 죽는 것입니다. 우리는 결승점에 왔을 때 하늘이 열려야 합니다. 하늘 문이 열리는 것을 경험해야 합니다. 여러분의 나이가 얼마인지는 모르나, 이제는 기도할 때마다 하늘 문이 열리는 것을 경험해야 합니다. 답답하고 괴로운 세상이 아닙니다. 기도하는 가운데 하늘 문이 열리는 것을 보아야 합니다. 스데반이 순교할 때 하늘 문이 열렸습니다. 그리고 그는 주님을 바라보았습니다. 오늘 사도 바울은 면류관이 있다고 말합니다. 면류관(스테파노스)이라는 말, 참 중요합니다. 원래 '스데반'이라는 말이 '면류관'이라는 뜻입니다. 관은 두 개가 있습니다. 하나는 왕관입니다. 권세의 상징입니다. 또 하나는 면류관입니다. 승리의 상징입니다. 권세라는 의미의 왕관이 아닙니다. 하나님의 뜻대로, 믿음

으로 살아온 자에게, 그 승리자에게 주는 면류관입니다. 그 면류관
이 나뿐만이 아니라, 그리스도의 나타나심을 사모하는 모든 자에게
예비되었다고 말합니다. 모든 성도 앞에 면류관이 있습니다. 다시
말합니다. 결승점에 섰습니까? 이제는 면류관이 보여야 합니다. 내
눈앞에 면류관이 보여야 그가 잘사는 사람이고, 성공적으로 사는 사
람입니다.

　어느 권사님의 남편이 참 말이 없는 사람입니다. 하루종일 있어
도 말 한마디도 안 하는 분입니다. 교회에 나와서도 생전 찬송 한번
부르는 걸 본 적이 없는 분입니다. 성경을 읽는 일도 없고, 식사 때
기도하자고 하면 고개만 숙이는 분입니다. 그런데 이 권사님의 걱정
이 뭐냐 하면 이것입니다. '이 남편이 천당에 갈까?' 이제 남편의 임
종이 가까이 왔습니다. 권사님은 침대에 꿇어 엎드려서 딱 한 마디
의 기도만 합니다. "제 남편, 천당에 보내주세요. 제 남편, 천당 가
게 해주세요." 이렇게 그 권사님, 밤새껏 기도했습니다. 새벽이 되었
습니다. 그때 문득 의식도 없이 침대에 누워 있던 남편이 별안간 의
식을 되찾아 벌떡 일어나 앉았습니다. 그리고 손을 높이 들고 소리
쳤습니다. "여보, 하늘에서 가마가 내려와! 나를 데리러 오는 저 찬
란한 가마 좀 봐! 지금 이리로 내려오고 있어! 저거 좀 봐! 저거 좀
봐!" 그러다가 죽었습니다. 장례식 날 그 권사님, 눈물 한 방울 흘리
지 않았습니다. 자기 남편 천당 갔다, 이것입니다. 여러분, 성공이
무엇입니까? 비로 이것이 성공 아니겠습니까. 세상에서의 화려한
생이 뭐 그리 중요합니까.

　또 이런 권사님도 있었습니다. 그 권사님, 지금은 나이가 많아
서 귀가 어두워져 잘 안 들립니다. 그러니까 이제는 대화하기도 힘

듭니다. 그런데 이제는 성경을 봅니다. 하루에 4시간씩 봅니다. 앉아서 돋보기안경을 끼고 성경을 계속 봅니다. 딸이 보다못해 물어봅니다. "엄마, 엄마! 박사 될래? 왜 그렇게 성경을 많이 봐?" 그러자 이 엄마가 하는 말입니다. "지금 내가 귀가 어두워져서 듣지를 못한다마는, 조금 더 있으면 눈도 어두워지지 않겠느냐? 그러기 전에 성경 보련다." 여러분, 마지막 날이 조금씩 가까이 오고 있습니다. 이것은 다들 알고 계시지요? 이 남은 시간에 내가 할 일이 무엇입니까? 이걸 잊지 말아야 합니다. 면류관이 보일 때까지 기도하고, 면류관이 보일 때까지 성경 보고, 면류관이 보일 때까지 경건을 재점검해야 할 것입니다. 지난날은 어떻게 살았든 중요하지 않습니다. 승자의 결정은 종말에 있습니다. 경기자는 종말에 있습니다. 잘했다고 칭찬받을 수 있는 사람이 되어야 합니다. 그리고 하나님의 큰 은혜에 감사할 수 있어야 합니다. 그럴 때 비로소 하늘 문이 열릴 것입니다. 아직 끝이 아닙니다. 이제 끝을 바라보고 있습니다. 앞에 있는 면류관을 바라보며 오늘을 살아야 할 것입니다.　△

자원하는 심령을 주시옵소서

　　나를 주 앞에서 쫓아내지 마시며 주의 성령을 내게
서 거두지 마소서 주의 구원의 즐거움을 내게 회복시
켜 주시고 자원하는 심령을 주사 나를 붙드소서 그리
하면 내가 범죄자에게 주의 도를 가르치리니 죄인들
이 주께 돌아오리이다 하나님이여 나의 구원의 하나
님이여 피 흘린 죄에서 나를 건지소서 내 혀가 주의
의를 높이 노래하리이다 주여 내 입술을 열어 주소서
내 입이 주를 찬송하여 전파하리이다 주께서는 제사
를 기뻐하지 아니하시나니 그렇지 아니하면 내가 드
렸을 것이라 주는 번제를 기뻐하지 아니하시나이다
하나님께서 구하시는 제사는 상한 심령이라 하나님
이여 상하고 통회하는 마음을 주께서 멸시하지 아니
하시리이다 주의 은택으로 시온에 선을 행하시고 예
루살렘 성을 쌓으소서 그 때에 주께서 의로운 제사와
번제와 온전한 번제를 기뻐하시리니 그 때에 그들이
수소를 주의 제단에 드리리이다

(시편 51 : 11 - 19)

자원하는 심령을 주시옵소서

　　1954년 6·25 전쟁이 끝나던 바로 그때입니다. 아주 오래전 이야기입니다. 제가 군 생활 3년을 마치고 나와서 신학대학에 입학했습니다. 임시로 학교가 대구에 있었던 때입니다. 신학교에 입학해서 첫 예배를 드리는 시간입니다. 그때 지금도 일생토록 잊을 수 없는 소중한 설교를 들었습니다. 그 신학교 교수님으로 오신 박병호 목사님이 설교를 하셨는데, 그날의 설교는 설교라기보다는 간증이었습니다. 자기의 뼈아픈 신앙체험을 간증하며, 신학생들은 이렇게 살지 않기를 간곡하게 부탁하는 간증이었습니다. 그 내용은 이렇습니다. 목사님의 부인인 사모님이 부인병으로 세 번이나 수술을 받았는데, 아무 소용없이 병은 점점 더 악화되어만 갔습니다. 그렇게 8년을 지내면서 급기야 몸에서 썩은 냄새가 나기 시작했습니다. 그냥 속수무책으로 있을 수만은 없어서 한약을 지어와 하루에 세 번씩 정성껏 사모님께 달여 드렸습니다. 그날도 목사님이 달인 한약을 막대기로 짜내는데, 문득 이런 생각이 들더라는 것입니다. '이제 그만하고 가지. 언제까지 나를 괴롭힐 거야?' 순간 목사님은 속으로 깜짝 놀랐습니다. '내가 어쩌다 이런 생각을 하게 되었나? 이건 아니지!' 그리고 오히려 두려운 마음으로 약을 달여서 사모님께 드렸는데, 그 약을 잡수시다가 사모님이 돌아가셨다는 것입니다. 목사님은 너무나 큰 충격을 받았습니다. 그리고 이렇게 생각했습니다. '내가 8년 동안이나 나름대로 정성을 다했는데, 마지막에 가서 어찌 그런 생각을 할 수 있었을까?' 제발 좀 그만 가라는 생각을 했다는 것에 깜짝 놀란 것입니다. 그러면서 목사님이 눈물로 호소합니다. "여러분, 목회 하실 때 무슨 일을 하든지 정성과 마음을 담아서 하고, 어느 순간에 라도 억지로나 부득이해서 한다는 생각을 해서는 하나님의 일이 될 수가 없습니다." 제가 정말 깊은 감동을 받았습니다.

　어떤 선행도 그 속에 깊은 사랑이 있고, 진실이 있고, 정성이 있고, 자원하는 마음이 있어야 합니다. 그렇지 않으면 한평생을 수고했더라도 말짱 헛것입니다. 아니, 생명을 바쳐도 헛것입니다. 문제는 정성과 진실과 마음입니다. 행복한 사람이 누구겠습니까? 간단하게 말하면 일이 있는 사람입니다. 일이 있어야 행복합니다. 건강해야 일도 할 수 있고, 정신이 맑아야 일할 수 있는 것 아닙니까. 어쨌든 일이 있는 사람이 행복합니다. 둘째는 내가 무슨 일을 하고 있는지를 아는 사람입니다. 일의 의미를 알고 있는 사람, 그 종국을 알고 있는 사람이 행복합니다. 셋째는 즐거운 마음으로 일하는 사람입니다. 억지로 하는 것이 아닙니다. 부엌에서 한 끼의 식사를 차리더라도 즐거운 마음으로 해야 합니다. 아침에 일어날 때도 즐거운 마음으로, 어떤 수고를 하더라도 즐거운 마음으로 하는 그 사람이 행복합니다. 그렇지 않고 내가 하는 일이 억지가 되고, 우리가 흔히 말하는 대로 십자가를 지는 마음으로 한다면 거기에 무슨 의미가 있겠습니까. 내가 자녀를 키우는 것도 감사한 마음으로, 영광된 마음으로 해야 합니다. 그 자녀를 위해 봉사해야 합니다. 이걸 의무감으로 하고, 책임감으로 하고, 심지어는 도덕성까지 물어가면서 "너는 왜 태어났냐?" 하면 어떻게 되겠습니까. 한평생 별의별 일을 다 하더라도 말짱 헛것입니다. 하나님 앞에서는 다 소용없습니다. 자원하는 마음이 꼭 있어야 합니다.

　　문제는 심령입니다. 심령이 깨끗하면 모든 수고가 의미를 갖지만, 심령이 흐려지면 모든 수고가 다 무효가 됩니다. 선행을 하는데도 피곤한 이유가 어디에 있습니까? 스스로 진단해보시기 바랍니다. 하고 싶지 않은 일을 하는 사람, 하는 수 없이 일을 하는 사람, 그는 노예입니다. 그것은 자유인의 생활이 아니라 노예 생활입니다. 죽지 못해서 산다면 벌써 죽은 것입니다. 그렇게 많은 세월을 죽지 못해서, 하는 수 없이 마지못해서 한다면 그것은 지옥 같은 노예 생활이라고 봅니다. 그 원인이 어디에 있겠습니까? 율법주의입니다. 율법주의에 매여 있기 때문입니다. 먼저는 잘못한 일을 자기가 잘 압니다. 그에 대한 벌로 이 생활이 주어졌다고 생각하기 때문에 벌 받을까 두려운 것입니다. 저주가 무서운 것입니다. 하나님의 저주, 하나님의 심판이 무서워 벌벌 떨면서 가는 길은 피곤합니다. 또한, 보상을 바라는 마음입니다. 칭찬받기를 바라고, 알아주기를 바라고, 누군가가 나를 높여주고 존경해주기를 바라는 마음입니다. 이것도 참 피곤한 일입니다. 보상을 바라는 이 마음이 사람을 비참하게 만듭니다. 그런가 하면, 과거에 얽매인 노예가 된 것입니다. 이미 씨를 뿌려놓았습니다. 그래서 거둬야지, 내가 한 일을 책임져야지, 하면서 과거에 매여 사는 것입니다. 지난 일을 후회하고, 뉘우치고, 괴로워하고, 절망하고, 저주하며 오늘을 살아갑니다. 그럼 오늘은 오늘이 아닙니다. 과거에다 오늘을 바치고 있는 것입니다. 그런가 하면, 가장 중요한 것은 미래가 보이지 않는 것입니다. 환한 미래, 영원한 미래가 보이지 않을 때, 소망의 세계, 약속의 세계가 확실하지 않을 때 우리는 피곤해집니다.

　　오늘본문에 나오는 '자원하는 심령'이라는 말은 히브리말로 '루

아흐 네디바'입니다. 여기서 '루아흐'는 '영'이라는 뜻이고, '네디바'
는 '자발성'을 뜻합니다. 죄책감, 형벌의식, 보상, 또는 칭찬을 바라
는 마음이 없는 상태입니다. 얼마나 아름답습니까. 제가 소망교회에
서 목회할 때 가끔 열심히 전화하는 몇몇 분들이 있었습니다. 그분
들은 꼭 전화를 걸어야 합니다. 고아원에 간다고 전화 걸고, 갔다 왔
다고 전화 걸고, 어디 간다고, 뭐 했다고…… 그런 걸 자꾸 얘기하는
것입니다. 하루는 어떤 분이 저를 보고 이랬습니다. "아이고, 그분은
좀 알아달라고 하는 것만 없으면 참 좋은 분인데, 좋은 일도 많이 하
는데, 아, 그거 말 좀 안 하면 좋겠는데 말입니다." 그래서 제가 대답
했습니다. "그분, 그런 말까지 안 하면 성자가 될 것입니다."

예수님께서 강조하여 말씀하셨습니다. "사람에게 보이려고 하
지 마라. 사람에게 보이려고 기도하지 말고, 사람에게 보이려고 구
제하지 말라." 이 얼마나 귀중한 말씀입니까. 자원하는 심령, 얼마나
중요합니까. 예수님의 비유들 가운데 이런 재미있는 비유가 있지 않
습니까. 두 아들이 있는데, 아버지가 큰아들에게 말합니다. "포도원
에 가서 일하라." 그러니까 "예!" 하고는 안 갔습니다. 이번에는 둘
째 아들에게 말했더니 "안 가요!" 했다가 뒤에 뉘우치고 갔습니다.
저는 이 두 아들을 놓고 이런 생각을 많이 해봅니다. '아들 하나가
더 있으면 좋을 뻔했다.' 가겠다고 하고 가야지, 안 가겠다고 했다가
가는 것, 이 또한 좋지는 않습니다. 가겠다고 해놓고 안 가는 것도
나쁩니다. 아버지가 포도원에 가서 일하라고 했을 때 "예, 가겠습니
다!" 하고 가는 아들이 하나 더 있으면 참 좋았겠다 싶습니다. 여러
분, 이 얼마나 중요한 얘기입니까.

「이유 없이 행복하라」라는 아주 재미있는 베스트셀러가 있습니

다. 마시스 머프가 쓴 책입니다. 결론은 이렇습니다. '이유 없이 행복하려면 이유 없이 사랑하라. 이유 없이 사랑하고야 이유 없이 행복할 수 있다.' 이렇게 결론을 내립니다. 이 얼마나 중요한 얘기입니까. 오늘본문에 나오는 '자원하는 심령', 이것은 은사입니다. 축복입니다. 아무나 가질 수 있는 것이 아닙니다. 선한 일을 할 수 있어도 선한 마음은 하나님께서 주시는 선물입니다. 이걸 잊지 말아야 합니다. 오늘본문은 말씀합니다. "주의 성령을 내게서 거두지 마소서 (11절)" "자원하는 심령을 주사……(12절)" 하나님의 영, 그리스도의 영, 진리의 영, 자원하는 성령을 달라는 것입니다. 하나님의 영이 임할 때 비로소 자원하는 심령을 가질 수 있다, 이것입니다. 또 말씀합니다. "주의 구원의 즐거움을 내게 회복시켜 주시고……(12절)" 내가 죄인이므로 영원히 멸망 받을 수밖에 없는데, 예수 그리스도로 말미암아 구원을 받았습니다. 십자가의 은혜입니다. 나를 구속하신 그 근본적인 은혜를 잊지 않을 때, 그 구원의 즐거움을 회복할 때 오늘도 하나님 앞에 자원하는 마음으로 섬길 수 있는 것입니다. 이것은 전적인 은혜입니다. 그 은혜의 기쁨과 감격이 있을 때 비로소 자원하는 마음으로 행할 수 있는 것입니다.

우리가 잘 아는 리빙스턴은 아프리카에서 선교사로 한평생을 살다가 고귀하게 생을 마친 분입니다. 그 리빙스턴이 늘 하는 말이 있었습니다. "나는 결코 헌신해본 적이 없습니다. 제 생각으로 그것은 특권이었습니다." 헌신한 것이 아닙니다. 봉사한 것도 아닙니다. 그것은 영광이었습니다. 그것은 특권이었습니다. 이것이 리빙스턴의 말이었습니다. 우리가 보통 감사한 일이 있을 때 영어로 이렇게 말하지 않습니까. "Thank you." 상대가 이렇게 말할 때 나는 뭐라고 해야 합니까? 우리는 보통 이럽니다. "천만에요." "별말씀입니다."
이것도 좋은 말입니다. 그런데 좀 더 고급스러운 말이 있습니다. 응
답을 이렇게 합니다. "That's my pleasure." 그것은 내 즐거움이다,
이것입니다. 여러분도 한 번 해보시기 바랍니다. "Thank you" 할 때
"That's my pleasure" 하면 상대방의 눈이 휘둥그레집니다. 이보다 한
단계 더 높은 것이 있습니다. "It was my privilege." 특권입니다. "It'
s my pleasure." "It was my privilege." 내 기쁨입니다. 내 특권입니
다. 이렇게 봉사하고 수고하는 것이 다 내 특권입니다. 그 속에 영광
이 있는 것입니다. 자식 키우는 것? 특권입니다. 봉사하는 것? 특권
입니다. 그 특권을 잃어버리고, 그걸 무겁게 생각하고 십자가를 진
다고 하는 것처럼 불행한 일이 없습니다.

다윗은 고백합니다. '하나님이여, 자원하는 심령을 주시옵소서.
기쁜 마음, 자원하는 마음을 주시옵소서. 그리하면 죄인들이 주께로
돌아오리이다.' 저는 이 고백이 참 인상적입니다. 그래야 내가 하는
선한 일에 열매가 있습니다. 그때 열매가 나타납니다. 이걸 잊지 말
아야 합니다. 자식을 키울 때도 "내가 너를 바라볼 때마다 행복하고,
너를 위해 기도할 때마다 즐겁고, 너를 위해서 음식을 마련할 때 나
는 이것을 영광으로 생각한다. 너는 나의 행복이고, 나의 영광이다."
이러면 아이들이 얼마나 기쁜 마음으로 자라겠습니까. 그런데 "너는
왜 태어났냐? 너 때문에 못 살겠다" 한다면 어떻게 되겠습니까. 그
러니까 애들은 또 대답합니다. "누가 낳아달라고 했어요?" 살기 어
려운 세상에 왜 낳아서 나까지 고생시키느냐고 대듭니다.

우리가 이것을 영광과 특권으로 여길 때 비로소 저쪽에서 열매
가 나타납니다. "죄인들이 주께 돌아오리이다(13절)." 이 얼마나 귀

중한 열매를 말씀하는 것입니까. 내가 이렇게 자원하는 심령으로 할 때 그것에만 열매가 있습니다. 이걸 잊지 말아야 합니다. 이것은 경제적이고 정치적인 문제가 아닙니다. 영적인 문제입니다. 자원하는 심령으로 행한 일에만 열매가 있고, 결과가 있고, 응답이 있습니다. '자원하는 심령을 주시옵소서. 그리하시면 죄인들이 주께로 돌아오리이다.' 너무나 귀한 간증입니다. 사랑이 없으면 노예가 됩니다. 행복이 없는 봉사는 위선입니다. 자원하는 심령이 없으면 모든 것은 헛된 데로 돌아갑니다. 자원하는 고귀한 마음, 하나님께서 주시는 선물입니다.

여러분, 무슨 기도를 하십니까? 새해에는 어떤 마음으로 살아야 하겠습니까? 옛날과 다른 일을 하기 원하십니까? 별반 다른 일이 없을 것입니다. 그러나 우리의 마음만은, 우리의 자세만은 자원하는 심령이 있어야 합니다. 똑같은 일을 하더라도 자원하는 마음으로, 특권적인 마음으로, 은사의 마음으로, 하나님의 은혜에 보답하는 마음으로 임할 때 하나님의 창조적 역사가 나타날 것입니다. 오늘 우리에게는 기도 제목들이 많습니다. 세상이 달라지기를 바라고, 경제가 나아지기를 바라고, 몸이 건강하기를 바라고…… 이렇게 기도하고 있습니다. 하지만 잠깐 멈추십시오. 이 기도 하나가 중요합니다. '하나님이여, 자원하는 심령을 주시옵소서. 금년에는 온전히 은혜에 응답하는 자원하는 심령을 주시옵소서. 자원하는 심령으로 생각하고, 자원하는 심령으로 행하는 아름다운 새해가 되게 하여주십시오.' 이런 기도가 있어야 할 것입니다.   △

지혜자의 경영수업

마음의 경영은 사람에게 있어도 말의 응답은 여호와께로부터 나오느니라 사람의 행위가 자기 보기에는 모두 깨끗하여도 여호와는 심령을 감찰하시느니라 너의 행사를 여호와께 맡기라 그리하면 네가 경영하는 것이 이루어지리라 여호와께서 온갖 것을 그 쓰임에 적당하게 지으셨나니 악인도 악한 날에 적당하게 하셨느니라 무릇 마음이 교만한 자를 여호와께서 미워하시나니 피차 손을 잡을지라도 벌을 면하지 못하리라 인자와 진리로 인하여 죄악이 속하게 되고 여호와를 경외함으로 말미암아 악에서 떠나게 되느니라 사람의 행위가 여호와를 기쁘시게 하면 그 사람의 원수라도 그와 더불어 화목하게 하시느니라 적은 소득이 공의를 겸하면 많은 소득이 불의를 겸한 것보다 나으니라 사람이 마음으로 자기의 길을 계획할지라도 그의 걸음을 인도하시는 이는 여호와시니라

(잠언 16 : 1 - 9)

지혜자의 경영수업

여러분이 잘 아는 유명한 카네기가 아주 어렸을 때 어머니를 따라 시장 구경을 갔더랍니다. 보니까 어느 가게에 아주 먹음직스러운 앵두가 큰 그릇에 수북이 쌓여 있었습니다. 카네기는 그 앵두가 너무나 먹고 싶은 나머지 그 앞에 오도카니 서서 유심히 앵두를 주시하고 있었습니다. 그러자 그 가게 주인 할아버지가 그 어린 카네기를 보고 물었습니다. "얘야, 너 이 앵두 먹고 싶으냐?" 카네기는 고개를 끄덕끄덕했습니다. 주인이 권했습니다. "그럼 한 줌 집어서 먹어보거라." 하지만 카네기는 그냥 가만히 서 있기만 했습니다. 주인이 다시 권했지요. "얘야, 먹으래도?" 그래도 카네기는 꼼짝도 하지 않았습니다. 보다 못해서 결국 할아버지가 자기의 큰 손으로 앵두를 듬뿍 집어서 그 어머니의 가방에다가 넣어주었습니다. 그러고 나서 카네기가 어머니 손을 잡고 집으로 돌아가는 길에 어머니가 카네기에게 물었습니다. "너, 그 할아버지가 먹으라고 하셨는데, 왜 안 먹었니? 왜 먹고 싶은 대로 먹으라는데도 안 먹었니?" 카네기가 대답했습니다. "할아버지 손이 제 손보다 크거든요." 아주 의미심장한 이야기입니다.

철학자 괴테는 행복한 삶을 위해서 다섯 가지 원칙을 말합니다. 자기 삶의 규칙입니다. 먼저는 지난 일에 대해서는 연연하지 말자는 것입니다. 왜냐하면, 회복할 길이 없으니까요. 지나간 일은 어디까지나 지나간 것입니다. 또, 작은 일로 말미암아 화를 내지 말자는 것입니다. 한번 화내면 모든 일이 다 망가지기 때문입니다. 그리고 인생은 현재의 연속이라는 것입니다. 그런고로 현재를 즐기는 것이 지혜다, 하고 말합니다. 그런가 하면, 사람을 미워하지 말자는 것입니다. 그러면 세상을 미워하는 것이 되고, 마지막에는 나 자신도 미워하게 되기 때문입니다. 마지막 다섯째는 최선을 다하되 모든 미래는 하나님께 맡기자는 것입니다. 사람의 뜻대로 되는 일이란 거의 없으므로 다 하나님께 맡기라는 것입니다. 이렇게 시인 괴테는 말하고 있습니다.

　피터 드러커는 제가 개인적으로 존경하는 경영학의 대부입니다. 그의 마지막 책이 바로 「The Effective Executive」입니다. 우리나라에는 「자기경영노트」라는 제목으로 번역되어 나왔습니다. 저는 이 피터 드러커가 참 이상적인 인생을 살았던 분이라고 생각합니다. 이 책의 요점은 한 마디로 Time Management, 곧 '시간 관리'입니다. Know thy time, 당신의 시간을 알라, 이것입니다. 다시 말하면, 당신이 처한 시간이 몇 시인가, 하는 것입니다. 이걸 항상 생각해야 한다는 것이지요. 이것을 그는 '시간 경영'이라고 말했습니다. 마치 나한테 있는 돈을 가지고 살아야 하는 것처럼, 내게 주어진 시간을 가지고 지혜롭게 살아야 한다는 것입니다. 이것은 연장 신청을 할 수 없습니다. 이것은 거부할 수 없습니다. 주어진 시간, 그 시간에 대한 경영을 바로 해야 한다는 것입니다.

　그렇습니다. 세상도, 지식도, 경험도, 능력도 다 중요하지만, 시간 앞에서는 다 무릎을 꿇어야 합니다. 그래서 잠언 16장 1절은 말씀합니다. "마음의 경영은 사람에게 있어도 말의 응답은 여호와께로부터 나오느니라." 지혜란 바로 그 시간을 아는 것입니다. 내가 처한 시점을 바로 아는 것, 그것이 바로 지혜입니다. 젊은 사람들이 간혹 실수를 많이 합니다. 그 소중한 시간을 놀면서 허비합니다. 한참 정신이 좋고 건강할 때 조금 더 공부했으면 참 좋겠는데, 그 소중한 시간을 낭비해버리는 걸 보면 그저 마음이 아픕니다. 시간 경영을 잘못하고 있는 것입니다. 아니, 인생 수업을 잘못하고 있는 것입니다.

오늘 본문은 세 가지 경영을 말씀하고 있습니다. 경영자의 자세로 이 세 가지를 생각해야 합니다. 첫째는 능력입니다. 능력에는 한계가 있습니다. 이걸 잊지 말아야 합니다. 능력은 어디까지나 주어진 것입니다. 내가 얻고 싶다고 얻는 것이 아닙니다. 내가 노력한다고 되는 것이 아닙니다. 어차피 능력은 하나님의 손에 달려 있습니다. 그래서 우리에게 주어지는 것입니다. 그 가운데에서도 가장 결정적인 것이 무엇이겠습니까? 어떤 부모로부터 태어났느냐, 하는 것입니다. 어떤 가정환경에서 태어났느냐, 하는 것입니다. 이것이 굉장히 중요합니다. 너무너무 중요한 것이지만, 이는 내가 하는 것이 아닙니다. 주어진 것입니다. 하나님께로부터 주어지는 것입니다. 그리고 꼭 잊지 말 것은, 주어졌기 때문에 이제 결산의 시간이 있습니다. 주어진 만큼 자유로운가 하면, 그 자유에 대한 책임이 있습니다. 하나님께서는 그 책임을 물으십니다. 그 책임의 결과를 내가 숙고하며 살아가는 것입니다.

가장 비근한 예가 마태복음 25장에 나오는 달란트 비유입니다. 주인이 그 종들에게 달란트를 주었습니다. 한 사람에게는 다섯 달란트, 또 한 사람에게는 두 달란트, 마지막 한 사람에게는 한 달란트를 준 것입니다. 그런데 여기에 이렇게 주를 달아볼 수 있습니다. '재능대로.' 그렇습니다. 그 재능이 무엇입니까? 한마디로 관리능력입니다. 어린아이들에게 돈을 줄 수는 없지 않습니까. 어린아이에게는 돈을 관리할 능력이 없으니까요. 또, 생각해보면 어리석은 자에게 건강을 줄 수 없습니다. 그 건강을 통해서 본인도 망하고, 많은 사람에게 폐를 끼치니까요. 건강이 얼마나 소중한 자본입니까. 그러나 이것도 재능대로 바로 쓰는 자에게 주십니다. 잘못 쓰는 자에게서는 건강을 빼앗는 것이 오히려 은총이요 축복입니다. 이걸 잊지 말아야 합니다. 우리는 능력을 잘 경영해야 합니다. 주어진 것이 얼마입니까? 시간도 재능도 건강도 다 있습니다마는, 주어진 것이라는 사실을 잊지 말아야 합니다. 그것도 하나님께로부터 주어진 것입니다. 또, 결산도 해야 합니다. 받은 바에 대한 책임을 져야 합니다. 우리가 달란트 비유에서 보는 바와 같이 한 달란트 받았던 사람은 좀 불평이 많았습니다. "왜 저 사람에게는 다섯 달란트를 주시고, 제게는 하나를 주십니까?" 결국, 불평이 그 인생을 망쳤습니다. 왜요? 한 달란트만큼만 일하면 되거든요. 그런데 이 사람이 한 달란트를 그대로 가지고 나왔다가 주인에게 큰 책망을 듣습니다. 재능대로, 능력대로 주신 것을 받아들이고, 인정하고, 그 안에서 경영해야 했습니다. 최선을 다하고 충성해야 했기 때문입니다.

둘째로 오늘 본문에 있는 것은 '마음 경영', Mind Control입니다. 이 마음이라는 것, 참 소중합니다. 우리는 마음을 잘 다스리고 주관해야 합니다. 칭찬을 받았다고 교만해지지 말고, 굴욕을 당했다고 해서, 욕을 먹었다고 해서 비굴해지지 말아야 합니다. 그런데 조금 칭찬하고, 성공하게 되면 걷잡을 수 없이 교만해집니다. 망하는 길입니다. 그런가 하면, 조금 어려움을 당했다고 그렇게 비굴해질 것 없습니다. 절망할 것 없습니다. 저는 참으로 마음 아프게 생각합니다. 요새 많은 사람이 자살합니다. 그 숫자가 엄청납니다. 그러면 제가 꼭 물어보고 싶습니다. "그렇게 죽어야 할 이유가 있나?" 아, 정말 그 소중한 생명을 그렇게 버리는 걸 보면 너무나 안타깝습니다. 마음을 경영해야 합니다. 잘 다스려야 됩니다.

물질에 대한 욕심, 마음을 잘못 가진 결과입니다. 명예에 대한 끝없는 욕심도 마음을 잘 다스리지 못한 결과입니다. 때로는 성취욕, 뭔가 좀 이루었다고 해서 그냥 자만하고, 교만하고, 하늘 끝까지 올라간 것처럼 착각하는데, 아니올시다. 그런고로 마음을 잘 다스려야 됩니다. 교만하지 않도록 다스려야 합니다. 어느 순간에라도 교만해지면 그 순간 벌써 끝난 것입니다. 겸손을 잃어버리는 순간, 그것이 내 한계입니다. 그러므로 칭찬을 들어도 교만하지 말고, 굴욕을 당해도 비굴해지지 말고, 내 마음을 내가 잘 다스려야 됩니다. 마음을 다스리는 것이 아주 중요합니다.

제 이야기 하나 하겠습니다. 예전에 한창 공부할 때 제가 가끔 천재라는 말을 듣곤 했습니다. 그러나 그때마다 저는 고개를 저었고, 이렇게 무시해버렸습니다. '나는 천재가 아니야. 나는 남들보다 머리 좋은 사람도 아니야.' 도대체 누가 천재라고 한다고 해서 천재가 되는 것입니까? 절대 그런 생각을 해서는 안 됩니다. '나는 보통 사람일 뿐이다. 모든 사람 가운데 가장 낮은 사람일 뿐 아니라, 낮은 사람들 가운데에서도 가장 낮은 사람이다.' 이 페이스를 잊어버리면 안 됩니다. 다시 말해 교만해지지 않도록 마음 경영을 잘해야 한다, 이것입니다. 돈이 많다고 교만해지고, 명예가 있다고 교만해지고, 지위가 높다고 교만해지고, 권세가 있다고 교만해지려고 하는 순간, 그것이 나 자신의 한계라는 사실을 알아야 합니다. 그런고로 항상 겸손과 온유함을 잊지 말 것입니다. 이것이 '마음 경영'입니다.

그런가 하면, 세 번째는 악인에 대한 경영입니다. 살다 보면 좋은 일만 생기는 것이 아닙니다. 역경이 있고, 환난이 있고, 시험이 있기 마련입니다. 그때 자기를 잃어버려서는 안 됩니다. 이 시련은 무엇을 의미합니까? 이 시련이 축복의 또 다른 방향이라는 것입니다. 야고보서에서는 말씀합니다. "여러 가지 시험을 당하거든 온전히 기쁘게 여기라." 굉장한 말씀입니다. 시험을 당하면 절망하는 게 보통인데, 성경은 말씀합니다. "온전히 기쁘게 여기라." 왜 그렇습니까? 이걸 다 겪고 나면 더 높은 단계로 올라갈 테니까요. 높은 지혜의 사람, 높은 경건의 사람이 될 테니까 말입니다. 이 시련을 통해서 주시는 하나님의 축복을 바라보면 절대로 역경을 당할 때 마음이 약해지고 좌절해서는 안 되는 것입니다.

여러분, 가끔 이런 사람 보시지요? 악한 사람의 버릇을 가르치겠다고 들다가 외려 제가 더 나빠지는 사람 말입니다. 이걸 잊지 말아야 합니다. 그래서 성경은 말씀합니다. "선으로 악을 이기라." 악으로 악을 이기려고 하는 순간 내가 또 다른 악한 자가 되기 때문입니다. 우리 앞에는 아마도 악한 자가 많을 수 있습니다. 역경이 많습니다. 때로는 안 되는 일도 많습니다. 그러나 우리 마음의 중심이 흔들려서는 안 됩니다. 자신을 잃어버려서는 안 된다, 이것입니다. 마음 경영을 잘해야 합니다. 합동하여 선을 이루는 것을 알아야 합니다. 그래서 지혜가 있는 사람은 '누구 때문'이라고 말하지 않고, '누구 덕분'이라고 말합니다. 참 좋은 말입니다. '누구 때문에 나는 이렇다'가 아니라, '그분 덕분에 내가 이렇다'라고 하는 것입니다. 몸이 약한 덕분에 내가 절제할 수 있고, 가난한 덕분에 내가 아주 부지런하게 살게 되었고, 공부를 못한 덕분에 일생토록 나는 공부하면서 산다, 이것입니다. 이 얼마나 지혜로운 자의 마음입니까.

오늘본문에 있는 한 구절이 우리에게 깊은 감동을 줍니다. "악인도 악한 날에 적당하게 하셨느니라(4절)." 여러분, 두고두고 생각해봅시다. 여기까지 도달해야 합니다. 악인도 악한 날에 적당하게 지으셨느니라― 이것이 하나님의 뜻입니다. 악한 사람이 저기에 있습니다. 하나님의 뜻입니다. 악한 자의 시험이 있습니다. 이것은 축복의 계기가 됩니다. 악인도 악한 날에 적당하게 하셨느니라― 하나님의 큰 섭리 가운데 이 모든 일이 합동하여 축복을 이루고 있다는 말입니다. 그런고로 악인으로 말미암아 나 역시도 악해져서는 안 되는 것입니다. 약해져서도 안 됩니다. 구약성경을 보면 모세가 바로 이 때문에 하나님께 큰 책망을 받지 않습니까. 이스라엘이 악했습니다. 악해서 원망했고, 악해서 모세를 죽이겠다고 했고, 원성이 하늘에 찼습니다. 모세가 그만 자기 페이스를 잃어버렸습니다. 그래 화가 머리끝까지 나서 반석을 치며 소리를 지릅니다. "이 패역한 놈들아." 패역이란 무엇입니까? 한마디로 망할 자들이라는 말입니다. 아주 절망해버렸거든요. 악한 자의 악함으로 말미암아 그만 자신도 악해지고 만 것입니다. 모세가 이 일 때문에 가나안 땅에 들어가지 못했습니다. 이걸 잊지 말아야 합니다. 세상이 아무리 악하고, 주위 환경이 어떠하더라도 그로 말미암아 내 믿음이 흔들려서는 안 됩니다. 이 모든 일이 합동하여 큰 선을 이루는 하나님의 경륜을 믿어야 합니다. 악한 사람을 다스리고, 경영하는 데에 실패해서는 안 되는 것입니다.

그렇다면 최고의 경영은 어디에 있습니까? 오늘본문 7절은 말씀합니다. "사람의 행위가 여호와를 기쁘시게 하면 그 사람의 원수라도 그와 더불어 화목하게 하시느니라." 하나님을 기쁘시게 해드리는 것입니다. 경영의 최고 목적은 하나님의 영광이요, 하나님을 기쁘시게 해드리는 것입니다. 어찌하든지 하나님을 기쁘시게 해드리고, 거기에 초점을 맞추고 살면 그가 인생 경영의 성공자가 되는 것입니다. 우리가 잘 아는 다윗은 비록 의인이 아니었고, 여러 가지로 부족한 사람이었습니다마는, 그는 분명 하나님께 초점을 맞추고, 겸손하고, 끝까지 믿음을 잘 지켜갔습니다. 그래서 그렇게 허물이 많은 사람이었는데도 큰 축복의 사람이 된 것입니다.

　여러분, 새해를 맞아서 우리의 경영은 어떻습니까? 우리가 가진 재산과 능력의 경영에 실패가 없어야 하겠습니다. 우리의 마음가짐, 마음 경영에 패자가 되어서는 안 될 것입니다. 뿐만이 아니라, 우리 주변에 있는 악인들을 어떻게 대할 것입니까? 이로 말미암아 내가 패자가 되어서는 안 되고, 선으로 악을 이기고, 다 함께 하나님의 영광을 찬양할 수 있는 수준에 도달해야 할 것입니다. 사람이 마음으로 자기의 길을 경영할지라도 그 걸음을 인도하시는 이는 여호와시니라― 하나님 앞에 바른 경영자가 되어야 할 것입니다.　△

나의 잃은 양을 찾았노라

모든 세리와 죄인들이 말씀을 들으러 가까이 나아
오니 바리새인과 서기관들이 수군거려 이르되 이 사
람이 죄인을 영접하고 음식을 같이 먹는다 하더라 예
수께서 그들에게 이 비유로 이르시되 너희 중에 어떤
사람이 양 백 마리가 있는데 그 중의 하나를 잃으면
아흔아홉 마리를 들에 두고 그 잃은 것을 찾아내기까
지 찾아다니지 아니하겠느냐 또 찾아낸즉 즐거워 어
깨에 메고 집에 와서 그 벗과 이웃을 불러 모으고 말
하되 나와 함께 즐기자 나의 잃은 양을 찾아내었노라
하리라 내가 너희에게 이르노니 이와 같이 죄인 한
사람이 회개하면 하늘에서는 회개할 것 없는 의인 아
흔아홉으로 말미암아 기뻐하는 것보다 더하리라
(누가복음 15 : 1 - 7)

나의 잃은 양을 찾았노라

　제2차 세계대전이 종반으로 치달을 무렵, 여러분이 잘 아시는 대로, 독일의 히틀러가 유대인 6백만 명을 죽였습니다. 상상할 수가 없습니다. 왜냐하면, 우리도 6·25전쟁을 치렀지만, 그때 3백만 명이 죽었다고 하지 않습니까. 그런데 유대인의 경우는 전쟁의 결과로 죽은 것도 아닙니다. 사람을 그냥 강제로 끌어다가 가스실에 처넣어 죽인 것입니다. 그렇게 유대인 6백만 명을 죽인 엄청난 사건이었습니다. 그 시기에 보란 듯이 담대하게 설교했던 한 젊은 신학자가 있었으니, 바로 본회퍼 목사입니다. 그는 설교에서 이렇게 말했습니다. "어느 미친 운전사가 술이 만취된 상태에서 버스를 운전하고 있습니다. 많은 사람을 치어죽였습니다. 그리고 여전히 좌충우돌하고 있습니다. 만일 지금 당신이 그 현장에 있다면, 그리고 당신이 그리스도인이라면 고작 부상당한 자를 치료하고, 죽은 자를 위해 장례식을 치르는 일만 해서야 어디 되겠습니까? 운전사를 강제로 운전대에서 끌어내려야 하지 않겠습니까!" 말이 되는 얘기입니다. 그는 이렇듯 담대하게 설교하고 외치며 히틀러에게 맞서다가 결국 투옥되어 마지막에는 처형당했습니다. 이 본회퍼 목사가 죽기 직전에 하나님 앞에 기도하면서 환상을 보았다고 하는 일화가 있습니다. 저는 그 기록을 보면서 정말 많은 은혜를 받고, 깊은 감동을 받았습니다. 그 환상의 내용은 이렇습니다. 히틀러가 바야흐로 붙잡혀서 하나님의 심판대 앞에 서 있습니다. 재판장은 당연히 하나님이시지요. 그 하나님께서 히틀러에게 말씀하십니다. "너는 그동안 수많은 사람을 괴롭혀서 무고한 피를 많이 흘리게 했으니, 마땅히 지옥으로 가라." 그 순간 히틀러가 부르짖습니다. "하나님, 저는 사람이 죽어서 지옥으로 간다는 이야기를 한 번도 들어본 일이 없습니다. 아니, 지옥이라는 말 자체를 한 번도 들어본 적이 없습니다. 그래서 저는 지옥이 무엇인지 전혀 알지 못합니다. 만약 알았다면 죄를 짓지 않았을 것입니다. 누구 하나 제게 지옥을 알려준 사람이 없습니다. 누구 하나 제게 천당과 지옥이 있다는 복음을 전해준 이가 없었습니다." 그 순간 본회퍼는 가슴을 치며 회개했다고 합니다. "주님, 저는 그 영혼을 위해 불쌍히 여겨달라고 하나님 앞에 기도한 바가 없습니다. 히틀러에게 전도할 생각은 더더욱 없었습니다. 그가 죽기만을 바랐습니다." 이렇게 본회퍼가 하나님 앞에 회개하며 기도했다는 기록입니다.

엄청난 이야기 아닙니까. 오늘본문은 잃은 양을 찾은 선한 목자의 이야기입니다. 이 목자 상은 참으로 아름다운 한 폭의 그림 같습니다마는, 그 뜻은 무궁무진합니다. 여러분 아시는 대로, 양에게는 행복의 세 가지 조건이 있습니다. 하나는 푸른 초장입니다. 넉넉한 초장이 있어서 아무 때나 풀을 뜯어 먹을 수 있으면 좋습니다. 둘째는 목마를 때 물을 마실 수 있는 잔잔한 시내입니다. 그 시내가 있어서 맑은 물을 마실 수 있으면 좋습니다. 셋째는 선한 목자입니다. 선한 목자가 있어야 합니다. 그러나 알고 보면 다는 없어도 좋습니다. 선한 목자만 있으면 양은 행복합니다. 선한 목자가 있는 양은 복된 양이라고 할 수 있습니다. 오늘본문은 너무나 아름다운 이야기입니다. 양 백 마리가 있었습니다. 지금 아흔아홉 마리는 다 무사합니다. 그런데 한 마리 양이 길을 잃었습니다. 어디로 갔는지 보이지 않습니다. 참고로, 양은 참 착합니다. 목자를 잘 따라다닙니다. 저는 예전에 중동이나 호주를 갔을 때 목자와 양의 관계를 눈여겨본 적이 있습니다. 한 3백 마리쯤 되는 양들이 목을 맨 것도 아니고, 코를 꿴 것도 아닌데, 목자가 그 가운데 한 마리 양을 딱딱 두드리며 "따라와!" 하면 그 양이 목자를 따라가고, 그 양 한 마리의 뒤를 나머지 3백 마리가 줄줄 다 따라가는 것입니다. 정말 한 줄로 죽 따라갑니다. 그렇게 양은 착합니다. 목자에게 전적으로 의뢰하고, 목자를 충실하게 뒤따라갑니다. 다윗이 고백한 대로, 사망의 음침한 골짜기로 다닐지라도 목자를 믿고 따라가는 것입니다. 그것이 양의 속성입니다.

그런데 어찌 된 일인지, 양 한 마리가 지금 길을 잃었습니다. 백 마리 가운데 딱 한 마리가 사라지고 없는 것입니다. 사업의 개념으로 생각하면 100 대 1입니다. 양 한 마리 정도는 있어도 그만, 없어도 그만입니다. 숫자상으로는 중요한 게 아닙니다. 그러나 목자에게는 큰 문제입니다. 바로 양이라는 데에 문제가 있는 것입니다. 잃어버린 양 한 마리, 이것이 목자에게는 절대적으로 중요합니다. 목자는 그 양을 사랑했습니다. 그래서 중요한 것입니다. 이제 생각합니다. '그 양이 지금 얼마나 고통스러울까? 넝쿨에 걸렸나? 벼랑에서 떨어졌나? 맹수에게 찢겼나?' 이런 불길한 생각을 하지 않을 수 없습니다. 잠도 잘 수가 없습니다. 잃어버린 한 마리 양을 되찾기까지 목자는 절대로 평안할 수 없습니다. 마음이 아픕니다. 자기 몸이 찢기는 것 같은 아픔을 느낍니다. 급기야 그는 길을 나섭니다. 위험한 길입니다. 만일 맹수에게 찢겼다면 맹수가 거기 있을 것입니다. 위험한 벼랑에서 양이 위험에 처해 있다면 목자도 위험합니다. 그러나 목자는 그 모든 위험을 무릅씁니다. 왜요? 손해의 문제가 아니고,

258

생명의 문제이기 때문입니다. 생명이 걸린 문제입니다. 생명을 사랑하는 목자의 마음의 문제입니다. 그래서 그는 양을 찾아 나서는 것입니다.

오늘 본문에는 눈여겨보아야 할 귀중한 진리가 하나 숨어 있습니다. 현시점에서 목자는 양에게 책임을 묻지 않는다는 것입니다. 율법적인 심판을 하지 않는 것입니다. "너, 어찌하여 대열에서 빠졌느냐? 더 좋은 먹잇감을 찾아서 두리번거리다가 대열에서 낙오되었느냐? 너, 왜 길을 잃었느냐? 네 잘못이니 네가 책임져라. 네 운명은 네가 책임져라." 목자는 양한테 이렇게 말할 수 있는 것입니다. "네가 스스로 양들의 대열에서 떠났으므로 네 운명은 네가 책임을 져라." 그러나 문제는 현시점에서 이 양이 스스로 자기를 구원할 수 없다는 것입니다. 스스로 일어날 수 있는 여력이 없습니다. 그런고로 목자는 그 양의 과거를 묻지 않습니다. 그 양이 저지른 현재의 잘못을 묻지 않습니다. 아무 책망도 하지 않습니다. 다만, 내가 이 양을 찾겠노라, 하고 목자 스스로 책임을 집니다. 목자는 아마 이렇게 생각할지도 모릅니다. '내가 혹 실수를 해서, 내가 혹 좀 등한시해서 이 양을 잃어버렸는지도 모른다.' 중요한 것입니다. 사랑하는 자는 자기가 사랑하는 상대의 율법적 책임을 묻지 않습니다.

심리 상담가인 웰스가 쓴 「사랑할 준비가 되었나요?」라는 책이 있습니다. 이 책에서 그는 사랑의 속성에 대하여 이렇게 말합니다. '사랑은 지속적이어야 한다. 어느 때는 사랑하고, 어느 때는 사랑하지 않거나, 또 이런 모습은 사랑하고, 저런 모습은 사랑하지 않거나 한다면 그것은 사랑이 아니다.' 또 말합니다. '사랑은 고통과 환희, 이 모두를 함께한다.' 사랑은 고통과 환희를 함께 나누고 공감하는 것이라는 말입니다. 또 말합니다. '사랑은 시간을 함께하는 것이다.' 그리고 또 말합니다. '사랑은 먼저 자신을 사랑하는 마음에서 이웃 사랑으로 나아간다.' 더 나아가 이런 말도 합니다. '사랑은 비난을 중단하는 것이다. 왜 그랬느냐? 왜 그 정도밖에 안 되느냐? 왜 네 과거는 그러하냐? 왜 현재는 그러하냐? 사랑에는 이런 비난이 있을 수 없다.' 그리고 마지막으로 이렇게 말합니다. '사랑은 요청하는 것이다.' 오늘도 "나는 네가 필요하다(I need you). 네가 있어야 내가 행복하고, 네가 행복해야 내가 행복하다. 너 없이 나는 행복할 수 없다!" 하는 것이 사랑이라는 말입니다.

오늘본문은 이렇게 말씀합니다. "찾아내기까지 찾아다니지 아니하겠느냐(4절)." 목자는 양을 되찾기 전에는 잠도 못 잡니다. 찾기 전에는 편안할 수 없습니다. 어떤 여건이라도 꼭 찾아야 합니다. 찾도록 찾지 않겠느냐— 그다음 말씀이 너무나 아름답습니다. 목자가 마침내 양을 되찾아 어깨에 메고 돌아오면서 얼마나 기뻐합니까. 그래 온 동네 사람들을 다 불러 모읍니다. "잃었던 양을 내가 찾았노라. 잔치하자." 그리고 큰 잔치를 베풀고 기뻐했다는 것입니다. 저는 여기서 이런 생각도 듭니다. 잔치를 벌였다면 지금 무엇을 먹겠습니까? 양이지요. 양을 잡아먹었을 것 같습니다. 그렇지 않습니까. 하지만 여러분, 이는 그런 식으로 계산할 문제가 아닙니다. 목자는 너무나 기뻐서 잔치를 배설하고, 온 동네 사람들을 불러 모읍니다. 그리고 잃었던 양을 찾은 기쁨으로 온 동네 사람들을 향해 외칩니다. "함께 기뻐합시다. 나와 함께 기뻐합시다." 역시 기쁨은 혼자의 것이 아닙니다. 함께해야 기쁜 것입니다.

제가 소망교회에서 목회할 때 이런 간증을 들었습니다. 어느 집사님에게 아주 절친한 친구가 있었는데, 미국 샌프란시스코에 이민을 가서 살고 있었습니다. 거기서 사업은 잘하고 있는데, 예수를 믿지 않는 것입니다. 그래서 안 되겠다 싶어서 소망교회에서 나오는 설교 테이프를 주일마다 보내주었다는 것입니다. 월요일마다 테이프를 사서 미국으로 우송한 것입니다. 무려 10년 동안을 그렇게 했습니다. 그런데도 친구는 예수 믿을 생각이 없습니다. 그러나 사랑하는 친구가 정성으로 보내준 것이니까 버릴 수는 없어서 자기 책상 위에 수북이 쌓아놓았다는 것입니다. 무려 10년 동안을 그렇게 쌓아놓은 것입니다. 1년에 50개면, 합이 500개입니다. 그게 책상 하나 가득 쌓였습니다. 하지만 정작 들어보지는 않았습니다. 그렇지만 그 테이프들을 볼 때마다 친구 얼굴이 떠오릅니다. '친구가 간절한 마음으로 자기더러 예수 믿으라고 보내준 것인데……' 하는 생각은 하면서도 실제로 듣지는 않았던 것입니다. 그러던 어느 날 갑자기 몸이 좋지 않아서 병원에 가 진단을 받아보니 급성 간암이라는 것이었습니다. 그는 철렁했습니다. 만사가 다 허무한 것 같았습니다. 바로 그 순간에 그 테이프를 들어보기 시작했습니다. '내 사랑하는 친구가 나를 위해서 보내준 테이프인데……' 하면서 하나하나 밤을 새워가며 들었습니다. 그렇게 테이프를 듣다가 마침내 회개하고 예수를 믿게 되었다, 이것입니다. 나중에 그가 일부러 서울에 와서 저를 만났습니다. "제 친구가 설교 테이프를 10년 동안 보내주면서 저를 위해 기도해준 결과로 제가 오늘 이 자리에 왔습니다." 그의 고백입니다. 너무나 반갑고 귀한 손님이었습니다.

여러분, 한 심령을 구원한다는 것, 너무 쉽게 생각하지 마십시오. 지나가다가 예수 믿으라고 한마디 한다고 그냥 되던가요? 물론 그럴 수도 있겠지요. 하지만, 내가 사랑하는 사람, 그 한 사람을 구원하기 위해서 얼마나 많은 기도를 하고, 얼마나 많은 투자를 하고, 얼마나 많은 희생을 해야 하는데요? 이 목자처럼 말입니다. 하지만 그렇게 수고를 하고 나면 그다음에는 기쁨이 큰 것입니다. 양이 얼마짜리냐, 하는 돈의 가치가 문제가 아닙니다. 그 양을 위해서 투자한 사랑과 희생의 가치가 중요한 것입니다. 그 양을 위해서 내가 이만큼 수고했으므로 그 양은 그만큼 소중한 것입니다. 그 양의 가치는 돈으로 바꿀 수 없는 것입니다. 여러분, 내가 한 심령을 위해 기도하고, 애쓰고, 정성을 들여서 마침내 그 사람이 하나님께 돌아올 때 얼마나 충만한 기쁨이 있는지 모릅니다.

또한, 여기에는 이보다 더 중요한 신학적 문제가 있습니다. 이 목자의 큰 사랑을 알아야 합니다마는, 더 중요한 것은 이 사랑을 받은 나 자신도 생각해야 한다는 것입니다. 내가 버림받았고, 멀리 갔던 양이요, 상처 입었던 양이요, 구제불능 가운데 있었던 양이었습니다. 그런데 목자의 희생으로, 주변 사람들의 기도로, 그리고 많은 사람의 수고로 오늘 내가 구원받았다는 것, 이것이 참으로 소중합니다. 잃었다가 되찾은 바 된 나 자신! 그러므로 나를 소중히 여겨야 합니다. 나 하나의 구원을 위해서 수고한 사람들이 많습니다. 나 하나의 구원을 위해서 기도한 사람들이 많습니다. 많은 사람의 희생과 수고가 있었고, 마침내 오늘의 내가 있는 것입니다. 그래서 나는 소중합니다.

저는 개인적으로 늘 간증합니다. 제 어머니가 저를 위해서 평생을 기도하셨습니다. 확실하지는 않습니다마는, 94세까지 사셨다고 합니다. 북한에서 호적을 떼어보니 사망신고가 94세에 돌아가신 것으로 되어 있었습니다. 그 어려운 가운데서도 말씀입니다. 제가 그 날 하나님 앞에 이렇게 기도했습니다. "하나님, 감사합니다. 어머니께서 이 열악한 북한 땅에서 무엇 하러 94세까지 사셨습니까?" 이렇게 제가 울부짖었습니다. 그때 제 귀에 쟁쟁하게 들려오는 소리가 있었습니다. "이놈아, 내가 너를 위해 기도하느라고 오래 살았다!" 여러분, 어머니의 그 기도가 있어서 오늘의 제가 있다는 말씀입니다. 그런고로 나는 소중합니다. 참으로 소중합니다. 그런고로 나를 사랑할 줄 알아야 합니다. 이것이 은혜에 대한 보답입니다.

여러분, 나의 나 됨이 거저 된 것입니까? 가만히 생각해보십시오. 하나님의 은혜와 많은 사람의 수고와 희생으로 오늘의 내가 있는 것 아닙니까. 그런고로 나는 소중합니다. 찾은 바 된 어린 양, 이 양은 스스로 자기를 소중히 여겨야 할 것입니다. 이것이 선한 목자에 대한 보답일 것입니다. 그때 온 동네와 함께, 온 이웃과 함께 즐기는 기쁨이 있는 것입니다.　△

박해하는 자를 축복하라

너희를 박해하는 자를 축복하라 축복하고 저주하
지 말라 즐거워하는 자들과 함께 즐거워하고 우는 자
들과 함께 울라 서로 마음을 같이하며 높은 데 마음
을 두지 말고 도리어 낮은 데 처하며 스스로 지혜 있
는 체 하지 말라 아무에게도 악을 악으로 갚지 말고
모든 사람 앞에서 선한 일을 도모하라 할 수 있거든
너희로서는 모든 사람과 더불어 화목하라 내 사랑하
는 자들아 너희가 친히 원수를 갚지 말고 하나님의
진노하심에 맡기라 기록되었으되 원수 갚는 것이 내
게 있으니 내가 갚으리라고 주께서 말씀하시니라 네
원수가 주리거든 먹이고 목마르거든 마시게 하라 그
리함으로 네가 숯불을 그 머리에 쌓아 놓으리라 악에
게 지지 말고 선으로 악을 이기라

(로마서 12 : 14 - 21)

박해하는 자를 축복하라

이런 실화가 있습니다. 믿지 못할 일이지만 사실입니다. 어떤 가정에 한 착한 며느리가 있었습니다. 말이 없고 내성적인 사람입니다. 그런데 시어머니는 별로 좋지 않은 분이었습니다. 그래서 며느리를 여러모로 학대하고 괴롭혔습니다. 이 고통을 며느리는 참을 길이 없었습니다. 그러다가 이상하게도 며느리가 병에 걸렸습니다. 그래서 오른팔을 쓸 수 없게 되었습니다. 음식을 만들 수도, 설거지할 수도 없었습니다. 특별히 오른팔을 어깨 위로 올릴 수가 없게 되어버렸습니다. 완전히 마비된 것입니다. 그래 병원에 가서 종합 진찰을 하고 여러모로 검사해보았지만, 특별히 이상하거나 잘못된 데는 발견되지 않았습니다. 그러나 여전히 이 며느리는 팔이 아파서 부엌일도 할 수 없었습니다. 마침내 정신과 의사에게까지 찾아가 진단을 받습니다. 그 정신과 의사가 많은 시간 면밀하게 검사를 하고 나서 하는 말입니다. "당신은 시어머니를 미워하고 계시군요. 시어머니를 용서하십시오. 그러지 않고는 당신의 병은 나을 수가 없습니다." 사실, 이 며느리는 시어머니를 자기 손으로 때려주고 싶었거든요. 바로 그 손이 마비되어버리고 만 것입니다. 바로 그 반항심, 그 깊은 말 못 할 사정만 없애면 병이 나을 수 있다는 진단이었습니다. 그 말을 듣고 정말로 이 며느리가 시어머니 앞에 가서 자복하고, 회개하고, 화해한 다음에야 비로소 팔이 온전해지는 경험을 했다는 이야기입니다.

우리는 흔히 미워하는 것은 죄가 아니라고 생각하기 쉽습니다.

'뭐, 그 정도야. 마음뿐이지, 내가 남에게 직접 해를 끼친 것도 없는데?' 이렇게 생각하는 것입니다. 아닙니다. 미움에 대한 철학적 변명이 있다는 것을 여러분은 아십니까? 남을 미워하면서도 나라와 진리와 정의를 위해 산다고 생각하는 것입니다. '내가 미워하는 것은 나라를 위해서, 사회 정의를 위해서 타당한 것'이라고 변명하고 정당화하는 것입니다. 또 때로는 '살아남기 위해서 나는 반항할 수밖에 없다. 그래서 나는 미워하는 것이다' 하고 정당화하기도 합니다. 때로는 '이 길밖에 없으므로 미워하는 것은 불가피하다' 하면서 운명이라 생각합니다. 그리고 마지막으로 미워하는 것이 점점 이어지면서 싸움을 즐기고, 욕하는 것을 즐깁니다. 심지어 미워하는 것을 스트레스 해소를 위한 최선의 방법이라고까지 여깁니다. 참으로 잘못된 생각입니다.

오늘 본문에는 엄청난 말씀이 있습니다. 읽어도 읽어도 하늘같이 높은 말씀입니다. "박해하는 자를 축복하라……(14절)" 예수님의 수제자 베드로도 베드로전서 3장 9절에서 똑같이 말합니다. "악을 악으로, 욕을 욕으로 갚지 말고 도리어 복을 빌라……" 박해하는 자를 위하여 기도하고 축복하라— 참으라는 말까지는 인간적입니다. 혹은 용서하라는 말도 도덕적인 차원에서 할 수 있습니다. 하지만 축복하라는 것은 성경만 말씀하는 것입니다. 축복하라— 이것은 성경 말고는 어디에도 없는 윤리입니다. 쉽게 말해봅시다. 축복하라는 말이 무엇입니까? '원수가 망하기를 바라지 마라. 내 원수가 넘어지는 것을 좋아하고 즐기지 마라.' 이 정도가 아닙니다. 이보다 더 적극적인 것입니다. 내 원수가 잘 되기를 바라라는 것입니다. 내 원수가 잘 되기를 바라라— 이 엄청난 윤리, 이 엄청난 진리를 생각해보시기 바랍니다.

　나를 박해하는 자를 미워하지 말라, 저주하지 말라, 아니, 축복하라…… 그럼 미워하면 어떻게 되겠습니까? 악한 자를 계속 미워하다 보면 나중에는 나 스스로도 모르는 사이에 악한 자가 되어버립니다. 그런 일 많습니다. 사회를 바로잡아 정의롭게 만든다고 하면서 애를 쓰다가 모르는 사이에 자기가 더 큰 악을 행하고 있습니다. 악을 척결한다고 하면서 또 다른 악을 범하고 있습니다. 이걸 잊지 말아야 합니다. 같은 악인이 되어버리는 것입니다. 오히려 더 악한 사람이 되어버리고 마는 것입니다. 악한 행위에 말려들다 보면 어느 사이에 내가 미워하는 그 사람보다 내가 더 나쁜 사람이 되어버리는 것입니다. 이걸 잊어서는 안 됩니다. 그런고로 오늘본문은 말씀합니다. "악에게 지지 말고 선으로 악을 이기라(21절)." 악에게 지지 말라─ 무슨 말씀입니까? 낙심하면 지는 거다, 울면 지는 거다, 절망하면 지는 거다, 미워하면 지는 거다, 이것입니다. 악에게 지지 마라─ 깊이 생각해보시기 바랍니다.

　남을 미워하게 되면 먼저 과거로부터 벗어나지 못하게 됩니다. 미워하는 이유는 다 과거에 있으니까 그 과거에 있었던 일과 악한 추억에서 벗어나지를 못하는 것입니다. 그러므로 과거로부터 자유롭기 위해서는 미움에서 벗어나야 되는 것입니다. 또한, 미워하게 되면 현재 가지고 있는 소중한 것들을 잃어버리게 됩니다. 내가 가진 능력이나 소중한 창조적 지혜가 다 소실되고 마는 것입니다. 그야말로 아무것도 못 하게 되는 것이지요. 건강도 잃어버리게 되고, 지혜도 잃어버리게 되고, 재산도 잃어버리게 됩니다. 악한 사람을 미워하고, 원수를 미워하다 보니 내가 가진 소중한 은사를 다 공중

분해시키게 되는 것입니다. 아무 일도 못 하는 무능한 존재가 되고 마는 것입니다.

그런가 하면, 내가 이 증오에 사로잡혀 있는 동안에는 미래가 보이지 않습니다. 하늘나라도 보이지 않습니다. 단적으로 말씀드립니다. 기도가 막히는 것입니다. 이제 어떻게 하면 좋겠습니까? 그런고로 오늘본문 1절은 말씀합니다. "박해하는 자를 축복하라." 축복하라— 여기에는 중요한 신앙적 고백이 있습니다. 모두 하나님께 맡긴다는 고백입니다. 하나님께서 하실 일은 하나님께서 하시고, 내가 할 일은 내가 하는 것입니다. 하나님께서 하실 일은 내가 할 필요가 없습니다. 누구를 저주하든 축복하든, 그것은 하나님께서 알아서 하실 일입니다. 내가 할 일은 용서하고 축복하는 것입니다. 이것이 내가 할 도리다, 그런 말입니다. 하나님의 큰 섭리를 믿는 사람은 축복합니다. 축복할 수밖에 없습니다.

창세기 5장 20절에 여러분이 잘 아시는 너무나 유명한 이야기가 있습니다. 도저히 용서할 수 없는 사람을 용서한 사람의 이야기입니다. 바로 요셉입니다. 그가 17살이었을 때 그의 형님들이 그를 강제로 애굽 사람한테 노예로 팔아버리지 않았습니까. 그래 그는 이제부터 일평생 노예로 살다가 죽어야 하는 신세가 된 것입니다. 하지만 하나님의 은혜로 그는 애굽의 총리대신이 됩니다. 그리고 이제 그 형님들이 이 요셉의 앞에 나아와 무릎을 꿇습니다. 그들이 수군거립니다. "아, 우리는 다 죽었다. 그때 그렇게 애걸복걸하던 저를 우리가 억지로 팔아넘겼는데, 이제 우리가 무슨 수로 살아남을 수 있겠느냐. 이제 우리는 다 죽었다." 이렇게 그 형님들이 벌벌 떨고 있는 것입니다. 더구나 아버지 야곱이 살아 계실 동안에는 요셉이 아버지를 봐서 참았다고 하지만, 이제는 그 아버지마저 돌아가시고 안 계십니다. 아버지의 장례를 마치고 나서 그들이 생각합니다. '이제는 꼼짝없이 죽었다. 바야흐로 죽을 시간이다.' 그래서 벌벌 떨며 그들은 이런 소리까지 합니다. "아버지께서 살아계실 때 말씀하시기를, 저희를 용서하라, 하셨습니다." 그만큼 두려워하고 있는 것입니다. 그 순간 요셉의 뇌리에 옛날 생각이 스쳐 지나갑니다. 그래 울음을 참지 못하고 이렇게 말합니다. "당신들은 나를 해하려 하였으나, 하나님께서는 그걸 선으로 바꾸사 오늘과 같이 만민의 생명을 구원하셨습니다. 하나님께서 악을 선으로 바꾸사 오늘과 같은 영광을 누리게 하신 것입니다. 그런데 어찌 내가 하나님을 대신하리이까. 나는 절대로 미워하지 않을 것입니다. 당신들의 자녀를 내가 기를 것입니다." 이것이 요셉의 말입니다. 하나님의 섭리를 믿는 사람, 악을 선으로 바꾸는 귀중한 진리를 터득한 하나님의 사람의 말입니다. 오히려 그들에게 감사하지 않습니까. 이것이 성경적 진리입니다.

야고보서 1장 2절은 말씀합니다. "너희가 여러 가지 시험을 당하거든 온전히 기쁘게 여기라." 시련이 있습니다. 시험이 있습니다. 억울함이 있습니다. 하지만 그 모든 것을 넘고 나면 저 너머에는 형통함의 날이 있을 것을 믿음으로 바라보며 온전히 기쁘게 여기라, 이것입니다. 굉장한 말씀 아닙니까. '여러 가지 억울한 일을 당할 때 기쁘게 여기라. 박해를 당할 때 기쁘게 여기라. 순교를 당할 때 기쁘게 여기라.' 이것이 진리입니다. 그런고로 박해하는 자를 축복합니다. 저주하지 않습니다. 낙심하지 않습니다. 원수가 주리거든 먹이고, 목마를 때 마시게 합니다. 내가 할 일은 끝까지 다하는 것입니다. 원수를 사랑합니다. 원수를 축복합니다. 그리고야 내가 자유인이 될 수 있습니다. 그래야 내가 은혜의 사람이 되는 것입니다. 내게 있는 은혜가 참으로 은혜가 됩니다.

여러분도 잘 아시다시피, 예수님께서 십자가에 돌아가실 때 일곱 마디의 말씀을 하십니다. 그 가운데 첫째 말씀이 무엇입니까? "하나님이시여, 저들의 죄를 사하소서. 저들이 하는 것을 모르기 때문입니다." 유명한 말씀 아닙니까. 어떤 젊은 신학자는 이렇게 고백합니다. '그 한 마디로 말미암아 내가 그리스도인이 되었다. 아니, 그 한 마디가 없었다면 예수는 그리스도가 아니다.' 참 중요한 고백 아닙니까. 저는 이 글을 읽으면서 큰 충격을 받았습니다. 그렇습니다. 예수님께서는 십자가에 돌아가시면서도 자기를 죽이는 자들을 위하여 기도하십니다. 그가 그리스도요, 우리가 믿는 예수님입니다.

스데반은 억울하게 죽었습니다. 그는 초대교회의 열두 사도들 가운데 한 사람도 아닙니다. 일곱 집사 가운데 하나입니다. 그리고 헬라파 유대인입니다. 그런데도 바로 그 헬라파 유대인들이 그를 너무나 미워하여 급기야 돌로 쳐 죽이기에 이릅니다. 그래서 스데반은 죽습니다. 그러나 저는 늘 생각합니다. 그는 천사의 얼굴과 같았습니다. 왜 그렇습니까? 왜 천사의 얼굴이 될 수 있었습니까? 물론 그는 주님을 바라보았고, 주님께서 하나님 우편에 앉아계신 것을 보았습니다. 하늘이 열리는 것을 본 것입니다. 하지만 더 중요한 것은 그의 기도에 있습니다. "하나님이여, 이 허물을 저들에게 돌리지 마옵소서." 이렇게 그는 자기를 향하여 돌을 던지는 원수를 위해서 기도합니다. 나아가 축복합니다. 그러므로 스데반은 순교자입니다. 그의 순교는 아름답고 귀한 역사를 이루었습니다. 마침내 사도 바울을 바울 되게 하는 기적을 낳습니다.

신학자 샤르뎅은 이렇게 말합니다. '나는 늘 예수님의 십자가를 바라볼 때마다 성결(Purity)을 묵상한다. 내 마음에 어둠이 없는지, 내 마음에 잘못된 흑점이 없는지를 살피는 것이다. 이렇게 나는 십자가를 대할 때 깨끗한 마음을 구한다. 다음으로 나는 사랑(Charity)을 묵상한다. 나는 얼마나 사랑하고 있나? 주님께서 나를 사랑하신 것처럼 나는 사랑을 하고 있나? 주님께서 나를 사랑하신 것처럼 나는 이웃을 사랑하고 있는가? 그리고 나는 십자가 앞에서 나 자신을 부정(Self Denial)한다. 나는 아무것도 아니다. 나는 내 모든 것을 다 부정하고, 깨끗하게 헌신하기를 다짐한다.' 유명한 말입니다.

그런데 여러분, 이보다 더 중요한 문제가 하나 있습니다. 우리는 남을 비판하기도 하고, 심판하기도 합니다마는, 돌이켜 생각하면, 내가 바로 용서받아야 할 죄인이라는 걸 잊지 말아야 합니다. 내가 누구를 용서하고 말고가 아닙니다. 나 자신이 용서받아야 할 존재라는 것이지요. 예수님께서 하신 비유의 말씀을 우리는 잘 알고 있습니다. 만 달란트 빚진 사람이 있었는데, 갚을 길이 없는 그 빚을 주인이 전부 탕감해주었습니다. 이렇게 빚 탕감을 받은 사람이 자기에게 겨우 백 데나리온 빚진 사람을 향해서 어서 빚을 갚으라고 강요합니다. 뜻대로 안 되자 가차 없이 상대를 감옥에 처넣었습니다. 그에게 만 달란트를 탕감해준 주인이 이 소식을 전해 듣고 그를 불러 이릅니다. "내가 너의 그 큰 빚을 탕감해주었는데, 너는 그 작은 빚도 탕감해줄 수 없더냐?" 만 달란트는 백 데나리온의 오십만 배나 되는 큰돈입니다. 그렇게나 많은 빚을 탕감받은 사람이 겨우 백 데나리온을 탕감해주지 않은 것입니다. 이건 아니지요? 우리는 용서받은 사람입니다. 앞으로도 용서받아야 합니다. 용서받아야 할 사람이 이제 누구를 심판하겠습니까.

한평생 나를 괴롭힌 사람이 있습니까? 어딘가 모르게 어두운 그림자로 남아 있습니까? 참았습니다. 억눌렀습니다. 하지만 이것으로는 모자랍니다. 용서했습니까? 아직도 부족합니다. 축복했습니까? 그렇습니다. 그리고야 비로소 자유인이 될 수 있습니다. 히브리서 12장에 이런 말씀이 있습니다. "모든 사람과 더불어 화평함과 거룩함을 따르라 이것이 없이는 아무도 주를 보지 못하리라(14절)." 원수를 축복할 때 하늘의 문이 열립니다. 이걸 잊지 말아야 합니다.

야곱이 형님을 만납니다. 원수로 20년을 지냈습니다. 이제 그 형님을 화평한 가운데 만나게 됩니다. 그리고 유명한 얘기를 합니다. "형님, 제가 형님의 얼굴을 보니 하나님의 얼굴을 보는 것 같습니다." 진정으로 원수를 사랑하고, 원수를 축복하고, 그리고야 하늘이 열리고, 그 복을 누리게 되는 것입니다. △

영생의 말씀이 계신 곳

그 때부터 그의 제자 중에서 많은 사람이 떠나가고 다시 그와 함께 다니지 아니하더라 예수께서 열두 제자에게 이르시되 너희도 가려느냐 시몬 베드로가 대답하되 주여 영생의 말씀이 주께 있사오니 우리가 누구에게로 가오리이까 우리가 주는 하나님의 거룩하신 자이신 줄 믿고 알았사옵나이다 예수께서 대답하시되 내가 너희 열둘을 택하지 아니하였느냐 그러나 너희 중의 한 사람은 마귀니라 하시니 이 말씀은 가룟 시몬의 아들 유다를 가리키심이라 그는 열둘 중의 하나로 예수를 팔 자러라

(요한복음 6 : 66 - 71)

영생의 말씀이 계신 곳

인간발달연구 분야에서 세계 3대 석학의 한 사람으로 꼽히는 윌리엄 데이먼이 「인간은 무엇을 위해 사는가」라는 책을 썼습니다. 평범하지만 중요한 이야기입니다. 우리가 무엇 때문에 시달리고, 근심하고, 괴로워하고, 절망하게 되는지, 그 원인은 목적이 있다는 데 있다, 이것입니다. 그래서 '무엇 때문에 사는가?' 하고 물어야 한다는 것입니다.

언젠가 한 번은 우리 교인 부부 한 쌍이 사무실로 저를 찾아왔는데, 원체 사이가 좋지 않아 거기서까지 서로 비난하면서 부부싸움을 하는 것이었습니다. 남편은 아내의 나쁜 점을, 아내는 남편의 나쁜 점을 서로 헐뜯느라 바빴습니다. 그걸 제가 한참 구경하다가 아무리 기다려도 끝날 것 같지가 않아서 "그만합시다!" 하고는 이렇게 물어보았습니다. "이러려면 왜 결혼을 하셨습니까?" 그랬더니 그 부인이 하는 말이 이랬습니다. "바로 그겁니다. 제가 왜 결혼을 했는지, 그걸 모르겠어요." 그러자 남편이 큰소리로 한마디 합니다. "그걸 몰라? 아이가 생겨서 했지." 이 말에 부인이 꼼짝을 못하더라고요. 목적 없이 산다는 것이 바로 이런 것입니다. 결혼, 왜 했습니까? 내가 오늘을 산다면, 왜 사는 것입니까? '무엇을 위해 사는가?' 이 궁극적인 목적을 물어야 합니다. 이 속에 해답이 있습니다. 이 속에 지혜도 있습니다.

유학 시절에 저는 폴 틸리히의 책을 특별한 관심을 가지고 읽어본 적이 있습니다. 폴 틸리히의 유명한 신학적 명제가 있지 않습니까. 항상 그의 글에는 똑같은 말이 나옵니다. 바로 'Ultimate Concern'입니다. 무슨 말입니까? '궁극적 관심'입니다. 궁극적 관심을 잃어버렸기 때문에 문제가 있다는 것입니다. 그래서 관심을 궁극적인 곳에 돌리라는 것입니다. 관심을 과거에 두지도 말고, 현재에 두지도 말고, 오직 미래, 그것도 저 끝, 맨 마지막에 놓아야 한다, 이 것입니다. 그러면 모든 문제가 해결될 것이다, 이 말입니다.

궁극적 관심으로 오늘의 현실을 평가해야 합니다. 문제는 미래에 있습니다. 언제나 미래입니다. 내일, 모래, 글피…… 이런 얘기가 아닙니다. 좀 더 궁극적인 차원에 관심을 두고 살아야 한다는 것입니다. 생각의 초점, 수고의 평가, 성공의 여부가 다 여기에 걸려 있는 것입니다. 잘했든 못했든, 과거에 매인 자에게는 절대로 미래가 없습니다. 그런가 하면, 현재가 전부인 줄로 아는 사람은 항상 절망적입니다. 왜냐하면, 현재는 곧 변하니까요. 현재는 곧 과거로 바뀌는 것입니다. 결국은 미래입니다. 그 미래마저도 내일, 모래, 내년…… 이런 얘기가 아닙니다. 궁극적인 맨 끝, 거기에 있는 미래에 초점을 모아야 한다는 것입니다. 내일이 없는 오늘은 결코 행복할 수 없습니다. 내일을 생각할 수 없는 사람은 살았어도 이미 죽은 사람입니다. 그러므로 관심의 초점을 멀리 두어야 하겠습니다. 그래도 행복하다고요? 정말입니까? 이 궁극적 관심에 초점을 맞추어 재평가해보시기 바랍니다.

오늘본문에서 우리는 사도 베드로의 새로운 신앙고백을 듣게 됩니다. 복음서를 자세히 보면 베드로는 두 번 신앙고백을 합니다. 하나는 마태복음 16장에 나옵니다. 먼저 예수님께서 물으십니다. "너희는 나를 누구라 하느냐(15절)." 그때 베드로가 이렇게 대답합니다. "주는 그리스도시요 살아 계신 하나님의 아들이시니이다(16절)." 아주 유명한 고백입니다. 이 결정적인 고백을 들으시고 예수님께서는 베드로를 칭찬하십니다. 그리고 베드로의 그 신앙고백 위에 주님께서는 이렇게 말씀하십니다. "이 반석 위에 내 교회를 세우리니 …… 내가 천국 열쇠를 네게 주리니……(18, 19절)" 대단한 칭찬이고, 아주 중요한 시간입니다. 그러나 베드로는 이 신앙고백 뒤에 바로 실수를 저지릅니다. 그러니까 베드로가 생각하는 그리스도의 나라는 세속적인 것이었습니다. 이 땅에 세워지는 메시아의 왕국이었습니다. 그때 예수님께서 그걸 아시고 뒤이어 바로 말씀하십니다. "내가 십자가를 져야겠다. 내가 만백성을 위해서 곧 십자가를 지게 될 것이다." 이 말씀에 베드로가 깜짝 놀라 강하게 만류합니다. "아닙니다. 그런 일은 없을 것입니다." 아마도 그는 세 가지 생각을 했을 것 같습니다. 구약의 예언대로 베드로는 예수님께서는 절대 십자가를 지시지 않고, 온 세상을 다스리는 만왕의 왕이 되셔야 할 것이고, 메시아의 왕국을 이루셔야 할 것이라고 생각했습니다. 또, 그 당시 현실을 보면, 예수님의 인기가 대단하지 않습니까. 수많은 사람이 예수님을 따르고 있지 않습니까. 그런 상황인데도 불길하게 십자가 이야기를 하시니 말입니다. 또 있습니다. 아마도 베드로는 속으로 이렇게 외치고 있었을 것입니다. '제가 있지 않습니까. 아니, 주께서 십자가를 지셔야 한다면 제가 대신 지겠습니다. 어찌 예수님께서 십자가를 지신다는 말입니까. 그런고로 십자가 같은 불길한 생각은 하지도 마십시오.'

그리고 오늘본문에도 그의 신앙고백이 나옵니다. 모든 사람이 예수님의 능력도 좋고, 기적도 좋고, 말씀도 좋고, 지혜도 좋지마는,

예수님께서 말씀하시는 십자가의 도를 이해하지 못해서 예수님을 메시아로 받아들일 수 없고, 더는 예수님을 추종할 수 없다고 하면서 다 흩어졌습니다. 예수님의 능력도 알고, 기적도 알고, 권세도 아는 것 같으나, 그들의 마음속에 있는 세속적 메시아에 대한 욕망이 그분을 그리스도로 받아들이지 못하게 한 것입니다. 그리고 다 흩어져 갈 때 오늘본문에서 예수님 말씀하십니다. "너희도 가려느냐(67절)." 너희도 저 사람들처럼 가려느냐?— 바로 그 순간 베드로가 두 번째 신앙고백을 합니다. "주여 영생의 말씀이 주께 있사오니 우리가 누구에게로 가오리이까(68절)." 주께 영생의 말씀이 있다는 이것이 베드로의 두 번째 신앙고백입니다. "주는 그리스도시요 살아계신 하나님의 아들이십니다." 이것이 첫째 고백이었습니다. 그리고 오늘 본문에서 "주여, 영생의 말씀이 주님께 있습니다" 하고 또 한 번 고백하게 됩니다.

영생의 말씀, 여기에 핵심이 있습니다. 말씀은 우리의 지식의 대상이 아닙니다. 유명한 신학자 칼 바르트의 명제입니다. '말씀은 지식의 대상이 아니고, 지식의 주체다.' 무슨 말입니까? 내가 공부하고, 내가 따르고, 내가 분별하고, 내가 연습하고, 내 경험과 내 지식과 내 이성적 기능으로 주님을 발견하는 것이 아닙니다. 주님을 깨닫게 되는 것도 아닙니다. 이것을 잊지 말아야 합니다. 예수님의 제자들이 사실 많은 공부를 한 것 같지는 않습니다. 예수님께서는 믿음을 칭찬하실 때도 굉장한 성경 지식, 경건 따위에다 초점을 두지는 않으셨습니다. 예수님의 말씀은 우리가 지적으로, 우리의 경건으로, 우리의 의로 주님을 발견하고, 주님을 알고, 주님께로 나아가는 의미의 그리스도가 아니라는 것입니다. 그런 신앙이 아닙니다.

그래서 분명히 말씀하십니다. 말씀은 우리 지식의 대상이 아니라, 지식의 주체가 되는 것입니다. 말씀이 오십니다. 말씀이 사람이 되십니다. 말씀이 오늘도 주도적으로 역사하십니다. 이걸 잊지 말아야 합니다. 내가 연구하고, 훈련하고, 공부하고, 경건을 쌓아서 그리스도의 지식에 도달하는 것이 아니고, 그리스도께서 오시어 자신을 알리시고, 알게 하시고, 믿게 하시고, 따르게 하시고, 주님의 뜻을 이루도록 주도적으로, 강권적으로 역사하신다는 것을 잊지 말아야 한다, 이것입니다. 베드로는 이제 비로소 영생의 말씀이 주께 있다는 것을 깨달았습니다. 이제야 이 수준에 도달한 것입니다. 말씀은 곧 생명력이요 능력입니다. 베드로는 말씀을 들었습니다. 많은 날 동안 예수님과 함께하면서 예수님의 말씀, 그 역사를 보았습니다. 그리고 그 거룩한 역사를 체험했습니다. 그리고 변화되어 오늘 이 수준까지 온 것입니다. 영생의 말씀을 간증하는 수준입니다. 유진 피터슨의 유명한 말이 있습니다. '말씀을 듣고, 깨닫고, 결단하고, 순종할 때 나도 모르는 사이에 내가 변화되어 있다는 것을 느끼게 될 것이다.' 이것이 중요합니다. 이걸 잊지 말아야 합니다.

어느 유명한 분이 자기 체험을 책에 써놓은 걸 보았습니다. 주일 아침에 불경건하게 부부간에 다투었답니다. 그러면서 생각을 해보니, 내가 이 사람 때문에 망조가 들었고, 내가 이 사람하고 결혼한 것이 잘못이고, 그래서 내가 어쩌다가 이 사람을 배우자로 맞아들였나, 싶더랍니다. 그러면서도 교회에는 가야겠다 싶었습니다. 그래 예배를 드리러 갔지요. 목사님의 설교 말씀을 진지하게 듣고, 나름대로는 회개도 하고, 진실한 마음으로 찬송도 부르고, 신앙고백도 했습니다. 이분의 간증은 이렇습니다. 자신이 오늘 무슨 말씀을 들었는지 특별히 기억나는 것은 없지만, 예배를 마치고 집으로 돌아 오면서 아내를 보니까 아내가 그렇게 예쁠 수가 없더라는 것입니다. 이것이 바로 복음입니다. 무엇을 깨달았다, 무엇을 알았다, 요절을 외웠다…… 이것이 다가 아닙니다. 나도 모르게 변화되어 그렇게도 불행하던 내가 행복하고, 그렇게도 달갑지 않아 보이던 사람이 오늘 은 천사같이 예쁘게 보인다, 이것입니다. 바로 이 마음, 이런 변화가 말씀의 역사입니다.

베드로는 예수님과 3년 동안을 함께 다니면서 말씀의 능력을 똑 똑히 보았습니다. 12살 난 야이로의 딸이 죽었을 때 베드로는 예수 님과 함께 그 어린아이 방에 들어갔습니다. 그리고 예수님께서 그 아이에게 "달리다굼!" 하시자 그 아이가 벌떡 일어나는 것을 보았습 니다. 그것이 말씀이었습니다. 그 말씀의 능력으로 그 어린아이가 벌떡 일어나는 것을 보았던 것입니다. 그런가 하면, 나인성 과부의 외아들이 죽었을 때 다들 울며불며 통곡하는 그 시간, 관이 나가고 있는 장례식 중에 예수님께서 걸음을 멈추시고 하시는 놀라운 말씀 도 베드로는 들었습니다. "청년아, 일어나라!" 그 순간 죽은 청년이 벌떡 일어납니다. 베드로는 그것을 눈으로 똑똑히 보았습니다. 이것 이 말씀입니다. 긴 설명이 있는 게 아닙니다. 긴 논리가 있는 게 아 닙니다. 무슨 추리가 있는 게 아닙니다. 긴 이야기가 그 속에 따라갈 필요가 없습니다. 딱 한 마디, "청년아, 일어나라!", 이것이 말씀이 라는 것을 베드로는 똑똑히 보게 된 것입니다.

또, 가장 극적이고 놀라운 일이 있었습니다. 나사로가 죽었습니 다. 장례를 지낸 지 나흘이나 되어 시신에서는 벌써 악취가 나고 있 다는 것이었습니다. 실제로 그 무덤의 돌을 옮겨놓았더니 정말 썩은 냄새가 납니다. "주여, 냄새가 납니다. 이미 다 썩은 것 같습니다." 바로 그런 시간에 예수님께서 죽은 나사로를 향하여 말씀하십니다. "나사로야, 나오너라!" 굉장한 시간입니다. 그때 죽은 나사로가 정말로 일어나서 걸어 나옵니다. 여기서 베드로는 깨달았습니다. 말씀이 무엇인가? 여러분, 말씀이 무엇입니까? 말씀은 철학이 아닙니다. 말씀은 지식이 아닙니다. 말씀은 곧 능력입니다. 시체를 향해서 말씀하시고, 죽은 아이를 향해서 말씀하시고, 바다를 향해서 고요하라고 말씀하셨습니다. 설명이 아닙니다. 명령입니다. 선포입니다. 그 자체가 능력이었습니다. 베드로는 바로 이런 것을 보았던 것입니다.

그런가 하면, 가버나움에서 사람들이 지붕을 뚫고 환자를 달아내렸을 때 예수님께서 말 없는 그 환자를 향해 말씀하십니다. "네가 죄 사함을 받았느니라." 가장 중요한 말씀입니다. 죄 사함을 받았느니라― 그 사람이 회개하는 것을 본 게 아닙니다. 신앙고백을 들은 것도 아닙니다. 그러나 여기까지 온 것, 지붕을 뚫고 내려와 예수님과 만나려고 하는 그 사건, 거기까지만 본 것입니다. 그 귀한 믿음의 고백을 받으시고 네가 죄 사함을 받았다고 말씀하십니다. 이 모든 사건을 통해서 베드로가 이제 깨달은 것이 무엇입니까? 주님께서는 말씀이시요, 말씀은 능력이요, 말씀은 생명력이라는 것을 깨달았습니다. 이스라엘 사람들의 율법적 지식이 아닙니다. 이스라엘 사람들의 경건이 아닙니다. 이것은 말씀 그대로, 그리고 말씀에 대한 응답입니다. 이것이 믿음입니다.

공관복음을 잘 연구하면 신앙의 세 단계를 볼 수 있습니다. 예수님과의 관계에서 첫째 단계가 '테라스'입니다. '테라스'란 헬라어로 '기적이다', '놀랍다'라는 뜻입니다. 예수님께서 병 고치실 때 놀랍다, 깜짝 놀랐다, 이런 일이 어디 있을 수가 있는가, 이런 일은 들어본 적도 없다고 하면서 자기 눈을 의심하면서 봅니다. 이렇게 베드로는 깜짝 놀랄 만한 사건들을 많이 보았습니다. 베드로는 3년 동안 예수님을 따라다니면서 늘 깜짝깜짝 놀랐습니다. 이렇게 놀란 사람들이 모두 다 한마디씩 합니다. "놀랍다. 이런 일이 어디 있을 수 있느냐?" 이렇게 예수님의 전 생애는 온통 기적이었습니다. 그 사건 자체가 전부 기적이었습니다. 초과학적이고, 초이성적이었습니다. 이런 일은 본 적도, 들은 적도 없습니다. 예수님께서는 이런 기적의 사람이셨습니다. 제자들은 그렇게 믿고 예수님을 따라다니면서 기적을 보았고, 또 다른 기적을 원했습니다. 그들은 계속 또 다른 놀라운 기적을 원하고, 기대하고 있었습니다. 그래서 이스라엘 나라의 회복이 이 기적 속에서 이루어질 줄로 믿었습니다.

두 번째 신앙은 '두나미스' 단계입니다. 이것은 '능력'입니다. 사건은 같은 사건입니다. 여기에서 병자가 나았고, 소경이 눈을 떴습니다. 문둥병자가 깨끗해졌습니다. 이 사건을 경건한 유대 사람들은 이렇게 생각합니다. '이건 하나님의 일이다. 사람의 일이 아니다. 사람으로는 이렇게 할 수가 없는 일이다. 하나님의 능력이 나타났다. 하나님의 능력이 현실화되었다.' 이렇게 받아들였습니다. 그것은 모든 율법적 심판을 벗어나는 일입니다. 지금까지는 '의롭게 살 때 복 주시고, 선하게 살 때 복 주시고, 죄를 지을 때 벌을 내리시는 하나님'이라고 믿었습니다. 그런데 이제는 율법을 초월해서 하나님의 능력이 나타났습니다. 이 사건과 기적 속에서 하나님의 능력을 읽었습니다. 하나님의 능력을 감지했습니다. 하나님의 능력을 보았습니다.

여러분, 어떻습니까? 우리가 사는 모든 역사적인 사건들 속에 하나님의 능력이 있지 않습니까. 요새도 제가 신문을 볼 때마다 가끔 이런 생각을 합니다. '역시 하나님께서는 살아 계시다.' 사건, 사건마다 하나님의 능력, 하나님의 섭리, 하나님의 심판, 하나님의 공의로움이 나타나는 것을 보고 있습니다. 두나미스의 하나님을 믿는 것입니다.

세 번째 신앙이 바로 '세메이온'의 신앙입니다. 세메이온이 무슨 말입니까? 같은 사건인데도 요한복음과 사도행전에서는 꼭 '이적'이라고 하지 않습니다. '능력'이라고도 하지 않습니다. '표적'이라고 합니다. 표적. 영어로 말하면 Sign입니다. 이것이 세메이온입니다. 다시 말해서, 이 사건 속에 말씀이 있다, 이것입니다. 하나님의 계시가 있는 것입니다. 하나님의 은총이 있는 것입니다. 이것을 읽을 줄 알면 표적입니다. 그러니까 사건을 보고 놀라는 것만이 다가 아닙니다. 사건을 보고 신앙고백을 하는 것만이 전부가 아닙니다. 놀라운 것은 이 사건 속에 있는 하나님의 말씀을 듣는 것입니다. 이것이 표적입니다. 그래서 복음서를 자세히 연구하면 마태, 마가, 누가, 이 공관복음서들에서는 그저 이적이라고 하고, 능력이라고 합니다마는, 요한복음과 사도행전, 성숙한 그리스도인의 신앙고백 속에서는 전부가 표적입니다. 여러분, 조그만 일이나 큰일이나 자세히 생각해보십시오. 이 속에 말씀이 있습니다. 분명히 살아계신 말씀이 있습니다. 어떤 분은 이런 이야기도 합니다. 감기만 걸려도 말씀이 들린다고요. 자세히 생각해보십시오. 우연한 일이 아닙니다. 경건한 사람의 심령으로 볼 때는 말씀 아닌 것이 없습니다. 세밀하게 오늘도 우리에게 말씀하고 계신다, 이 말입니다. 그래서 베드로는 말합니다. "영생의 말씀이 계시매." 영생으로 향한 말씀, 영생의 약속이 있는 말씀, 영생케 하는 말씀, 이렇게 주님께 대하여 새로운 신앙고백을 하게 됩니다.

여러분, 오늘 베드로의 고백 속에서 우리는 믿음이 있을 때 알게 된다는 것을 깨닫습니다. 하나님께서는 믿음을 주시고, 또 알게 하십니다. 이것이 하나님의 역사입니다. 믿음은 하나님의 선물입니다. 그 믿음이 내게 올 때 그다음 단계로 알게 하십니다. 알고 만족하게 하십니다. 깨닫고 감사하게 하십니다. 사도 바울은 배를 타고 로마로 갑니다. 열나흘이나 풍랑을 만나서 다 굶어 죽게 되었습니다. 정신없이 헤매고 있을 때 사도 바울은 말합니다. "여러분이여, 안심하소서. 어젯밤에 주께서 내게 말씀하셨습니다. '네가 가이사 앞에 서야 하겠다.' 확실하게 말씀하셨습니다. '이 사람들을 다 네 손에 붙이노라' 말씀하셨습니다. 여러분, 안심하소서. 내가 어젯밤 말씀을 들었습니다. 이 말씀은 약속입니다. 이것은 곧 능력입니다. 이것은 곧 사건으로 나타날 것입니다. 내가 말씀을 들었으니 안심하소서." 아, 중요한 말씀입니다.

예수님께서 십자가에 돌아가실 때 바로 옆에 있던 강도가 이런 말을 합니다. "나는 내가 지은 죄에 합당한 벌을 받거니와……" 아, 이 강도, 경건한 사람입니다. 그는 십자가에 죽으면서 이렇게 인정했습니다. "내 죄 때문에 내가 죽는다. 당연히 죽어 마땅하다." 그리고 말합니다. "당신의 나라에 임하실 때 저를 기억하소서." 그때 주님께서는 이 강도를 향해서 말씀하십니다. "네가 오늘 나와 함께 낙원에 있으리라." 여러분, 이 엄청난 말씀을 잘 들으십시오. 오늘 네가 나와 함께 낙원에 있으리라― 이 한마디 말씀을 듣고 이 사람은 구원을 얻습니다.

　요한복음 14장 1절에서 3절까지에서 주님 말씀하십니다. "너희는 마음에 근심하지 말라 하나님을 믿으니 또 나를 믿으라 내 아버지 집에 거할 곳이 많도다 …… 너희를 위하여 거처를 예비하러 가노니 …… 내가 다시 와서 너희를 내게로 영접하여……" 요한복음 15장에서도 이렇게 말씀하십니다. "내 말이 너희 안에 거하면 반드시 열매를 맺으리라." 또한, 우리가 마지막까지 의지하는 말씀이 있습니다. 마태복음 28장 20절입니다. "볼지어다 내가 세상 끝날까지 너희와 항상 함께 있으리라……" 너희와 항상 함께 있으리라― 이 영생의 말씀을 믿고, 취하고, 고백할 때 그 사람에게 약속하신 영생의 축복이 함께합니다.　△

어리석은 자의 자화상

그 아이들이 장성하매 에서는 익숙한 사냥꾼이었
으므로 들사람이 되고 야곱은 조용한 사람이었으므
로 장막에 거주하니 이삭은 에서가 사냥한 고기를 좋
아하므로 그를 사랑하고 리브가는 야곱을 사랑하였
더라 야곱이 죽을 쑤었더니 에서가 들에서 돌아와서
심히 피곤하여 야곱에게 이르되 내가 피곤하니 그 붉
은 것을 내가 먹게 하라 한지라 그러므로 에서의 별
명은 에돔이더라 야곱이 이르되 형의 장자의 명분을
오늘 내게 팔라 에서가 이르되 내가 죽게 되었으니
이 장자의 명분이 내게 무엇이 유익하리요 야곱이 이
르되 오늘 내게 맹세하라 에서가 맹세하고 장자의 명
분을 야곱에게 판지라 야곱이 떡과 팥죽을 에서에게
주매 에서가 먹으며 마시고 일어나 갔으니 에서가 장
자의 명분을 가볍게 여김이었더라

(창세기 25 : 27 - 34)

어리석은 자의 자화상

　일곱 살 난 소년이 장난감 가게에서 장난감을 고르고 있었습니다. 이것저것 고르는데, 다 마음에 들지 않았습니다. 그런데 다른 아이가 손에 쥐고 있는 호루라기가 좋아 보였습니다. 그래 그것과 똑같은 호루라기를 사려고 했지만, 남은 것이 없었습니다. 하지만 소년은 오직 그 아이가 손에 쥐고 있는 호루라기만 마음에 들었습니다. 결국, 그 아이한테 제안합니다. "너, 그 호루라기 나한테 팔 수 없겠니?" 그랬더니 그 아이는 웃돈을 주면 팔겠다고 합니다. 그래서 소년은 그 아이에게 웃돈을 주고 그 호루라기를 손에 넣었습니다. 집에 돌아와 안방 뒷방 다니면서 호루라기를 열심히 불었습니다. 소년은 재미있다고 불어댔지만, 어른들은 듣기 싫어서 괴로웠습니다. 그러다가 소년은 문득 한 가지를 깨닫게 되었습니다. 그 호루라기는 원래 가격의 4배를 주고 산 것입니다. 소년은 이 사실을 깨닫고 나서 새삼 너무너무 괴로웠습니다. 무려 4배나 주고 산 그 호루라기를 소년은 다시는 보고 싶지도 않았습니다. 그래서 너무 분하고 창피한 나머지 엉엉 울었답니다. 이것이 유명한 벤저민 프랭클린의 경험담입니다. 어렸을 때의 이 경험을 그는 일생토록 잊지 못했다는 것입니다.

　여러분, 자기에게 집착한다는 것이 얼마나 무서운 일입니까. 또, 이 현재에 대한 집착이라고 하는 것에 빠져들면 우리는 제대로 생각하지도 못하고, 가치관이나 판단이 다 흐려지며, 마지막에는 인생도 제대로 살 수가 없게 됩니다. 집착은 참으로 무서운 것입니다.

과거에 대해 집착하는 사람은 현재를 잃어버립니다. 어차피 과거는 지나간 것입니다. 잘했든 못했든, 그것은 과거입니다. 끊어야 합니다. 한데 끊지 못하고 망설입니다. "그때 그랬어야 했는데, 그때 그분을 만나지 말았어야 했는데, 그때 그렇게 말하지 않았어야 했는데……" 이래서야 되겠습니까. 끝이 없는 것입니다.

제가 아는 장로님 한 분이 이런 일을 겪었답니다. 그분이 고등학교 선생님으로 있을 때입니다. 아이들하고 수학여행을 갔습니다. 저녁 무렵 노을을 보면서 산책을 하고 있는데, 살펴보니 여학생 하나가 저 멀리 뒤처져서 오더랍니다. 속으로 걱정이 되었지요. '아이고, 저러다 동네 깡패라도 만나면 어쩌나? 위험해서 안 되겠는데……' 그래 그분이 맨 뒤로 돌아가 그 여학생과 나란히 걸으면서 산책을 했더랍니다. 그러다가 중간에 여학생이 돌부리에 걸려 휘청하고 넘어질 뻔했을 때 그분이 냉큼 그 여학생의 손을 붙잡아주었답니다. 그랬더니 그 여학생이 벌떡 일어나 이런 말을 하더라는 것입니다. "선생님, 책임지세요. 저는 지금껏 한 번도 남자 손을 잡아보지 않은 몸인데, 선생님이 제 손을 잡으셨으니 책임지세요." 그래서 그분이 하는 수 없이 그 여학생과 결혼했답니다. 그런데 나이 차이가 너무 많이 나서 그런지, 이 부인이 조금만 화가 나면 막 나가는 것입니다. 그럴 때마다 이 장로님이 뭐라고 농을 하는 줄 아십니까? "그때 그 손을 잡지 말걸요! 그때 손 한 번 잘못 잡은 것 때문에 제 일생이 망가졌습니다. 허허……"

여러분, 과거는 과거입니다. 여기에 집착하면 미래가 보이지 않습니다. 이걸 잊지 말아야 합니다. 그런가 하면, 현재에 집착하는 사람도 있습니다. 현재 가지고 있는 것을 자랑하고, 현재 알고 있는 것을 자랑하고, 그래서 현재 가지고 있지 않은 것도 불행하고, 현재 알지 못하고 있는 것도 불행하고…… 이러다가 현재에 대한 집착을 못 버리면 영영 미래가 보이지 않습니다. 참으로 불행한 일 아닙니까.

성경에 나오는 수많은 사람 가운데에서 오늘본문의 이 에서는 대표적으로 어리석은 사람입니다. 천하에 이렇게 바보 같은 사람이 있나 싶을 만큼 어리석은 사람입니다. 그는 장자의 명분을 가볍게 여겼습니다. 소중한 장자의 명분을 잃어버리고 일생을 불행하게 산 가장 어리석은 사람의 대명사입니다. 그는 현재라고 하는 순간에 집착했습니다. 그래서 주어진 축복을 포기합니다. 그는 아버지의 명대로 밖에 나가 짐승을 사냥해 왔습니다. 집에 돌아오니 몹시 허기졌습니다. 이렇게 배가 고픈 상황에서 그는 동생이 팥죽을 쑤고 있는 것을 봅니다. 그 붉은 팥죽을 보고 구수한 냄새를 맡으니 다른 것은 눈에 들어오지 않았습니다. 그저 '저걸 꼭 먹어야겠다!' 하는 생각뿐입니다. 그래 동생 야곱에게 지금 배가 고파 죽을 지경이니 그 팥죽 한 그릇만 달라고 간청합니다. 야곱은 그걸 기회로 삼아 형이 가진 장자의 명분을 자기한테 팔라고 제안합니다. "우리가 형님 동생 하지마는, 어차피 쌍둥이인데……" 하면서 말입니다. 이때 형인 에서가 하는 말이 이렇습니다. "내가 죽게 되었으니……(32절)" 이게 무슨 소리입니까? 말이 됩니까. 지금 이 팥죽 한 그릇 안 먹는다고 당장 죽기라도 합니까? 제 생각은 이렇습니다. 조금만 기다리면 상을 차려서 온 집안 식구가 다 같이 먹을 것 아닙니까. 동생이 팥죽을 쑤었다고 그걸 그 동생 혼자서만 먹겠습니까. 불과 몇 분만 기다리면 온 식구가 다 같이 둘러앉아 그걸 먹을 수 있을 텐데, 그 잠깐을 참지 못하고 이러는 것입니다. "내가 죽게 되었으니 이 장자의 명분이 내게 무엇이 유익하리요(32절)." 이 무슨 소리입니까? 그런다고 정말 죽겠습니까.

우리는 말버릇이 좋지 않아서 종종 무심코 좋아서 죽겠다, 슬퍼서 죽겠다, 망해서 죽겠다, 미워서 죽겠다, 하면서 그저 죽는다는 말을 입에 달고 삽니다. 그러나 안 죽었습니다. 아직까지는 말입니다. 다 좋지 않은 표현입니다. 그런데도 여기에 목숨을 겁니다. 오늘 본문에서 에서도 그랬던 것입니다. "이 장자의 명분이 내게 무슨 소용이란 말인가!" 이러면서 마음대로 그걸 동생한테 팔아버렸습니다. 현재의 상황을 스스로 과장하고 극대화하는 것입니다. 현재의 상황을 절대화하는 것입니다.

이 죽는다는 말, 정말 조심해야 됩니다. 세상에 제일 무서운 사람이 둘 있습니다. 하나는, 말끝마다 죽는다는 얘기를 하는 사람입니다. "죽으면 그만이다." "나 하나 죽으면 그만이다." 참으로 무섭고 불신앙적인 말입니다. 하나님의 능력에 도전하는 말입니다. 절대 입 밖에 내서는 안 됩니다. 생각이라도 하면 안 됩니다. 생명이 어떤 것인데, 감히 그런 말을 합니까. 그런가 하면, 말끝마다 죽인다는 말을 하는 사람입니다. 이는 더 무서운 것입니다. "네가 죽으면 그만이다." "저놈을 죽이면 그만이다." 아니올시다. 이 얼마나 무서운 것입니까. 이게 바로 변증법적 유물론에서 나오는 철학입니다. 저를 죽이면 내가 산다— 얼마나 무섭습니까. 무슨 일이든, 그걸 죽음이라는 방법으로 해결할 수 있다는 발상과 처세는 정말 잘못된 것입니다.

에서는 말합니다. "내가 죽게 되었으니 장자의 명분이 무슨 소용이 있겠느냐?" 그리고 장자의 명분을 내놓고는 그 팥죽을 얻어먹습니다. 다시 말하면, 현재에 너무 집착한 나머지 보이지 않는 소중한 미래를 포기한 것입니다. 눈앞의 바로 그 순간에 집착하여 저 멀리 앞에 있는 내 장래의 문제를 포기하는 것입니다. 혹이라도 이런 절망감, 스스로 절망하는 일이 있어서는 안 될 것입니다. "내가 죽게 되었으니……" 아니올시다. 그럴 리가 없습니다. 그런 망상이 바로 에서를 그렇듯 어리석게 만든 것입니다. 아무리 절망스러운 때라도 기회는 또 있습니다. 어떤 형편에서도 하나님께서 정해주신 다음 기회가 있습니다. 미래가 있습니다. 이걸 잊지 말아야 합니다.

마태복음 4장에 보면 예수님께서는 40일 동안 광야에서 시험을 받으십니다. 40일을 굶으셔서 죽을 지경이 되셨습니다. 성경은 분명히 말씀합니다. "주리신지라." 그렇습니다. 무려 40일을 굶으셨으니까 주리신 것이지요. 그러니 광야에 있는 돌덩어리가 떡 덩이처럼 보일 수도 있을 것입니다. '저기 저 돌덩어리가 떡이라면 좋겠다.' 이렇게 생각도 하셨을 것 같습니다. 아주 중요한 일입니다. 이렇게 시험을 받으신 것입니다. 드디어 이걸 기회로 삼아 마귀가 말합니다. "네가 하나님의 아들이면 저 돌을 떡으로 만들어 먹어라." 시험을 거는 것입니다. 바로 이 순간, 이 절박한 시간에 예수님 말씀하십니다. "사람이 떡으로만 사는 것이 아니요, 하나님의 말씀으로 사는 것이다." 어떤 절박한 시간에도 말씀이 먼저입니다. 말씀이 먼저임을 확실하게 아는 것이 내가 바른 신앙으로 나아가고, 또 내가 나의 나약함에서 벗어날 수 있는 지혜가 된다는 사실을 잊지 말아야 합니다.

오늘본문을 자세히 보면 그다음 이야기가 이렇습니다. 형 에서가 장자의 명분을 동생 야곱한테 팔고 한 그릇 팥죽을 얻어먹습니다. 그런데 오늘본문을 아무리 읽어봐도 이해가 안 되는 섭섭한 말

한마디가 있습니다. "먹으며 마시고 일어나 갔으니……(34절)" 여기서 저는 생각해봅니다. '나중에 후회할 수도 있을 텐데……' 배고플 때는 급해서 그랬다고 칩시다. 하지만 먹고 나서는 정신을 차리지 않겠습니까. 저 같으면 이랬을 것입니다. "아까 한 말 취소하자. 내가 그만 너무 배가 고파서 말실수를 했는데, 다 취소다." 이래야 될 것 아닙니까. 나중에라도 말입니다. 얼마나 중요한 시간입니까. "솔직히 말하면, 아까 한 말은 농담이다." 이래야 되겠는데, 에서는 어떻게 했습니까? 먹고, 마시고, 일어나 갔습니다. 그 순간 에서에게는 후회가 없었습니다. 뉘우침이 없었던 것입니다. 그게 마지막 기회였는데도요. 뉘우침을 잃어버린 것입니다. 기회를 놓쳤습니다. 여러분, 회개는 멀리 갔다가 돌아오려면 그만큼 힘듭니다. 회개는 그렇게 쉬운 게 아닙니다. 잘못한 일이 많다면 회개할 것도 많은 법입니다. 시간이 많이 걸린다, 이것입니다. 그러니 이 얼마나 중요한 순간입니까. 방금 먹고 실수했으니, 바로 회개하면 얼마나 쉽습니까. 이 기가 막히게 중요한 회개의 기회를 에서는 놓친 것입니다.

여러분, 우리 앞에 종종 회개의 기회가 주어집니다. 하나님께서는 우리를 회개케 하셔서 하나님의 사람이 되도록 재촉하십니다. 때로는 병들게 하시고, 때로는 실패하게 하시고, 때로는 어려운 시련을 당하게 하십니다. 그래서 스스로 자기를 살펴보며 깊이 생각하고 회개하도록 우리에게 기회를 주십니다. 이 기회를 놓치면 다시는 회개의 기회를 찾기가 어렵습니다. 이 사실을 히브리서 12장 17절은 이렇게 말씀합니다. "그가 그 후에 축복을 이어받으려고 눈물을 흘리며 구하되 버린 바가 되어 회개할 기회를 얻지 못하였느니라." 히브리서의 저자는 이렇게 에서가 기회를 놓치고 나서 눈물을 흘리며 회개하려고 했지만, 결국 회개의 기회를 얻지 못했다고 해석하고 있는 것입니다.

그다음 문제가 하나 더 있습니다. 이제 에서는 뒤에 이 사실을 알고 분하게 여깁니다. 그리고 쌍둥이 동생 야곱을 죽이려고 합니다. 여러분도 잘 아시지 않습니까. 분명히 잘못은 에서가 했습니다. 물론 그 동기는 야곱이 만들었지만, 에서는 그 야곱을 미워할 권리가 없습니다. 야곱은 야곱대로 잘못했기 때문입니다. 하지만 그것은 야곱의 일이고, 에서는 어디까지나 자기 자신의 잘못만 생각해야 되는 것입니다. 야곱을 원망해서는 안 된다, 이것입니다. '이 간사하고 못된 녀석이 나의 배고픈 순간을 이용해서……' 아닙니다. 에서는 야곱을 원망할 자격이 없습니다. 우리는 종종 이러는 경우가 있습니다. 나도 잘못했고 저도 잘못했지만, 우리는 흔히 내 잘못은 생각하지 않고 다른 사람을 원망합니다. '저 사람 때문에 내가 이렇다.' 이렇게 말입니다.

여러분, 오늘을 계기로 해서 아무도 원망하지 맙시다. 어떤 계기로든 나의 나 됨의 정체를 지켜야 합니다. 에서는 야곱을 원망할 자격이 없습니다. 물론 야곱이 나빴습니다. 그러나 그 야곱을 심판하는 것은 하나님이십니다. 에서는 자기 자신만을 살펴야 했습니다. 에서는 분명히 그 집의 장자입니다. 그런데도 에서는 그 장자의 명분과 축복을 가볍게 여겼습니다. 큰 복을 스스로 포기한 것입니다. 성경은 말씀합니다. "가볍게 여김이었더라(34절)." 그리고 에서는 다른 사람을 미워했습니다. 내가 나를 스스로 버렸는데, 마치 남한테 억지로 빼앗긴 것처럼요. 여러분, 이거 빼앗긴 것입니까, 스스로 버린 것입니까? 잊지 마십시다. 우리는 종종 빼앗긴 것처럼 생각합니다. 내게 주어진 축복을 빼앗긴 것처럼 생각하는 것입니다. 누구 때문에, 무엇 때문에, 세상 때문에…… 아니올시다. 분명히 생각해야 합니다. 내가 스스로 버린 것입니다. 내가 스스로 기회를 놓친 것입니다. 내 가치관이 잘못된 탓입니다. 내 선택에 잘못이 있습니다. 내가 축복을 경홀히 여긴 것입니다. 하나님께서 축복하시는 미래가 얼마나 소중한데, 그 영적이고 영원한 축복을 그만 깜박 잊어버리고 세상적인 것에 빠져서 스스로 버린 것이지, 빼앗긴 것이 아닙니다. △

곽선희목사 설교집·강해집·기타

〈설교집〉

〈강해집〉
(빌립보서 강해) 희락의 복음
(갈라디아서 강해) 은혜의 복음
(고린도전서 사랑장 강해) 진정한 사랑의 의미
(예수님의 이적 강해) 이적으로 계시된 말씀
(사도신경 강해) 사도들의 신앙고백
(야고보서 강해) 참믿음 참경건
(예수님의 잠언 강해) 예수의 잠언
(사도행전 강해)(상) 교회의 권세
(사도행전 강해)(하) 교회의 권세
(로마서 강해) 믿음에서 믿음으로
(고린도전서 강해) 복음의 능력
(고린도후서 강해) 생명에로의 길
(예수님의 비유강해)(상) 하나님의 나라/(중) 이 세대를 보라/(하) 생명
에로의 초대
(에베소서 강해) 내게 주신 은혜의 선물
(골로새서 강해) 위엣것을 찾으라
(데살로니가서 강해) 사도의 정체의식
(디모데서 강해) 네 직무를 다하라

〈기타〉
행복한 가정/참회의 기도/영성신학/종말론의 신학적 이해/생명의 길